普通高等教育案例版系列教材

供护理学类专业使用

案例版

护理美学

主　编　韩继明

副主编　黄志红　王军辉　侯延丽　李　欣

编　者　（按姓氏笔画排序）

于海静（海南医学院国际护理学院）

王　静（西安医学院护理学院）

王　瑾（延安大学附属医院）

王军辉（吉林医药学院护理学院）

冯香艳（西安培华学院医学院）

刘　莉（西南医科大学附属中医医院）

李　欣（延安大学医学院）

金晓娜（西安外事学院医学院）

胡志英（包头医学院护理学院）

侯延丽（延安大学西安创新学院护理学院）

徐　娜（西安医学院护理学院）

黄志红（河南大学护理与健康学院）

韩继明（延安大学医学院）

科学出版社

北　京

图书在版编目（CIP）数据

护理美学 / 韩继明主编. —北京：科学出版社，2019.6
ISBN 978-7-03-059549-2

Ⅰ. ①护… Ⅱ. ①韩… Ⅲ. ①护理学–美学–医学院校–教材 Ⅳ. ①R47-05

中国版本图书馆 CIP 数据核字（2018）第 264109 号

责任编辑：王锲楅　胡治国 / 责任校对：郭瑞芝
责任印制：李　彤 / 封面设计：陈　敬

科学出版社 出版
北京东黄城根北街 16 号
邮政编码：100717
http://www.sciencep.com
北京凌奇印刷有限责任公司 印刷
科学出版社发行　各地新华书店经销
*
2019 年 6 月第 一 版　　开本：787×1092　1/16
2023 年 2 月第二次印刷　　印张：9
字数：249 000

定价：45.00 元

（如有印装质量问题，我社负责调换）

前　言

随着生物-心理-社会医学模式的转变和现代护理学发展，对护理人员的知识结构提出了新的要求，作为一名称职的护士，不仅需要掌握医学理论和护理学知识，而且需要具备人文科学及美学修养。

护理美学是随着护理学科及护理教育的发展而产生的一门新兴边缘学科。护理美学作为一门专业选修课。课程寓美学理论于护理实践之中，研究在护理实践活动中所体现出来的护理审美现象和规律，是对护理理论的补充和完善。护理美学课程将从哲学、社会学、伦理学、心理学、护理学、美学等多学科角度，根据人的生理、心理、社会等多方面的需求，综合其精华，阐述了美学的基本原理，护理美感、职业形象美、礼仪美学在护理实践当中的应用及护理审美评价，从而丰富了护理学内涵。

在护理教育中开设护理美学课程，目的是培养学生对美的感受力、鉴赏力、创造力，塑造护士的形象美、仪表美、态度美、操作美、语言美、情操美等良好的护理专业形象，使护士具有高尚的美的意识和境界，树立科学健康的审美观，注重内在美与外在美的完美统一。护士善良的心灵、和蔼的态度、亲切感人的语言、优雅的举止风度和健美的体魄，是人类的审美理想和现实的统一，是个性的和谐发展，这些优点兼精神丰富、道德高尚与身体健美于一身。按照美的一般法则去体现美、创造美、以美好的环境和完善的护理，促进患者康复，对深化临床护理专业服务，满足和维护人类健康需求有积极的意义。

本教材体现本科护理教学中的案例教学应用，充分吸收众多版本的优点，以护理实践美学为导向，围绕美学理论在护理领域中的应用，突出护理审美与职业形象塑造。主要内容包括绪论、普通美学基本理论、护理美学概论、护理美感与审美、护理审美评价、护理人体美、护理环境美、护理职业形象美、护理礼仪美、护理美学在护理实践中的应用共 10 章。编写针对护理院校应用的实际需要，力求实用，详略得当，案例生动，重点突出。

本教材在编写过程中各位编者通力合作，付出了辛勤的汗水，科学出版社的编辑为教材的出版付出了巨大的努力，在此一并表示衷心的感谢。但由于编者的水平、能力有限，教材中难免会有诸多疏漏和不妥之处，敬请使用教材的老师、同学、读者及护理学界的同仁学者不吝指正，提出宝贵的意见和建议，以便使教材能够不断完善。

韩继明

2018 年 3 月 8 日

目　录

第一章 绪 论

学习目标

1. 知识与技能：阐述美学的相关概念、美学产生的哲学基础、美学与其他学科的关系。

2. 过程与方法：通过对概念的理解与把握，在日常生活中感知和体验自然美、社会美、艺术美和科学美的真正含义，培养对美的事物的敏感性，提升审美创造能力。

3. 情感与态度：美是我们生活中自由的时刻，是幸福的时刻。体验美与社会生活实践之间的联系，认识美的意义。

第一节 美学导论

自从有人类以来便开始了对美的创造与欣赏。美是普遍存在的现象，贯穿人类生活的始终，是人生境界的终极追求。美的现象随处可见，有生活之美、自然之美、艺术之美、心灵之美，虽然各不相同，但无不令人向往。从衣食到住房，从人体到艺术，从自然到社会，多么广阔，多么异样，多么复杂，多么奇妙！在自然界中丰富多彩的自然美景无不让我们开心，如山水树木、月色花颜、草木丛生、鸟语花香、溪水潺潺、白云飘飘等勃勃生机、万千景象给人以精神享受，让人心旷神怡，会由衷地发出赞叹。这些令人激动与流连的美的事物，得以彰显自然之美。美就是在人自然而然地与事物交往中情不自禁地感动，是不受任何目的驱使的，美是我们生活中自由的时刻，人在获得美感时是自我完满的，所以美是幸福的时刻。当我们沉醉于这些美的享受的时候，不知是否想过，这些形象和事物为什么是美的？它们的本质特征和规律是什么？所归属的学科范畴是什么？本章将介绍美学的相关概念、美学产生的哲学基础、美学与其他学科的关系、美学研究范畴与方法及美学原理在现实生活中和现代医学领域中的应用与研究。

美学（aesthetics）是哲学的一个分支，美学学科名称 aesthetica，是 18 世纪中期由德国哲学家鲍姆嘉通（A.G.Baumgarten，1714—1762）首次提出来的，其意思是美学是关于感性认知的科学。在美学发展历史上有许多不同的定义。通俗的可以定义为：美学是一门揭示美的本质，阐明美的客观标准，培养人们具有正确审美观点与鉴赏美、创造美的能力的科学。那么究竟什么是美？即美的本质是什么？古今中外都没有统一的答案。我国著名的美学家朱光潜认为："美是主观与客观的辩证统一；现实事物必须先有某些产生美的客观条件，而这些条件必须与人的阶级意识、世界观、生活经验这些主观因素相结合，才能产生美。"

美的定义是什么？在美学的发展历史中这个看似简单的问题其实并不简单，长期以来，一直是美学研究中的一个重大疑难问题。中文有"美"字，印度梵文拉丁拼写为 lavanya，阿拉伯文拉丁拼写为 jamil，古希腊文拉丁拼写为 kallos，古罗马有 pulchrum。现代欧洲国家的"美的"一词，很多都与古代希腊罗马的字源相关，如意大利语和西班牙语的 bello，法国语的 beau，英语的 beautiful，德语的 schön，波兰语的 piekny。可以看出早期的各文化都有"美"字，都有艺术，但各文化几乎都没有美学。

古今中外的名家们如何谈论"美"？最早发现和表述自然美的人当推中国的庄子。庄子言："天地有大美而不言。"孟子说："充实之谓美。"荀子说："不全不粹之不足以为美。"《诗经·关雎序》说："美，谓服饰之盛也。"（美字的盛装说）。《说文解字》说："美，甘也。从羊从大。"（美字的美味说）。柏拉图说："好的东西就是美的东西。"海森堡说："美是真理的光辉，是自由的可能形式。"歌德说："建筑是凝固的音乐。"尼采说："艺术比真理更有价值。"康德说："崇高使人感动，优美使人迷恋。”塞尚说：“艺术之美基本上存在于我们的眼睛里。”马克思说：“人类依照美的规律来造型。”温克尔曼说：“美是自然界的伟大奥秘之一，我们可以看到和感受到它的作用，可是每提供一个关于美的本质的清楚而明白的一般概念，都是一个尚未被发现的真理。”海德格尔说：“那交织在艺术作品中的光芒便是美，美是真理根本上作为敞开物被呈现的途径。”雨果说：“美向四面流泻着欢乐，放射出幸福的火花，在黑暗里发出光明，在命运中绣上金线，是雅致、和谐、仁爱的总汇。美岂不是在为人造福吗？美，因为是美，就使我们受益不浅”，还说：“理想是逻辑的最高峰，而美是真的顶端。艺术的民族同时也是彻底的民族，爱美就是要求先行”。王国维说：“一切之美皆为形式之美。”朱光潜说：“美是客观方面的某些事物、性质和形态适合主观方面的意识形态，可以交融在一起而成为一个完整形象的那种特质。”李泽厚说：“人的主观意识、愿望、想象、情感、意志的对象化，来作为象征、符号、艺术作品，亦即主客观的统一，就产生美。”事物虽各不同但都被称为美，后面一定有一个东西决定它们为美，这就是美的本质。美是无限多样的美的事物共同内涵的本质属性，是客观事物形象中可以激起人美感的属性。

所以，美是人类原始的理想信念，是人高级形态的文化情感，是人对自身觉察到的感受的表达，是人感知的一种善良愿景，是人文化生命中的新鲜营养，是事物非实有的一种属性，是存在的真理的显现，是温柔可爱的大自然造化物，是时代精神的演绎，是人类乐观主义的颂歌，是自由王国的无限追索。美是理想之光、希望之光、自由之光。美是优秀、典雅、精巧、深刻、崇高与伟大。然而，美学的根本价值就是为我们提供关于审美现象的人生意义。

第二节　美学的形成与发展

美学是研究人与现实审美关系的学问。它既不同于一般的艺术，也不单纯是日常的美化活动。美学这门科学的渊源，可以追溯到古代奴隶制社会。古代思想家对于美与艺术问题的哲学上的探讨，对于艺术实践经验的研究、总结，可以看作是美学理论的萌芽和起点。

人们总是先有了某种生活、某种现象，而后才开始思考、探讨，并在思考、探讨的基础上建立相应的学科。对人类早期审美现象的思考、探讨始于古希腊。那时的毕达哥拉斯、赫拉克里特、苏格拉底、柏拉图、亚里士多德等大哲学家都参与了美的探讨和争论。但他们关于美的观点、见解常常和他们关于真、善的认识混在一起，成为他们哲学思想、道德思想、神学思想、政治思想和文艺思想的附庸。另外，当时也没有一部美学专著。思想家们的美学观点夹杂在政治、哲学、宗教、道德、艺术甚至史传、书札、批注等论著中。人们还没有从那些混杂交织的思想体系中为美学寻找出一个独立、特殊的研究对象。这种状况一直延续到 18 世纪中叶以前。

美学作为一门独立的科学，则是近代的产物。18 世纪中叶，德国的启蒙思想家、哲学家和美学家鲍姆嘉通在 1750 年创作的 *Aesthetica* 是基于希腊哲学家的观点，即事物可分为“可感知的”和“可理解的”；鲍姆嘉通认为“可理解的”事物通过高级认识能力把握，是逻辑学研究的对象；对“可感知的”事物的把握则依赖于低级认识能力，即所谓“感官的感受、想象、虚构、一切含混的感觉和情感”；由于缺少一门专业来研究低级认识能力，因此鲍姆嘉通创立了一门新学科，并借用希腊词根铸造了一个新概念予以命名，这就是 aesthetica（感性学）。日本明治初年，中江兆民将 *Aesthetica* 译为《美学》。人类感性领域包括感性的欲望、冲动、感受、情绪、幻想等，美、美感和艺术只占据着这个宽广的感性领域的局部。鲍姆嘉通关于美学的主要观点集中在两个方面：一是中江兆民把美学规定为研究人感性认识的学科。他认为人的心理活动分知、情、意三方面。研究知或人的理性认识有逻辑学，研究人的意志有伦理学，而研究人的情感即相当于人感性认识则应有 aesthetica。这部著作就是历史上的第一部美学专著。鲍姆嘉通也因此成为美学之父。二是鲍姆嘉通认为“美学的对象就是感性认识的完善”。要达到感性认识的完善，须有三个条件：思想内容的和谐、次序和安排的一致，以及表达的完美。完善也就是美，不完善就是丑的。鲍姆嘉通之后，美学的发展经历了德国古典美学、马克思主义美学、西方近现代美学三个重要阶段。

在德国古典美学阶段，康德和黑格尔对美学卓有贡献，形成了美学学科产生以来第一个，也是西方美学史上的第三个高峰。康德以他的三大批判（《纯粹理性批判》《实践理性批判》《批判力批判》）著称于世，在《判断力批判》中，康德提出并论证了一系列美学根本问题，形成了较为完整的美学理论体系。康德之后，黑格尔把德国古典美学推到了顶峰，成为德国古典美学及马克思主义美学以前的西方各美学思潮的集大成者。马克思虽不曾写有专门的美学著作，但他在其他许多著作中论及了大量的美学问题，把关于美的探讨建立在主客体辩证统一的基础上，为美学研究提供了一种全新的思路。

美学是哲学的精华，美学是人生哲学巅峰，美学是人学。这些都是由美学的本质所决定的。美学思想是人类审美实践和艺术实践发展到一定历史阶段的产物，是对人类审美实践和艺术实践的哲学概括。

一、美学与其他学科的关系

美学作为一门社会科学，是在社会物质生活与精神生活的基础上产生和发展起来的，它同哲学、伦理学、心理学、艺术学、语言学、人类学、社会学、教育学及自然科学等都有密切联系。了解它们之间的联系和区别，有利于我们把握美学的本质特征。

（一）美学与哲学

在与美学相关的学科中，美学与哲学的关系最为密切。美学本身就是一门具有哲学性质的学科。这是因为：美学的基本问题就是一个哲学思辨性质的问题。美学产生于柏拉图之问："美是什么？"这里所问的美，不是具体的美的事物，而是使一切美的事物之所以美的根本原因。这种把人的注意力从错综复杂的感性现象引向统摄一切的抽象的本质，从变动不居的美的事物引向恒久不变的美本身，显然是遵循了古希腊形而上的哲学传统。同时，美学学科体系的构建也深受当时哲学的影响，其学科框架、理论范式及思维方式都带有同时代的哲学印记。哲学是以整个客观世界为研究对象，研究自然界、人类社会的思维发展基本规律的学科，也为美学研究提供了科学的世界观和方法论，对美学研究起指导作用，美学的诸多问题往往直接涉及哲学的基本原理，也是哲学问题在审美领域中的具体表现。美学研究成果可以丰富哲学理论内容。可见，美学与哲学是局部与整体、特殊与一般的关系，美学不应该是哲学的附庸，其有自己的研究对象，是一门独立学科。亚里士多德、黑格尔等人将美学研究对象限定为艺术，把美学等同于艺术哲学，等同于对艺术的批评，等同于对艺术作品和艺术概念的语言分析。作为艺术哲学的美学，即是以处理艺术问题为核心的美学，主要思考艺术美的构成，艺术审美的心理结构，艺术在整个人类文化中的位置，艺术的风格类型等问题。

（二）美学与伦理学

美学与伦理学的关系是由美与善的关系所决定的。真善美是人生所向往的理想境界，缺一不可。从历史上看，凡是美的对象在伦理学意义上亦是善的，这尤其表现在社会美的领域里。社会美的内容从某种意义上来说就是以美的形式来表现善。美与善，尽管联系密切，但并非可以等同，美并不就是善，善只是美的基础。譬如雨果小说《巴黎圣母院》中的敲钟人，外表丑陋，但内心善良。美的事物更侧重于人精神的愉悦，因而具有超功利性，而善的对象与人的功利目的往往直接相联。伦理学与美学有严格的区别。伦理学着重人的内在本质、人与人之间的合理关系的研究，帮助人们明辨善恶，形成正确的道德观念。美学研究人的本质力量的感性显现，帮助人们树立崇高的审美理想。

（三）美学与心理学

从学科的发展看，美学与心理学最初都属于哲学的范畴。心理学是研究人类心理活动一般规律的科学，而人类的审美活动是从认知的心理活动开始的，是一种特殊的心理活动。因此，美学的发展离不开心理学的发展。刘勰说："登山则情满于山，观海则意溢于海"；英国诗人济慈说："美是一种永恒的愉快"；美国美学家桑塔耶纳说："美是在快感的客观化中形成的，美是客观化了的快感"；在人们的审美活动中总是伴随着各种心理活动——情感、愉悦、想象等。李白"寒山一带伤心碧"，其中"寒""伤心"，就不是纯客观的摹写，而是心情的表达。在某种意义上我们甚至可以说，美的发生离不开人心理因素的参与。因而美学与心理学密切相关。19 世纪以来西方美学对审美体验和心理功能的强调，各心理学流派对美学研究的影响，在某种程度上也说明了美学研究对心理学的依赖。由于心理学在解决美感发生的心理机制方面具有得天独厚的优势，心理学已经向美学全面渗透，以至于审美心理学成为现代美学的重要组成部分。如费希纳的"实验美学"、利普斯的"移情说"、谷鲁斯的"内模仿说"、布洛赫提出的"心理距离说"、闵斯特堡的"孤立说"、马斯洛的"高峰体验说"、弗洛伊德的"本能欲望升华说"、荣格的"集体无意识说"等，对于具体理解审美经验具有重要意义。

（四）美学与文艺学

美学与文艺学有着共同的研究对象，即文学艺术。因此，它们研究的问题常常会有某些交错，譬如文学艺术作品中所表现出来的审美意识、审美理想、审美创造和审美欣赏的一般规律等既是美学又是文艺学所要研究的问题。但美学相对于文艺学而言，更带有一般性，它探讨文学艺术的本源，为后者提供理论范式和思维方式。而文艺学则更多地关注具体的文学艺术经验和现象，它可以为美学研究提供丰富的经验材料。

（五）美学与教育学

美学与教育，在以人为本的理念下，两者的目标、原则和结果等都是相通的，是育人规律上的高度融合。

1. 目标的一致性 美学关注人的情感自由、情感发展、情感升华，是依"人"而立的学问，是人学；教育不仅关注人的理性发展、理性成长，同时也适度关注人的情感发展和生命成长，是更大范围内依"人"而立的学问，同样是人学。美学所研究的人类审美活动，包括审美的感知过程和体验过程，包括审美对象和审美理想等，离开了人，一切都无从谈起。教育的本义，首先是主知，是生存学习；其次是主智，是人的理性发展；然后是主情，是人的情感成长，它们都是以"人"为目标，关怀现代人类的个体成长。

2. 原则的相融性 美学原则和教育原则显示了互通互融的情感理性原则。所谓情感理性，是通过情感的内在逻辑寻求事物的因果性、普遍性、必然性的认知判断能力。美学和教育在协调性原则、整体性原则、情感性原则及超越性原则方面相通相融。情感理性平衡协调的发展是美学和教育在塑造完美个性、树立理想新人方面共同致力的人本目标。

3. 结果的有效性 以人为本的美学理念和教育理念，构建的是当代理想新人的完整形象。人，是世间万物之灵长，是一切需求、一切动机、一切行为、一切理想的最终目标，自然也是美学与教育的本极目的。人又是一个集感性与理性、情感与意志、本能需求与理想追崇为一体的复杂的动态生命系统。其在交织着自然和文化、政治和经济等的繁杂环境里不断发展着人的生命特性，渐趋人类的完整和人性的完美。美学原则在教育管理中的运用，可以更好地培育情感理性，从而有效地体现人类生命的深度和高度，而这正是育人的本质特征之所在。

二、美学研究范畴与研究方法

美学是研究美、美感、美的欣赏和创造，美育的本质、特征、发展及其规律的一门学科。朱光潜说："研究美学的人们如果忽略了文学、艺术、心理学、哲学和历史，那就会是一个更大的欠缺。"由此可见，学习美学需要广泛的知识获取。从某种意义上讲，美学具有跨学科的特征。总体上美学属于哲学领域，要学会用哲学的方法和观念去思考和分析问题。考古学和艺术史告诉我们：人类自脱离动物以来就开始了审美欣赏和审美创造活动。旧石器时代的山顶洞人，就用石珠、兽牙、海蚶壳等染上红、黄、绿等各种不同的颜色佩带在身上。不仅原始人的装饰品能见出人类这种早期的审美活动，尤其原始艺术更是集中反映了人类早期审美活动。据文字记载和留下的图案推测，原始艺术有诗歌、舞蹈、音乐等，但现已荡然无存。惟洞穴壁画与陶器是我们今天所能见到的最早的两项原始艺术记录。前者主要以各种动物为题材，生动细致，色彩绚丽。后者不仅造型优美、图案丰富，而且色彩对比鲜明。

尽管鲍姆嘉通在历史上第一次明确了美学的研究对象，但他的意见并没有在学术界获得一致响应。鲍姆嘉通之后，“美学究竟研究什么”一直是一个引起热烈争议的问题。但迄今为止基本形成了倾向性的意见：美学的研究对象就是美本身及审美经验与审美心理。学习美学需要对艺术和审美领域中的变化保持高度敏感性。美学需要对艺术实践有切身体验，要有丰富的欣赏经验和创作经验，了解艺术家的技术和材料，了解艺术家的意图和实现意图的方式、需要解决的困难。

美学的研究对象包含以下几个相互联系的方面：

（1）从客观方面研究审美对象，阐明美的本质和根源，研究美丑的矛盾发展，美的各种存在形态及崇高、滑稽、悲剧、喜剧等的本质特征和相互联系。

（2）从主观方面研究作为审美对象的反映的审美意识，阐明它的本质、反映形式的特征及其历史发展的规律性。

（3）研究作为审美意识的物质形态化了的集中表现的艺术，阐明艺术的本质、内容与形式、种类，以及艺术创造活动的规律性和作为这种创造成品的反映、评价的艺术欣赏、艺术批评等问题。

美学研究的任务和方法，是根据美学的研究对象、基本问题及学科性质所决定的。美学的研究任务除了它作为一门学科，应揭示和阐明审美现象，帮助人们了解美、美的欣赏和美的创造的一般特征和规律，进一步完善和发展美学学科本身，从而提高人的审美欣赏能力外，针对当今社会，它尤其还要提高人的精神，促使人生审美化，亦即海德格尔所说的“诗意地栖居”。美学是一门超世俗功利的学问，它反映了人的终极关怀和追求。但它又与哲学不同，它把这种终极关怀和追求溶人诗意之中，用生动感人的形象去打动人的情感，因而它更易被人所接受。当今技术文明和商业文明，拜金主义、物质主义和享乐主义盛行，使人精神日益切近形而下而疏离形而上，这无论于社会还是于人本身都是令人担忧的。美学可以提高人的精神，使人超脱世俗的平庸和鄙陋，从而“诗意地栖居在大地上”。

美学研究的方法是多元的。既可以采取哲学思辨的方法，也可以借鉴当今其他相关学科的研究方法，比如经验描述和心理分析的方法、人类学和社会学的方法、语言学和文化学的方法等。美学的学科特性，归根到底，就在于它是哲学与艺术结合的跨学科研究。基于此，为了维护美学的学科特性和文化功能，让美学的人文特质呈现出来，美学需要开展多方位、多层次的跨学科研究。

学习美学在当今社会里能够发挥什么样的作用？这是学习美学应该需要重点把握的问题。第一，系统学习美学知识，让我们可以认识到美学理论的适应性和局限性，为我们解释自己面临的审美困惑提供理论资源。第二，美学理论可以为艺术批评提供依据或检验。第三，学习美学不仅有助于审美欣赏、艺术创作和艺术批评，而且有助于其他领域的知识的学习和创新。第四，学习美学让我们人格变得更加完美。艺术人生成为今天人们追求的目的，美好的生活的榜样就是体现丰富性的批评家和体现创造性的诗人，美学在指导我们人生设计和自我实现方面，将会发挥更加重要的作用。第五，全球化的审美化进程不断推进，美学已经渗透到了日常生活的方方面面，涉及个人外观的修饰和社区外观的美化、化妆、美容、整容、景观设计等方面，也会遇到在经济生活和社会现实的审美化问题。第六，学习美学提高审美能力，有助于在日常生活竞争中确立自己的优势。

第三节 美学原理在医学领域的应用

医学作为一门研究人体生命活动规律和改变人体状态的科学，同样与美学紧密相连。随着科学技术的进步和社会的发展，人类的健康已越来越多地受到社会环境、心理精神等因素的影响。一切美的事物，如美丽的景色、美妙的音乐、鲜美的滋味等，都可以由人体的感觉器官（眼、耳、鼻、皮肤等）接受，经过神经传导至大脑高级中枢，引起神经系统、内分泌系统等生理功能与心理功能的变化而产生美感，并伴随着人体各个系统的生理协调，甚至可以保健治病。人体美感的产生依赖人体正常的生理过程，也来源于生理快感的进一步升华，而且，美感的产生又可以促进人的生理协调和抗病能力。

一、美感效应的现代医学研究

朱光潜先生在《谈美书简》中就美感效应的生理问题谈及“节奏感”和“移情作用”等概念。节奏是音乐、舞蹈和歌唱所共同具有的要素；同时人体中的呼吸、循环、运动等器官本身自然有规律的起伏流转也是一种节奏。我们称前者为“艺术节奏”，后者为“生理节奏”。如果这两种节奏相吻，人就产生美感；相吻程度越高，美感越强。这种最初形式的美感称作“节奏感”。要是艺术节奏被破坏，人的生理节奏受干扰，节奏感就遭到破坏。

所谓美感效应，是指人们在审美活动中出现的一系列生理心理学反应及其效果。许多实验证明，随着美感的产生，机体的神经、呼吸、循环、消化、内分泌、肌肉和皮肤等系统都会发生一系列的变化。现代生理心理学家已对美感效应中的生理学变化进行过许多研究，归纳起来有以下几种理论。

1. 大脑信息处理原理 大脑具有处理和储存信息（其中包括声、光、色、形等和谐信息）的功能。实验证明，大脑细胞能在每一瞬间连续地将来自“五官感觉”的微小的“信息片断”（一种电信号）加以比较、分类和译码，由主管各种感觉的神经细胞分别编织成意念中的图像或音韵等，从而使人产生美感。大脑在接收和处理各种形象信息之前，先由各相应的感官进行一系列的感知运动。20 世纪 70 年代初，国外有人对眼睛运动做过多次扫描观察，发现每个人都在大脑的控制下，用一种特有的方式瞄准自己感兴趣的各个“点”，并循着一定的路线由 A 点到 B 点以至其他点，最后形成一个完整的意念中的图像。

2. 脑波和谐原理 现代生理学家发现，美学环境对大脑的形象刺激与脑电波中的 β 波及其高低频的比值和谐与否有关。美国海斯博士的实验证明，人们无论看到什么物体，其形象信息都通过视神经传入大脑而产生 α、β、γ、δ、τ 五种脑电波。凡是美的形象刺激时所测到的脑波多为 β 波，且 β 波高低频的比值近于 0.618。这是美学环境中的 0.618 在思维中的反应，是人产生“黄金分割”之和谐美感的生理学基础。

3. 植物神经协调原理 美感的产生，往往伴随着植物神经系统功能的平衡趋向的出现，呼吸、脉搏、血压和面色均进入生理常态。一旦美感被破坏，有时可能因焦虑、愤怒而出现心率加速、血压升高、呼吸加快、颜面充血或苍白等生理变化；有时也可能因忧郁而出现心律不齐、胃肠蠕动变慢、消化不良、尿频等生理变化。这些都是植物神经功能失调的表现。

4. 神经-体液原理 由大脑皮质-丘脑下部-脑垂体等内分泌腺通过体液循环组成一个复杂的生理调节系统，称作神经-体液调节系统。当美感发生时，神经-体液调节系统的功能处于平衡状态；当美感被破坏并出现情绪反应时，往往肾上腺皮质激素、甲状腺素、生长激素、抗利尿素、儿茶酚胺等升高，而 5-羟色胺的水平降低。这些生物化学物质浓度的变化，导致机体蛋白质分解，游离脂肪酸和胆固醇升高，糖及水、电解质代谢紊乱和内脏功能失调。美国学者登科发现：当人处于乐趣之中时，血液和关节液中的 β-内啡呔水平增高，机体处于常态；一旦失去乐趣而悲伤时，则 β-内啡呔水平降低，可能出现关节炎、痛风等疾病。

5. 免疫原理 美感的产生可因内分泌系统功能的平衡而增强免疫系统的功能，增强巨噬细胞、白细胞和淋巴细胞的活力，形成 γ-球蛋白，使抗病能力增强。若美感受损，则出现情绪反应而导致这些免疫功能下降，使抗病能力减弱。

二、美学原理在医学实践中的应用

在医学实践中经常会运用美学原理来解决相关问题，健康审美需求正在以多元和多样的方式呈现于医学活动之中，伴随“良性生理变化”而来的是心理上的和谐、愉快和情趣等美的心境和美感的产生。医学中把美学的一般原理用到医疗卫生实践和医学学科研究之中，探索医学中美的规律，运用美的因素对人的心理、生理的影响来解决医学科学发展中某些问题。

1. 医学美感 什么是医学美感？医学美感是指医学审美主体在医学审美活动中产生的一种情感上的有助于心身健康的愉悦和乐趣，是一种有直观因素参与的、以理性认识为主体的特殊心理状态。医学美感与一般美感的不同点主要在于：①具有特定的审美主体：医者、患者和健康人群；②具有特定的审美目的：防病、治病，增进健康，延年益寿，提高生命质量；③具有特定的审美环境：医学审美环境；④具有特定的审美实施手段：医学技术手段与一般审美手段的结合。

在医院里，医护人员要按照美学的规律，创造和谐优美的就医环境，以舒缓就医者的心理压力，降低心理焦虑阈值，用美的环境、美的语言、美的设施、美的服务给患者以愉悦的美感，再配合必要的医药手段，帮助患者战胜疾病。作为一名护士，应该是美的形象与美的象征，以激发患者的美感，从情感上感染患者，使他们生活在美的情境里保持良好的心境，以利于健康的恢复。所有这些都离不开美感的作用。这就是美在医学当中的重要价值所在。

2. 医学审美 是根据医学美的要求标准，对一切医学审美对象的形象及动态进行一种意向性的美或丑的认识、领悟、评价、判断、创造等活动，它和社会人群对人体健康的审美需求密切相关。医学审美以人体美为核心，以客体的个体情况为基础，以人的健康为出发点，强调审美主体对医学领域事物或现象的体验和感知觉，其根本内涵和一般的审美感受没有原则上的差异。

医学审美的主体和客体：医学审美主体是指具有一定社会文化和医学审美知识的人，也就是能按照医学美的标准和尺度，有意识、有目的地对人的体态与相貌，以及一切医学现象进行认识、评价、判断和创造的人。其包括医务工作者、就医者、健康的社会人群等。医学审美客体是与主体相对应的审美对象即具有医学审美性质的医疗、护理、预防、康复、美容等活动中的一切事物和现象；包括医学科学理论、医学科学技艺、医疗环境与设备、医务工作人员、各种医疗服务对象；具有客观性、相关性、多样性的特点。

医学审美主体与医学审美客体的关系，是辩证统一的关系。一方面，医学审美客体是以医学美的形式肯定了主体的本质力量，而医学审美主体又以美的感受形式肯定了客体医学美的存在。另一方面，参加医学实践活动的人所担任的医学审美主体和客体的角色可以相互转换。如医生为患者手术的过程就是主体对审美客体进行审美处理，当患者在手术结束时对医生手术结果进行审美评价时，此时患者成为审美主体，而医生成为审美客体。

3. 美育在医学教育中的作用 教育的精髓是启迪智慧，培养创新精神。美育，又称审美教育，是按照美的标准培养人的形象化情感教育。美育是素质教育的重要内容，这是美育的性质与自身特点决定的。美育在医学生素质教育中的重要地位与作用，主要表现在以下几个方面：

第一，有利于陶冶人的情操，培养医学生高尚的职业道德情操。

第二，有利于促进心理结构的“内化”，完善和塑造高尚的人格。

第三，提高医学生维护和塑造人体美的能力。

第四，美育可以激发创造热情，启迪智慧，培养医学生创新精神。

第五，提高医学生的审美能力，有利于培养新型人才。

素质教育的关键在于全面培养人，人是一个集感性与理性、情感与意志、本能需求与理想追崇为一体的复杂的动态生命系统，就是要将道德、知识等教育转化为人的一种精神素质，使之成为真善美相统一的人格，使人的身心健全发展，才能够培养出符合时代要求的新型复合型人才。在医学教育中要利用美育知识，培养医学生成为爱美、懂美、会创造美和会审美的人。人体是世界上最完美、最复杂的生命艺术品，美学是建立在对生命的永恒向往和表达之上的。医学是维护生命的健康和完美的技艺，医学生要通过美育达到爱美、懂美、敬畏生命，像爱护自己的生命一样爱护所有的生命。

思 考 题

1. 什么是美学？
2. 简述美学的学习研究方法。
3. 美学在医学领域的应用给我们何种审美启示？

（韩继明）

第二章　普通美学的基本理论

学习目标

1. 知识与技能：阐述形式美的要素和构成法则，并能灵活运用于临床护理实践；比较自然美、社会美、艺术美、科学美的本质与特征，把握其内涵；描述美的基本范畴，认识和把握美的形态。

2. 过程与方法：通过日常生活和临床实践观察，体验自然美、社会美、艺术美和科学美的内涵，提升审美感受；在研究、探索形式美组合法则过程中，培养对美的事物的敏感性，提升审美创造能力。

3. 情感与态度：体验美与生活、社会、临床实践之间的联系，认识美的价值，培养发现美、感受美、鉴赏美、表现美、创造美的能力。

案例 2-1：

2016 年 1 月 10 日，中央电视台新闻频道《新闻直播间》栏目、《共同关注》栏目及 1 月 11 日新闻频道《朝闻天下》栏目，三次播出了“最美护士”郭璇璇、医生刘艳路遇晕倒老人，跪地紧急施救的事迹。1 月 2 日 16 时 40 分，郭璇璇在去医院上夜班途中，遇见一位老人躺卧在地，她连忙上前查看，发现老人颈动脉已无搏动，便连忙为老人做心肺复苏。随后医生刘艳路过将郭璇璇换下，继续为老人进行心肺复苏直到救护车赶到现场，郭璇璇和同事一起把老人抬上救护车，送到医院抢救，这关键的几分钟抢救，为老人的生命赢得了宝贵的时间。

问题：

1. 案例中“最美护士”的美属于美的范畴中哪一类？
2. 救人这种美与现代青年流行的“酷”有什么区别？
3. 人是社会美的核心，你认为什么样的人才是美的？

第一节　美的内容和形式

同一切事物一样，美既有内容，也有形式，是内容与形式的统一。正如黑格尔所说：“美的要素可分为两种：一种是内在的，即内容；另一种是外在的，即内容借以表现出意蕴和特征的东西。”美的内容决定美的形式，美的形式表现美的内容。

一、美的内容

美的内容是指通过感性的方式显现出来的人的本质力量的积极的、肯定的因素。美的内容是人化自然、是人本质力量对象化的结果，离开了人类，就无人类审美的内容可言。任何美都是人类社会丰富多彩的社会实践的反映，是美好事物在人们头脑中的反映，美的内容离不开人和人的活动，离不开人的社会实践和生活。比如井冈山、延河水，它比一般的山、一般的水要美得多，因为它象征着中国革命的胜利，记载了中国革命的艰苦岁月，凝聚着无数先烈的理想和信念。所以，它不仅有一般山水的自然美，更具有中国人民革命实践的社会美。

另一方面，美的内容必须通过一种能够从精神上唤起人们愉悦的感性形式表现出来。即内容美是形式背后所蕴涵的内容给审美主体带来的美感，是由人看到形式之后产生的联想或想象引起的。

例如，艺术创作中情感的表达则是艺术作品的灵魂，外在的表现手段和表现形式则仅仅是一件作品的外衣，不能从心底真正地打动人，要使作品能真正地打动别人就必须深入地了解其内涵，也就是作品反映和表现的社会生活内容的真与善的统一，真实地表现生活中的典型人物、典型事件，表现人们内在的精神世界，是构成艺术内容美的重要前提，也是衡量一部艺术作品美学价值高低的重要依据。任何美都必须依靠社会而存在，它的内容必然有明显的社会特点，往往表现为一定时代性、民族性。美的形式总是某种内容的形式，离开了表现美的内容的形式，美是不存在的。

二、美 的 形 式

美的形式是指显现人的本质力量的感性形式，总是与特定的内容相联系的。美的形式可以分为两种：一种是内在形式，与美的事物的内容直接相关，是真和善的体现，如一部文学作品中的语言、体系、逻辑结构；另一种是外在形式，与内容不直接联系，是内在形式的感性外观形态（如材质、线条、色彩、形状等），比如一本书的封面设计所展现的风格。

美的形式是感性的、具体的，它由一定物质因素构成：一是自然物质材料，如线条、颜色、声音等；二是物质运动所形成的规律性，如对称、比例、节奏等；三是物质运动存在的形式，如时间、空间。以社会领域中的美而言，这种物质因素主要表现为构成社会事物的“生活形式”，如劳动者的美是由劳动者的形象、动作及由劳动者生活所构成的一定场面、环境（时间、空间）而显现出来的。再比如我们平常讲的心灵美，“心灵”这东西似乎捉摸不住，但当我们讲某人心灵美时并不抽象，这个人的行为、言谈、举止所构成的“生活形式”就是他心灵美的外在表现。马克思曾说：“语言是思想的直接现实。”这就是说，语言是思想赖以存在的物质手段。任何形态的美，都必须借助一定的物质因素并以此作为载体，形成一定的感性形象显现出来，才能为人们所感知。可见，物质因素是美的形式的第一要素。

美的形式不仅是感性的而且必须是宜人的。所谓“宜人”是指构成美的形式的物质因素必须易于为人们所感知，使人感到愉悦、舒适。因为美是一种具有观赏价值，是一种有着巨大感染力、吸引力的形象，它不仅在内容上显示人的自由创造的本质，确认了人的积极的本质力量，可以给人心理上的愉悦和精神上的享受，而且在形式上也易于为人们感知、为人们所接受。只有这样才会人见人爱、惹人喜欢。

三、美的内容与美的形式辩证统一

世界上的一切事物，都是内容与形式的辩证统一。任何美的事物既有特定的美的内容，又有特定的美的形式，是美的内容和美的形式的统一体。一方面美的内容决定美的形式，没有美的内容，就没有美的形式；另一方面，美的形式表现美的内容、为美的内容服务。美的形式适合于美的内容时，则更显现事物的美，促进美的事物的发展；当美的形式不适合于美的内容时，则有损或影响于美的内容。

美的形式是美的内容所固有的，美的内容也是美的形式所固有的。正如别林斯基所说：“如果形式是内容的表现，它必须与内容紧密联系着，你要想把它从内容中分出来，那就意味消灭了内容；反过来也是一样，你要想把内容从形式中分出来，那就等于消灭了形式。”

需要指出的是，在实际生活中，美的内容与美的形式的关系错综复杂，不是诸如人体与服装、商品与包装那样的内容与外壳的关系。有的内容美形式也美，有的内容不美形式也不美，有的内容美形式不一定美，有的形式貌似美而内容不一定美。可见，事物美的形式是具体的，美的内容也是具体的。对于每一个具体事物，其美的内容和美的形式只能是具体的、历史的相对统一，而不可能是完美无缺的绝对统一，这正是世界多姿多彩、美不胜收的原因。

第二节　形　式　美

大千世界中，美的事物数不胜数，它们通过美的形式表达一定的内容。形式美是诸多美的形式的抽象和概括，是从具体的美的形式中抽绎出来的"共同的美"，它以具体的形象感染人，展现美感，给人以美的享受。

一、形式美的概念及特征

形式美（formal beauty）是指自然、生活、艺术中各种形式因素（色彩、线条、形体、声音等）及其组合规律（对称、比例、节奏等）等所呈现出来的审美属性，它是一种具有相对独立性的审美对象，具有抽象性和时代性。

形式美与美的形式的主要区别在于：首先，它们所体现的内容不同。美的形式所体现的是它所表现的那种事物本身的美的内容，是确定的、个别的、特定的、具体的，并且美的形式与其内容的关系是对立统一，不可分离的。而形式美则不然，形式美所体现的是形式本身所包容的内容，它与美的形式所要表现的那种事物美的内容是相脱离的，而单独呈现出形式所蕴有的朦胧、宽泛的意味。其次，形式美和美的形式存在方式不同，美的形式是美的有机统一体不可缺少的组成部分，是美的感性外观形态，而不是独立的审美对象。形式美是独立存在的审美对象，具有独立的审美特性。

形式美的主要特征有：

1. 相对独立性　人们对美的感受都是直接由形式引起的。在长期的审美活动中人们反复、直接接触这些形式美，从而使这些形式具有相对独立的审美意义，无须考虑它所表现的内容。比如，疲劳时听一曲轻音乐，优美的旋律使人轻松愉快，欣赏者不必了解这首曲子的意义何在。形式美以其生动的形式，直接刺激审美主体的感官激发主体的想象，唤起主体的美感，使审美主体在对外观形式的感受、体验中，领悟审美对象的内在本质美，所以形式美具有相对独立性的审美特征。

2. 民族性　不同民族的生存环境、文化传统、心理因素等影响着其对形式美的选择。就色彩而言，朝鲜族喜爱素白色服装；佤族服饰多用黑色和红色，佤族男子头缠黑包头，身穿大襟短衣，女子耳坠大银环，颈挂银项圈，能歌善舞，洋溢着如火般的热情。此外，不同民族对色彩象征意义的理解也存在差异。白色在西方文化中象征纯洁和美好，在汉民族的情感生活中却象征死亡和悲哀；黄色在我国传统文化中象征皇权和高贵，而在以色列则被看作不吉祥的象征，受到人们的憎恶。

3. 时代性　形式美的表现并不是凝固不变的，它总是随着时代的变化而更新，体现出时代的旋律。由于不同的历史时期生产力水平的差异，形成各自不同的审美尺度，在形式美的创造和欣赏上也日益丰富和精细化。

二、形式美的构成要素

审美活动是人的一种高级情感认识活动，美是在视觉和听觉共同作用下产生的审美体验。因此，在客观世界中，与光和声相联系的因素（如点、线、体、色彩、声音）便在特定条件下具有了审美意义，成为形式美的构成要素。

1. 点　是形式美的最基本要素。点是画面中面积最小的图形，点的连续排列构成线，点的密集积聚构成面。点的形态是多种多样的，其最主要的特点是"小"，但无论多小的点都有形状和大小。夜空中若隐若现的点点星光，草原上时动时静的牛羊，显微镜下的微小细胞都是点。

点是具有空间位置的视觉单位。点在空间中的不同位置、形态及聚散变化，给人以不同的视觉感受。当点位于空间中心时，既有收敛集中的效果，又具有安稳性；当点在空间一侧时，可产生不稳定的游移感；当点规则排列时，具有稳定和秩序感；当点无规则排列时，具有动感；大小不等的点作渐变排列可产生立体感和视错感。

2. 线 是点移动的轨迹。线可以描绘形体的轮廓，能对画面进行分割，具有很强的情感表达性，因此线在形式美诸要素中占有特殊的地位。

线条可分为直线、曲线、折线三大类，它们分别给人以不同的感受。直线一般表示刚毅、挺拔、单纯，其中粗直线有厚重、强壮感，细直线有明快、敏锐感，水平线有平静、安稳感；曲线表示优美，给人以柔和、轻盈、流畅的感受；折线表示转折、变化的方向，给人一种动态与灵巧的感受。

英国著名画家荷迦兹在《美的分析》中指出：蛇形线是最美的线条，“一切由所谓波浪线、蛇形线组成的物体都能给人的眼睛以一种变化无常的追逐，从而产生心理乐趣”，“如果从一座优秀的古代雕塑像上除去它的弯弯曲曲的蛇形线，它就会从精美的艺术作品变成一个轮廓呆板、内容单调的形体”。作为艺术造型的一种重要手段，线条广泛地运用于建筑、绘画、雕塑、书法、舞蹈等方面。如在建筑艺术中，希腊式建筑多用直线，罗马式建筑多用弧线，哥特式建筑多用相交成尖角的斜线。中国画同样注重用线条造型来传达情意。

3. 面 线的移动形迹构成了面。面具有二维空间的性质，有平面和曲面之分。不同形态的面又具有不同的特性。例如，几何形的面（方形、圆形、三角形）表现出规则、平稳、较为理性的视觉效果；偶然形的面则具有随意活泼之感。

4. 体 是点、线、面的有机结合，体由面移动、旋转而成。体的形态多样，主要包括球体、柱体和锥体。体的视觉感觉与其体积有关，体积大的浑厚有力，冲击力强；体积小的灵巧、轻盈。各类体所表达的寓意有所不同。球体给人柔和感；方形体具有刚劲、公正等意味；正三角体有稳定牢固感，倒三角体则有倾危不安感；高而窄的形体有险峻感，宽而平的形体有平稳感。许多名传千古的建筑杰作都具有鲜明的几何造型特点，如古罗马的科络西姆斗兽场、埃及的金字塔、中国北京的故宫等，分别采用了圆柱体、锥体、方形体等几何形体，充分展现出不同形体的审美特征，使人领略到建筑中的形体之美。

5. 色彩 是光作用于物体给人的一种视觉反应，人类的视觉系统能够分辨的颜色在 200 万～800 万种，可以说，我们身处在一个斑斓错综的色彩世界里。色彩是一般美感中最大众化和最普及的感觉形式，是人们认识世界、感受美的重要依据，是形式美不可缺少的重要因素。

（1）色彩的视觉效果：色彩具有审美特性的原因之一在于它能给人一种特殊的视觉效果，对人的生理、心理产生影响。色彩是人们辨别认识客观事物的重要依据，人们根据不同色彩将各种事物区别开来。色彩本身是无温度差别的，眼睛对于色彩冷暖的判断主要依赖人们的生活经验对色彩的印象和心理联想。不同的色彩往往给人以冷暖、轻重、大小、华丽与质朴等不同感受。在色调环上可将色彩划分为暖色、冷色和中性色。暖色包括红、黄、橙等色调，使人联想到太阳、火焰等温度高的物体，产生温暖、危险等感觉。冷色包括绿、靛、蓝等色调，如大海和蓝天等环境，往往温度较低，易使人产生寒冷、平静等感觉。中性色如白、灰等色调，没有明显的温度感，让人感觉舒适与和谐。白色，易使人联想到天上的白云、液体中的泡沫、蓬松的棉花等，产生轻盈、漂浮的感觉；黑色，易使人联想到铅块、岩石等，看起来颜色深、密度大，自然给人结实沉重的感觉。浅色给人以宽大的感觉，深色给人以狭小的感觉；明亮色给人以华丽感，灰暗色给人以质朴感。

（2）色彩的情感效应：不同色彩通过人的视觉系统作用于人脑，引起不同的心理反应。人类在长期的生活实践过程中，已逐渐形成了对色彩的不同理解，因此色彩被赋予了丰富的象征意义和情感性。鲜艳明亮的色彩可以使人兴奋，灰暗浑浊的色彩则使人感到压抑；红色和黄色给人以温暖、热烈和喜庆的感觉，蓝色和紫色给人以寒冷、沉静的感觉，绿色则给人以生机盎然的感觉。同时，色彩又具有象征性，如红色象征革命，黑色象征死亡，白色象征纯洁。京剧脸谱也以不同色彩象征不同的人物性格：红脸表示忠义，黑脸表示憨直，蓝脸表示刚强，白脸表示奸诈，金银脸表示神怪。

6. 声音　声音与色彩、形体等不同，是以诉诸听觉感官为主的形式美的构成因素。声音是由物体振动形成的声波作用于听觉器官而产生的，有振幅、频率、波形三要素。振幅的大小决定声音的强弱，频率的高低形成不同的音高，而波形的差异则造就音质的不同。声音通过高低、强弱、快慢等传递不同的信息。例如，高音高亢激昂，低音凝重深沉；强音令人振奋，轻音柔和细腻；急促的声音显得紧张，缓慢的声音显得舒展；纯正之音圆润悦耳，嘈杂之音令人不快。音乐美来源于声音美，声音自身丰富的表现力是音乐艺术得以产生的基础。声音的多样性及其突出的表情功能在音乐中得到集中的表现，使人产生独特的审美感受。

三、形式美的组合规律

人类在创造美的活动中不断地熟悉和掌握各种形式美构成因素的特征，并对形式因素之间的联系进行抽象、概括，总结出形式美的基本组合规律。

1. 整齐与参差　整齐，即整齐一律，是各种形式材料按照大致相同的方式排列而形成单纯的反复，这是最简单的形式美。整齐一律体现的是“外表的一致性”，当形体、色彩、声音等形式因素在单纯一致中见不到明显的差异和对立因素时，就产生整齐的美，给人秩序感与和谐感。整齐美可以是由完全一致或相同物质材料以相同方式排列而形成的形式美，如阅兵式（图 2-1）动作整齐、着装一致的队列方阵；也可以由不完全相同的色、形、声及其他物质材料以大致相同的方式反复而形成，如林荫道两侧错落有致的不同树种形成的反复。但是，整齐有时却会因缺少变化在形式上略显单调、呆板，易造成人们视听上的审美疲劳。

与整齐不同，参差追求的是多样的协调，而不是单调的简单重复。参差是指各种形式材料的组合错综多样。参差的多样不是杂乱，而是在整齐的基础上求变化，在多样中求和谐。比如被称为世界三大夜景的香港维多利亚港两岸高楼大厦鳞次栉比，虽然各座大楼高矮不同，形态各异，但在灯光争相辉映下，璀璨繁华，营造出绚丽多姿的醉人美景。

2. 对称与均衡　对称指形式各要素在上下、前后、左右的相同或均等。对称可分为点对称和轴对称，而左右对称是对称的基本形式。对称是生物和大自然中普遍可见的存在形式，如鸟的羽翼、花木的叶子、人的五官和四肢等。对称形式美的形成与人的视觉知觉活动密不可分，从格式塔心理学的观点来看，视觉上的平衡是人类最基本的视觉需求，而对称有均匀、协调的朴素美感，符合人们的视觉习惯，易被人们接受。因此，许多中外建筑都应用了对称的形式特征彰显美感，如中国传统民居四合院（图 2-2）和法国的三大建筑——凡尔赛宫、埃菲尔铁塔和凯旋门都是对称的典型代表。

图 2-1　阅兵式

图 2-2　中式四合院

均衡是对称的变形，指对应双方等量不等形，即双方形式上虽不一定对称，但在视觉上是平衡的。均衡是以动感为主导的平衡，表现出一种稳定的动态之美。均衡法则在建筑、绘画、文学等领域被广泛应用。例如，对联中“对仗”的修辞手法是均衡法则在语言中的应用；中国园林建筑通过叠山理水造就山与水的刚柔并济，通过窗户和借景达到内景与外景的视觉平衡，是建筑中均衡之美的典型代表。

3. 比例与匀称 比例是“关系的规律”，指事物的形式因素在局部与局部、局部与整体之间的恰当的数量关系。我国木工祖传的“周三径一，方五斜七”的口诀，就体现出早期人们对几何图形长度比例的认识和估计。合乎一定的比例关系即比例恰当就是匀称，匀称的比例关系会使物体的形象具有严整、和谐之美。如传统中国画中绘景的“丈山、尺树、寸马、分人”，人体的“立七坐五跪四蹲三”，面部的“三庭五眼”等均是对绘画比例关系的经验总结。在比例法则中，最被人们推崇的是古希腊时期由毕达哥拉斯学派提出的黄金分割：一条线在最合适的地方分成两个部分，整体与较长一部分之比等于较长部分与较短部分之比，约为 1∶0.618 或 1.618∶1。而值为 1∶0.618 的黄金比例关系也被认为是最能引起人们美感的比例，如健美的动物形体身长与宽的比例大体接近黄金分割律；蝴蝶双翅展后的长度与身长之比约为 1∶0.618；当人的体温（37℃）与室温（23℃）之比为 1∶0.618 时，人体感觉最舒适；当弦乐器的琴马放在琴弦的 0.618 处时，琴声最柔和甜美……如今，“黄金分割”已被人们广泛认识与接受，其应用领域已涵盖从日常生活到建筑、工艺、绘画、雕塑等各领域。法国埃菲尔铁塔和名画《蒙娜丽莎》在设计与构图上都应用了该比例法则。

4. 调和与对比 调和是在事物的整体结构中，差异不大的因素相互联系、趋向一致的状态。如绘画中近似色的搭配，音乐中的和声等，是色彩和声音的调和，使人感到协调与和谐。

对比则是把相互对立因素结合在一起，在强烈的反差中形成对比，产生鲜明、醒目、振奋的感受。在造型艺术和自然、文学等领域中，事物的大小、曲直、高低、宽窄、明暗和虚实等都可形成对比。“接天莲叶无穷碧，映日荷花别样红”是红与绿的对比，“蝉噪林逾静，鸟鸣山更幽”是闹与静的对比。

5. 节奏与韵律 是一对具有动态特征的形式美的基本规律。节奏是指事物运动过程中力的强弱变化有规律的组合并有序地连续出现。在日常生活中，节奏形式普遍存在：人的呼吸、心跳是人体的节奏，昼夜交替、四季更迭是时间的节奏，层峦叠嶂、潮起潮落是空间变化的节奏，乐声的高低强弱、间歇停顿是音乐的节奏。节奏的规律性给人平衡、持久、有序的心理感受。

韵律是节奏的变幻和丰富，在节奏的基础上赋予一定的情趣、神韵等感情色彩就形成韵律。如水中的涟漪、摆动的柳枝呈现出大自然的韵律；古诗词的押韵、平仄、对仗，构成了诗词的韵律；歌曲中的音符、节拍汇成了音乐的韵律。总之，节奏决定着韵律的基调，韵律使节奏丰富和发展。只有两者和谐统一，才能产生持久的美感和强烈的视觉冲击力。

6. 多样与统一 多样统一是形式美规律的最高形态。多样，指整体各部分在形式上的差异性与对立性，体现构成部分的个性特点。统一，指整体各部分在形式上的某些相同性或联系，体现构成部分之间的共性。多样统一就是寓“一”于“多”，“寓变化于整体”，把多种不同的因素有机地组合在一起，达到既丰富又单纯，既活泼又有序的和谐审美效果。国画大师黄宾虹曾说过：“竹画就使其不齐而齐，齐而不齐。此自然之态，入画更应注意及此。”他从绘画构图的角度，生动说明了多样与统一相互依存、相互联系的辩证关系。人们喜欢的多样是统一之下的多样，缺少统一的多样是杂乱的。人们倾向多样中的统一，没有变化的统一是单调的，实现了统一才会有更多层次的丰富变化。比如，交响乐团由不同乐器和多种声部组成，它们音色不同，表现方式各异，但合奏时却毫无杂乱喧闹之感，这是由于乐手们在乐队指挥的调动下统一成一个和谐的整体，共同表现作品的主题与意境，演奏出和谐悦耳的乐章。

总之，形式美的组合规律并非一成不变，孤立存在，它随着时代的发展和人们审美能力的提升而不断演变、充实。研究和探索形式美及其组合规律，将有助于培养欣赏者对美的事物的敏感性，深化审美感受能力，有利于促进人们自觉运用形式美的因素与规律去表现美的内涵，最终提升审美创造能力。

第三节 美的基本范畴

美的范畴是美的本质的具体展开和不同形态的表现，是人们对于美的现象形态的认识和把握。按照审美对象的审美特征和审美对象给人的审美感受，主要包括优美、崇高、悲剧和喜剧。

一、优 美

1. 优美的含义 优美（graceful）是美的一种最常见的形态，是人类在实践活动中最先发现的客观事物的审美属性。优美是优雅、柔性的偏于静态的美，它完全排除了任何丑的因素，以其安静祥和的特征营造感官的宁静协调、情感的平和愉悦，从而产生柔和持久的吸引力。

在自然界、社会生活与艺术中，优美有着不同的表现形式。自然中的优美偏重形式，以其形式上的和谐统一唤起人愉悦的体验。如婀娜的柳枝、潺潺的溪流、艳丽的鲜花、歌唱的黄莺都给人优美的感受。社会生活中的优美侧重内容，它不仅从人的外在形体美中得以反映，还表现为人与人之间的和睦相处、互敬互爱、长幼情深等，是审美主体与社会道德伦理内容之间最大程度上的和谐统一。艺术中的优美是艺术家对现实中的优美的提炼加工。艺术家按不同艺术种类的特性将符合目的的优美的内容与符合规律的优美的形式有机结合，创造出丰富多彩的优美的艺术形象。

2. 优美的本质 优美是在矛盾双方的和谐统一中显现出来的令人心旷神怡的美。优美的本质是和谐，是其外观形式与美的内容的协调所体现出的平静、柔和的状态。

3. 优美的特征

（1）从感性形态上看：优美的事物往往偏于小巧，具有宁静、协调、轻盈、优雅的形象特征，体现出均衡、比例、对称、韵律、多样统一等形式美的基本规律，给人以美的享受。

（2）从审美主体感受上看：优美的事物给人的刺激是温和轻柔的。

（3）从审美内容与要素上看：优美的事物其质地上的刚与柔矛盾不突出，其力度上的强与弱差异不明显，其内部各要素处于一种和谐状态。优美对象是感性外观与理性内容的相互协调，没有冲突的痕迹，使人平静、舒畅，令人心醉神迷。

二、崇 高

崇高（sublime），指形体上巨大有力或精神上雄浑伟大，令人惊心动魄的现象。它是崇高感的源泉，人们在观照崇高事物时，先感到压抑痛苦，后崇敬奋发、心向神往，从而获得一种矛盾的、激动不已的愉悦。

1. 崇高的产生与发展 崇高的概念首次出现于古罗马朗吉努斯的《论崇高》一文中。他认为崇高是“伟大心灵的回声”，其通过庄严的主题，提高人们的灵魂，能“产生一种激昂慷慨的喜悦，充满了快乐与自豪”。崇高真正成为独立的审美范畴是由英国著名的政治家博克完成。他将崇高的研究提升到美学的范畴，认为崇高对象具有体积巨大、力量强大等形式特征，其审美效果是以痛苦为基础，使人产生危险感与恐怖感。之后康德在继承了英国经验主义的崇高观的基础上，从哲学的高度对崇高进行了深入研究。他认为崇高对象具体表现为“数量的崇高”与“力量的崇高”，崇高的实质在于人的精神和力量。黑格尔进一步从崇高对象的自身结构进行研究，认为崇高实质是“观念压倒形式”，即当有限的形式容纳不了理念内容时，无限的绝对精神便直接呈现出来，引起人的崇高感。

在中国的古典美学中，所倡导的“大”或“大美”等“阳刚美”与西方美学中的崇高是相近的。孟子说：“充实之谓美，充实而有光辉之谓大”；庄子云：“天地有大美而不言。”但是与崇高不同，“大美”强调的是主客体间的和谐，“大”的对象所引起的主要是一种无限的崇敬感，这与崇高对象的恐怖感是有明显区别的。

2. 崇高的本质 崇高是指对象以其粗犷、博大的感性形态，劲健的物质力量和精神力量，雄伟的气势，给人以心灵的震撼，进而受到强烈的鼓舞和激越，引起人们产生敬仰和赞叹的情怀。崇高是在主客体的冲突对立中显现出来的令人惊心动魄的美，其本质揭示了实践主体从与客体相对立，处于被否定的地位，转而征服、掌握客体的动态历史过程，展示出人的本质力量的伟大。

3. 崇高的特征 崇高是人的本质力量经由对象的震撼和压抑而获得的显现，具有鲜明的美学特征。崇高的事物多具有粗犷博大的感性形象、强健的力量与雄伟的气势，如巍巍泰山、滔滔长江等。崇高的事物还易使人产生强烈的心理效应，给人心灵上的震撼，令人惊心动魄、心潮澎湃，引人赞叹且催人奋进。总之，崇高不仅是一种外在形象的宏大与震撼，更是产生于内心的震撼和精神上的痛感。正如朱光潜先生所说："对象以巨大的体积或雄伟的精神气魄突然向我们袭来，我们首先感到的是势不可挡，因而惊惧，紧接着这种自卑感就激起自尊感，要把自己提到雄伟对象的高度而鼓舞、振奋，感到愉快。所以崇高感有一个由不愉快转化到高度愉快的过程。"崇高呈现的是实践活动与客观世界的斗争，表现了冲突的严重痕迹。

三、悲 剧

悲剧（tragedy）是美的一种特殊表现形式，研究的是现实生活及艺术中的一切悲剧性现象及其本质规律。在现实生活中，人们通常喜欢美好的事物而回避令人悲哀和痛苦的事物，但是，人们为什么又愿意为那些表现痛苦的悲剧艺术作品而流泪呢？因为在悲剧的审美中人们固然会受到悲哀、痛苦、恐惧等阴暗情绪的影响，但是在短暂的情绪压抑之后，油然而生的感动、钦佩和赞叹之情，使人们的情绪得到宣泄，灵魂得以洗涤，思想得到提升，并最终体验到悲剧带来的审美感受。

1. 悲剧的本质 悲剧是现实中在美与丑的激烈的矛盾冲突之后，丑暂时性地压倒了美，美遭到了毁灭，但在精神上却引起了人们的同情、怜悯和激愤之情，展示出斗争的艰巨性，实践主体的顽强性及美必胜丑的历史必然性，使人们的心灵得以净化，精神得以提升，获得美的陶冶与享受。

2. 悲剧的美学特征

（1）矛盾的冲突：悲剧是外在非正义势力与主体不屈抗争之间形成的矛盾冲突，也是善与恶、美与丑的斗争。可以说没有美丑两极之间的剧烈冲突则没有悲剧。

（2）结局的必然：悲剧人物的失败或毁灭是悲剧的常态。悲剧的主人公在与外界的抗争中往往受到挫折、磨难甚至死亡。

（3）精神的胜利：悲剧先是愤怒、压抑，再是释放和振奋，以肉体的毁灭和抗争的失败换取深思和精神的长存。悲剧主人公一般是具有抗争精神的正面形象，悲剧在本质上是乐观的而不是悲观的，是通过美被毁灭的形式来达到肯定美、否定丑的目的，用悲的方式激发人们对美的追求。

四、喜 剧

喜剧（comedy）同悲剧一样，也是美学范畴之一。它涵盖社会生活中的一切喜剧现象及其在艺术中的反映。"喜剧"一词源于古希腊，同当时祭祀酒神的仪式和流行民间的滑稽演出相关。之后，雅典诗人克刺忒斯首先摈弃讽刺形式，以喜剧性情节取代一般滑稽表演，推动了喜剧的初步独立。"喜剧之父"阿里斯托芬以其杰出的创作促成古希腊喜剧的定型化。在此后长期的发展中，喜剧突破戏剧的限制，正式成为含义普遍的美学范畴。

1. 喜剧的本质 从喜剧发展历程来看，其本质是以笑为手段，在美与丑的矛盾冲突中，通过表现对象的内容与形式、本质与现象的矛盾倒错所引起的不合情理而引人发笑，引导人们否定丑，肯定美，直接或间接地肯定人的本质力量，给人精神上的满足，并从中获得某种审美享受。

2. 喜剧的美学特征

（1）以笑为表现形式：喜剧最显著的特征是引人发笑，主要表现为名不符实、以假乱真、夸张等。喜剧的笑不是纯粹的生理反应，而主要是具有社会性内容的心理现象。它通过笑的形式实现人格的轻松，表达正义战胜邪恶的自信。

（2）美与丑的较量：喜剧是在美与丑的冲突中，采用滑稽、讽刺、幽默、诙谐等表现形式，通过美战胜丑及美对丑机智的戏谑和有理性的把握，目的在于揭露丑恶势力的内在空虚本质和无价值形式，以激起人们埋葬丑的勇气和力量。

（3）错位与反差：喜剧是事物的内容与形式之间的一种错位。当内容与其形式之间存在明显的反差，或形式被极端地夸大或缩小时，便产生喜剧效果。正如黑格尔所说“目的与手段的任何对比如果出现矛盾或不对称”就是可笑的。喜剧的错位与反差常采取误会法、偷梁换柱等手法引人发笑，如卓别林《摩登时代》等。

第四节　美的基本形态

美的事物是多种多样的，根据其不同的特征或性质，美的事物、现象一般可以分为自然美、社会美、艺术美、科学美四种形态。

一、自　然　美

自然美（natural beauty）是客观世界中自然事物和自然现象作为审美对象而形成的美，自然美是自然的人化这一历史进程的结果。自然美与自然属性有关，但不等于自然物的自然属性。自然物的自然属性向审美属性的转化经过了漫长的过程，并有赖于主体生命意识的觉醒。

（一）自然美的本质与分类

1. 自然美的本质　自然美是指客观世界中的自然物与自然现象的美，大自然给人类提供了无限丰富、充满生机的审美对象：繁星皓月、彩虹落霞、碧波寒烟、花草树木、飞禽走兽……人的天然形体之美是自然美的高级形态，也可以说是自然美的顶峰。这些都能为人的感官所感知，并能引起人的精神愉悦，都属自然美的范畴。

自然美与人类实践有着密切的关系，是在人类改造自然的社会实践中产生和发展起来的，是人类社会实践的产物。自然美的本质不在于它的自然生命，而在于它与人类发生关系后，成为人类社会生活美的一种特殊表现形式。所以自然美的形式中必定蕴含着与人的现实目的相符合的善的内容。自然美源于人类的社会实践，自然物和自然现象能够成为人的审美对象，是人类社会发展到一定历史时期的产物，并具有一定的条件：

其一，人与自然的关系发生了根本的改变，自然事物的自然属性或自然性质转化为具有一定的审美属性或审美价值形式，使独立于人类之外的自然变成了人化的自然。

其二，人能够从自然中看到自己的力量、智慧和才能。人类在认识、运用自然的实践中，不再仅仅是维持肉体的生存，得到物质的满足，而是已大大超过了物质需要的满足。只有具备这两个条件，自然对于人才能成为美的，而这两个条件，归根到底是人类实践活动的结果。

2. 自然美的分类　从自然与人类实践活动关系方面考察，美学理论上把自然美分成两大类别，一类是未经人类加工改造的自然之美，称自然景观；另一类是经过人类加工改造的自然景观，称人文景观。

（1）自然景观：是指未经人类劳动实践直接加工改造的自然审美系统。自然景观中有作为人类的物质生活环境的自然景观，例如，辽阔的大海，浩渺的星空，多彩的云霞，奇异的山峰等，这类自然景物和社会生活的联系，也是人类生存发展必不可少的条件，如太阳能够成为审美对象，因为它是自然界生机的源泉，它能温暖我们的生活，照亮我们的世界；还有作为人们审美经验对象化的自然景观，例如，上述这类景物同时以形式美为中介，以它所特有的自然风貌，使人得到愉悦并获得美的享受。

（2）人文景观：指经人类实践活动直接加工改造过的自然审美系统。在这些自然物形式上凝聚了人的劳动，或者说打上了人类实践活动的烙印，因而具有了审美价值。人文景观依社会实践形式可分为两个子系统。

其一，通过物质实践活动直接加工改造过的自然，如绵延万里的长城、擎天摩云的塔寺、麦浪滚滚的田野、碧波荡漾的水库等。这类人文景观在现实生活中随着文化的演变和提高，已越来越显示出其重要的价值。

其二，经过精神实践活动加工改造的自然，这类人文景观虽未经过物质实践活动的直接改造，但由于人的精神劳动的创造，或者丰富了自然景点的内在意蕴，或者密切了自然与人的关系，或是点化为某种意境。比如许多自然景点的题字或对联，虽寥寥数语，但往往能起到画龙点睛的作用，甚至创造出景外之景。

（二）自然美的特征

1. 丰富性与天然性 自然美是现实美当中数量最多、分布最广、品种最繁的一种美。在人类的生活领域中，从天上到地下，从无生命的无机物到有生命的动植物，从宏观的宇宙天体到微观的虫翅叶芽，都各有其不同的形态美、色彩美，其丰富多彩、生动活泼，是其他一切美无法比拟的。如果说生活是艺术的源泉，那么自然美则可算是美的矿藏。黑格尔说："靠单纯的模仿，艺术总不能和自然竞争，它和自然竞争，那就像一只小虫爬着去追大象。"以我国的名山之美为例，山山不同，各有特色：泰山天下雄，是因它形体厚重，主峰高耸；华山天下险，是因它四壁陡立，山脊高窄；青城天下幽，是因它丛山深谷，恬静幽邃；黄山天下奇，是因它七十二峰千姿万态，云海变幻，古松奇特，巧石怪异，这些无不令人赞叹，真是变化万千，百媚千娇。

自然美源于自然造化之工，保持着一种淳朴、纯真之天然本色美，所谓"清水出芙蓉，天然去雕饰"，它是任何人为的艺术所无法代替的。

2. 变异性与多面性 同社会美和艺术美相比，自然美有相对的稳定性和持久性，因为大自然的生命力极其顽强，有生命的动植物代代繁衍，有相当的遗传稳定性，日月、山水等无机物往往千万年而不显其变。然而，从特定的时空看，自然美又时时处处发生着或强或弱、时隐时现的变化，同一自然景物在不同的时间、不同的条件下会呈现出不同的风貌：春花秋叶，晨曦夕照，意趣迥异。

自然美的变异性导致了它的多面性。所谓多面性，是指自然物所表现的美的形态不是单一的，而是多方位、多角度、多侧面、多层次的，所谓"横看成岭侧成峰"，对于同一种景物，如果人们观察的角度、方位不同，那么所得到的审美感觉就不同。此外，由于自然美的审美意蕴朦胧多义，有时同一自然事物、同一属性也会出现截然相反的审美意义，例如，老虎的本性，就其吃人的凶残来说是丑的，但就老虎的勇猛来说又是美的。它多彩的毛色，威武的姿态，令人珍爱，所谓"龙盘虎踞"是对生活中壮美事物的比喻。

3. 喻义与象征性 车尔尼雪夫斯基说："构成自然界的美是使我们联想到人或者预示人格的东西。"人与自然的关系是在相互作用中发展起来的，人类改造自然，自然也改造人类，在这种相互作用中，自然事物的某种自然属性与人类社会的某种属性相类似，并认定这一自然物是美的时候，这种自然美就成为人类社会美的一种喻义和象征，自然形象因此而获得种种象征性意义。如中国古代文人喜爱梅、兰、竹、菊，并把它们誉为"四君子"，实际是说人的品格之美，它们凌霜傲雪、清幽淡雅的特征，同我国士大夫文人所欣赏的高风亮节的人格精神是一致的。如今，在人类生活中带有象征性的自然物到处可见。比如把长江、黄河作为中华民族的象征，把欣欣向荣的新中国比喻为如日初升等，这一切都成为自然物焕发自然美的重要因素。

4. 重在形式美 审美对象都是内容与形式的统一体，但是自然美的一个突出的特点，就是形式美占有突出的地位。它在线条、色彩、声音等方面的形式特征立即会被人的感官所感知，赢得人们的赞美，让人在精神上得到愉悦和满足。而自然美的内容则比较隐约模糊，只有在特定情况下，人们才能体会它的内容意义。

二、社 会 美

社会美（society beauty）是社会实践产物最直接的美的存在形式，是美的本质的最直接展现。因此社会美是人类创造的一定历史时期社会生活的美，是社会生活中客观存在的社会事物、社会现象的美，它指的是那些包含着社会发展本质规律，体现人们理想愿望，并能给人以精神愉悦的社会生活现象。社会美包括生活美、生产劳动美、人的美等，其中人的美是社会美的核心。

（一）社会美的内容与特征

1. 社会美的内容 根据不同的审美参照和分类准则，社会美有以下不同的内容范围。第一，社会美包括生产斗争、阶级斗争和科学实验活动中的美。第二，社会美包括物质文明和精神文明的社会活动、社会成果和审美主体的美。第三，社会美分为实践过程的美、实践成果（产品）的美和实践主体的美。第四，社会美是生活美、生产劳动美和人的美。

2. 社会美的特征

（1）社会美的社会实践性：社会美根源于社会实践，其本身就是社会实践最直接的存在和表现形式。它存在于人的生产劳动、社会斗争和人际交往等社会实践中，并受社会实践诸多因素及条件的影响与制约。在各种社会实践中，人们按照社会规律和人类自由创造的本质力量，创建各种形态的社会美，收获和欣赏社会美，满足人们的物质和精神需要。没有具体的社会实践活动，社会美就似无源之水，无本之木。

（2）社会美的社会功利性：功利性就是“善”。社会美的社会功利性是指人类的实践活动的目的、过程和结果具有对社会有益、有利、有用的特性，能促进社会的发展与进步。社会美与自然美、艺术美不同，它始终与社会功利交融在一起，表现为精神的“实用”功利和物质的实用功利，并以物质实用功利为主。一件劳动产品，首先以产品的物质功利为前提具有实用价值，能满足人的某种实用目的，并在满足人们的物质功利的基础上，达到精神功利，可愉悦身心，陶冶情操，净化心灵。例如，大家熟悉的电视机，它的美是建立在电视机的实用价值上，包括电视机的色彩表现力、清晰度、音响等自身的功能和质量能满足多种要求，达到对消费者有用、有利的物质功利；同时，电视机和谐的色泽、精巧的结构、传递的信息既赏心悦目，又丰富了人们的生活，给予消费者“实用”的精神享受。

（3）社会美的内容美胜于形式美：任何称之为社会美的事物都有明确的社会内容，其内容是感染和熏陶人类的灵魂和精髓。各种人与物的外部形态和形式只是表达社会美丰富内容的桥梁和媒介，人们通过这些人和物的表现形式及外部形态领悟社会美、欣赏社会美。因此，在社会美中，起决定作用的是内容，而不是形式。社会美与自然美相比，自然美以形式取胜，重在形式；社会美以内容为重，内容决定形式。

（4）社会美的时代性和民族性：社会美不是孤立和一成不变的，总是依托社会历史条件，具体地存在于一定的社会生活中，并随着社会的发展而不断完善和拓展，反映当时当地的社会风貌和民族个性。无论是生产劳动的美、服饰打扮的美还是社会环境的美，都与当时的社会生活、生产条件、科技水平、社会制度、社会环境、时代风貌、风土人情相关；也与地理区域、自然条件、民族历史、生活方式和审美标准有关，展示了鲜明的时代特性和民族个性。

（5）社会美的阶级性：在阶级社会里，社会美充满了人类历史斗争的痕迹，带有强烈的阶级色彩。由于社会各阶级的政治和经济地位的不同，人们对社会美的审美态度、观念、价值取向迥异，社会美的面貌、尺度和评价标准都烙下了阶级的本性，分析社会美必须了解时代背景和历史轨迹。北京故宫是我国古代文化的珍品，它既是劳动者创造的物质产品，也是突出体现统治阶级意志、显示封建帝王权力和威严的精神产品。故宫整体建筑严格对称地布置在中轴线上，显示出帝王的绝对权威和中央集权制。

（二）社会美的核心是人的美

社会是由人组成的，人是社会实践的主体，不仅是社会美的创造者，也是美的体现者，因此人的美是社会美的基础和核心。哲学家柏拉图说过："最美的境界是心灵的优美与身体的优美的和谐一致，融成一个整体。"人的美，是人的内在品质通过外在形式表现出来的内外兼修的整体美，是形式美与内容美的统一，是灵与肉的互相映照，只有其外在的形式美和内在的本质美达到高度统一和谐时才显现出整体最高境界的美。

1. 人的外在美 外在美是指人的容貌、形体、行为、语言、举止等外观形态的美，它是对容貌美、形体美（人体美）、行为美、语言美、风度美、气质美等人的外在表现形式美的总称。人的外在美可归纳为先天的美和后天的美。先天的美就是"天生丽质"之美丽，后天的美又称"修饰"的美丽，如化妆、美容、整容、健身、服饰等，外在美如浮萍显而易见，易于留下美好的印象和引起愉快的情绪反应，能促进人际沟通和建立和谐的人际关系。护士整洁得体的服饰、优雅的姿态、自然的妆容、亲切的笑容、温暖的语言给患者良好的第一印象，为以后的护理实施打下良好基础。

"爱美之心，人皆有之"，人类从原始的赤身裸体到如今的巧妙修饰打扮，是人类进步、社会发展、文明昌盛的体现。随着科技创新、人际交往频繁及社会竞争激烈，人们在社会生活中越来越重视自身的修饰，外在美成为一种生存和社交的资本，反映了人们的生活态度和品味。人们崇尚自然、欣赏人的自然美，在修饰打扮中遵守"适度为美"的美学原则，自然加上和谐才是真正的外在美，通过内外兼修、形神兼备的修养，达到赏心悦目，将短暂的、易变的和不深刻的外在美提升为整体美，增添人的魅力。

2. 人的内在美 著名作家雨果说过："世界上最广阔的是海洋，比海洋更广阔的是天空，比天空更广阔的是人的胸怀。"人的心灵美就是人的内在美。内在美是指人的内心世界的美，是人的思想、品德、情操、性格、智慧、才识等内在素质的具体体现。内在美包括人生观、人生理想、思想觉悟、精神意志、道德情操、智慧才能、行为毅力、生活情趣和文化修养等。

俗话说："鸟美在羽毛，人美在心灵。"人的内在美的意义解释了人的美的精髓和实质。第一，内在美决定人的"美"与"丑"，对人的美起决定作用。人的本质力量、人的自由、人的自觉创造能力、人的聪明智慧、人的情感品性等都能在内在美中寻找到答案。因此，人的内在美是社会美的重要内容，是美的精华、美的本质，是美丑的判断标准。第二，内在美能引发持久的美感，产生更深刻和更强烈的审美感觉，内在美的稳定性和持久性源于人的品德的相对稳定性。第三，内在美的个人价值和社会价值是社会的宝贵财富，一个内在美的个体，能为社会、为他人做出贡献，对社会的进步起到积极的推动作用，当无数个体的力量汇集成社会力量时，对社会的贡献是无法估计的。

人的内在美是可塑的，人的美，贵在自我完善。护士应该注重培养高尚的品德，具备高度的工作责任感，丰富专业知识技能，使自己做到道德美、性格美、才识美。仅有美的外表而没有精湛的技术、高尚的职业道德，这样的护士是不美的；同理，如果医院仅有美的环境设施、一流的医疗仪器，但医务人员缺乏职业道德，也不可能有美的医院形象。内在美是塑造护士职业形象美的基础，正如南丁格尔所说："护士其实就是没有翅膀的天使，是真善美的化身。"内在美是外在美的灵魂，是做好护理工作的前提。

三、艺 术 美

艺术美（artistic beauty）源于艺术创造，诸如舞蹈、音乐、书画、各类工艺制品等。随着时代的进步，社会的发展，艺术文化逐渐从社会文化中显现而出，并逐步发展成为人类生活的特殊需求，并升华到人类的文化需求、精神需求、审美需求。艺术美是艺术作品的精华内涵，它通过人体感官，触及人之心灵，并能给人以精神影响。

1. 艺术美的本质 艺术之美来源于艺术作品，艺术作品是创作者通过对现实生活的感悟而产生审美反映、审美需求和审美创造的必然产物，一件成功的艺术作品融汇了作者的创作思想与技法，艺术美就必然存在于其中。艺术作品是艺术家审美意识的集中表现和物态化成果。人类对美的产生是通过视觉、嗅觉、听觉与感悟汇聚而成。艺术美作为美的高级形式来源于意识形态，它是作者创造性劳动的产物。艺术美作为美的集中表现主要体现在：第一，以现实生活为创作基础，艺术美是艺术家在现实基础上的一种艺术创造，社会活动实践为艺术创作提供了无穷无尽的素材，现实生活孕育和激发了艺术家的创作激情。第二，以物态化形式呈现艺术作品，是艺术家创造性劳动的产物。艺术美不是抽象的存在，它必须通过人们可以感受到的物态化的形式体现出来。艺术家借助一定的物质媒介，将自己的审美意识与审美创造用物态化的形式表达出来。如油画创作需要布、板、颜料和笔等材料为媒体。优秀的艺术作品是艺术家审美体验后物态化的最终成果，其来源于对社会生活的提炼、概括，运用对比、虚构、夸张等手法而创作出的典型作品及人物形象。在这一过程中，艺术家总是把主观的审美理想和思想情感融入客观性之中，鲁迅说："看一件艺术品，表面上看是一幅画，一座雕像，实际是艺术家人格的表现。"由于艺术家的创造，一块顽石、一张白纸、一堆铜铁才有了生命与活力。

2. 艺术美的特征 艺术美作为美的一个存在领域，具有美的一般特征，但与自然美、社会美相比，又有其独特的美学特征。

（1）具有典型性：艺术美塑造典型形象需经社会层面的整体把握，以个性鲜明、具体可感的形象来反映生活的真实性。艺术是对生活形象的捕捉、再现与创造，通过把富有典型意义的个别事物加工成丰富多彩、个性鲜明、具体可感的形象来反映现实生活，这种形象所显示的生活内容具有深刻的社会意义，如图2-3，青年画家罗中立的代表作《父亲》，画家以深沉的感情，用巨幅画的形式，借超写实主义手法，刻画出一个勤劳、朴实、善良、贫穷的老农的形象。这位老农的形象已经远远超出了生活原型，他所代表的是中华民族千千万万的农民。正是他们辛勤的劳动，才养育出世世代代的中华儿女，他是我们精神上的父亲。一个典型形象能使社会生活以更普遍的形态表现出来，通过艺术美的形式，把分散的、复杂的、多面的社会生活，提炼加工成整体的、典型化的作品。

图2-3 《父亲》

（2）富有情感性：艺术美是艺术家主观感受的体现，是主观情感与客观生活的和谐统一。艺术美之所以具有强烈的感染力，一个重要的原因，就在于体现着艺术家的强烈感情，不具备情感的艺术，是不能产生艺术魅力的。罗丹曾说过"艺术就是感情"，艺术作品中的情感是艺术家内心深处真挚的自然流露，并且自然地融化在作品形象之中。

（3）寓于理想化：美具有一种诉诸理想的性质。人们对美的追求有明显的理想化倾向。因此，人们总是不满足现实生活中已有的美，而要不断地追求更好、更高的审美对象。如梁山伯与祝英台"化蝶"的爱情绝唱，是人们对忠贞爱情的审美理想；包青天公正不阿的艺术形象，是人们对清廉政治的审美理想。但是，理想化在艺术中的含义不仅仅局限于人们对美的赞颂，还包括以审美的态度暴露或鞭笞生活中丑陋消极的现象和心态，通过艺术作品塑造的反面典型，同样倾注了艺术家的审美理想，因为它通过揭示"丑"与"美"的尖锐对立，以丑衬美，这种对丑的否定，使美进一步得到了正面的肯定。这是艺术美理想化特征的一种表现形式。

（4）作品的永久性：人类祖先借助艺术作品的"记录"给后人留下了许多不朽的艺术之作，从古希腊到远古东方文化延续至今，那些经典的诗歌、绘画、雕塑、文学、戏剧、音乐、舞蹈、建筑、工艺品等，无不令后人感受到这些艺术作品永恒的生命力。尤其是那些真实反映时代、民族、社会生活和思想感情的艺术作品，更显示了它的永恒魅力与价值。所以，人们今天才能从中领略到不同时代的艺术珍品，使审美视野得以开阔。

四、科 学 美

科学美（science beauty）是美的一种高级形式，是审美者的科学素养、审美水平达到较高层次，理论思维与审美意识交融、渗透时才能产生的一种美。

科学美，包括理论美和实验美。其含义有三，即和谐、简单和新奇。科学美不是自然中的形象和景致之美，而是一种内在的以和谐为表现方式的美。科学美是人类在探索、发现自然规律的过程中所创造的成果或形式，它在实验、公式和理论上表现出庄严、简洁、精确、微妙、对称、和谐等内容和形式的美。它具有诗的意境、音乐的神韵，物理学家爱因斯坦就称“科学美”为“思想领域最高的神韵”，它是科学家心灵和智慧创造的结晶。

1. 科学美的本质 科学美是人类在改造和征服自然的劳动中的自由创造。它是科学家的大脑对自然物客观规律的科学反映，也是科学家在创造中对自然物审美感知的结晶。

科学美表现了科学家对自然界客观规律的认识，也反映了科学家的能动创造性。一种科学成果除了具有内容上真、善、美统一的性质之外，还具有反映人的本质力量的审美价值。科学美内容的真与功能的善，是能为任何人掌握、运用的。但是在科学美作为人的自由创造本质力量的显现方面，却只有热爱科学、倾心于科学事业、具有极敏锐和丰富的科学美感的人才能理解。

2. 科学美的特征 具有美学和哲学思维的科学家们，不仅肯定了科学一般的审美标准，还具体地论述科学美的范畴，为分析科学美的特征提供了基本原则和依据。根据科学理论的审美实践，科学美具有以下特征：真理性、简洁性、和谐性、对称性。这些特征在护理学科中也得以充分体现。

（1）真理性：在美学史上，美和真这两个概念常常有机地联系在一起。虽然科学美离不开真，但美又不等同于真。从科学美学的角度来看，真只作为其中的因素潜在于美之中。科学的真理性来源于科学的宗旨。科学的宗旨是揭示事物的本质属性和发展规律。客观事物是科学研究的依据，因此，在某种意义上说来，客观对象的美也就成为科学美的源泉。

（2）简洁性：来自科学理论的简洁性特征，这种自然界的简洁性本质反映在科学理论上即是真。这种简洁性要求科学家在科学研究过程中，从繁杂的自然现象中去粗取精、筛选提炼，概括出简明的理论和规律。正如牛顿所说：“自然界喜欢简单化，而不爱用什么多余的原因以夸耀自己。”科学美的简洁性在各项护理操作技能中得到充分体现，每一动作的设计，不仅包含着科学的理论依据，符合节力的原则，而且动作简洁、大方、自然，给人以美的感受。

（3）和谐性：科学美的和谐性是指从天体到地球，从生物到人类，从宇宙到基本粒子都处于一定的秩序之中。“美是和谐”的观点是古希腊美学家毕达哥拉斯所提出的，他用这个观点解释了宇宙的构成和宇宙的美。科学的和谐性在护理工作中有多种表达形式，例如，在危重患者的抢救中医护人员的默契配合；在开展优质护理活动中和谐护患关系的构建；在整体护理工作中思、做、写的和谐性研究等。因此，在科学美感中，和谐性是表现最为广泛的特征。

（4）对称性：古希腊人认为在各种图形中圆形最美，比亚里士多德更早的希腊哲学家巴川尼德曾提出，宇宙犹如一个滚圆的球体，从中心到每一边都距离相等。各种几何图形中，圆形具有最高的对称性，因此，这说明了圆形和球体美的秘诀：对称。把一面镜子放在面前，现实中的现象与镜子中影像的反映，从物理学角度被称为宇称守恒。宇称是左右对称。自然界中许多事物都是左右对称，人体就是一个典型的例子。双手的左右对称有利于身体平衡与劳作，双腿的左右平衡有利于直线行走，眼耳的左右对称有利于观听的主体接受等。在科学美中，对称特征不仅给人以和谐愉悦的形式美感，也具有系统功能上的需要，因此自然而然地成为科学美的特征之一。

无论是在浩瀚的自然界中，还是在精巧的实验过程、实验结果中，无论是在科学理论的创造过程中，还是在科学理论的表达形式中，都蕴含着、显现着无限的美。科学美的存在，诱导人们在追求科学的同时，不断地追求美、创造美、鉴赏美、享受美。

案例 2-1 分析讨论：

人是社会实践的主体，人的美是人的内在品质通过外在形式表现出来的内外兼修的整体美，是形式美与内容美的统一，是灵与肉的互相映照。只有外在的形式美与内在的本质美达到高度统一和谐时，才显示出整体最高境界的美。“最美护士”郭璇璇、医生刘艳路遇晕倒老人，危急时刻跪地紧急施救，体现了对生命的敬畏和珍视，更体现了医务工作者救死扶伤、治病救人的神圣职责，无愧于“白衣天使”的称号。医护人员救人有其职业精神的驱使，面对生命垂危者，“只是做了该做的事，其他医护人员碰到也会做”“救人是本能，救死扶伤是职责”是一种将职业道德内化为自觉行为的结果，体现了医护人员的内在美，也诠释了美的精髓和实质。

要 点 提 示

1. 美的内容与美的形式辩证关系：美的内容决定美的形式，没有美的内容，就没有美的形式；另一方面，美的形式表现美的内容、为美的内容服务。美的形式适合于美的内容时，则更显现事物的美，促进美的事物的发展；当美的形式不适合于美的内容时，则有损或影响于美的内容。美的形式是美的内容所固有的，美的内容也是美的形式所固有的。正如别林斯基所说：“如果形式是内容的表现，它必须和内容紧密的联系着，你要想把它从内容中分出来，那就意味消灭了内容；反过来也是一样，你要想把内容从形式中分出来，那就等于消灭了形式。”

2. 形式美的构成要素与组合规律：点、线、体、色彩、声音是形式美的构成要素。形式美的组合规律为整齐与参差、对称与均衡、比例与匀称、调和与对比、节奏与韵律、多样与统一。

3. 自然美、社会美、艺术美、科学美的特征：自然美的特征包括丰富性与天然性、变异性与多面性、喻义与象征性、重在形式美。社会美的特征有社会美的社会实践性、社会美的社会功利性、社会美的内容美胜于形式美、社会美的时代性和民族性、社会美的阶级性。艺术美的特征为具有典型性、富有情感性、寓于理想化、作品的永久性。科学美的特征为真理性、简洁性、和谐性、对称性。

4. 美的基本范畴：美的范畴是美的本质的具体展开和不同形态的表现，是人们对于美的现象形态的认识和把握。按照审美对象的审美特征和审美对象给人的审美感受，主要包括优美、崇高、悲剧和喜剧。

思 考 题

1. 如何理解美的内容与美的形式是辩证统一的？
2. 如何将形式美的因素和规律与护理活动进行有机的结合？
3. 自然美、社会美、艺术美和科学美有哪些审美特征？
4. 试述护理专业如何体现社会美。

（黄志红）

第三章　护理美学概论

学习目标

1. 知识与技能：概述护理美学的内涵与性质；掌握护理美学的研究对象与任务；了解护理美学的学科形成与发展、护理美学与相关学科的关系；运用护理美学的研究方法实践护理活动。

2. 过程与方法：通过对护理美学概论的学习，能掌握护理美学的研究方法，提升审美素养。

3. 情感与态度：培养学生形成积极向上的人生价值观；鼓励学生在护理实践中展现护理美。

案例 3-1：

小张是护理学院一名大二的学生，面容身材较好，性格活泼开朗。近期学校要举办护理礼仪大赛暨知识竞赛，老师推荐小张参赛，为了取得好成绩，老师建议小张参赛前再次学习护理美学，以便进行充分准备。

问题：

1. 为什么老师建议小张参赛前再次学习护理美学，护理美学的内涵是什么？

2. 从护理美学的角度谈谈学生小张应该从哪些方面进行知识储备？

案例 3-1 分析讨论：

1. 护理美学是运用美学的基本原理、原则和观点，从护理的角度研究人们在维护和塑造人体美的创造活动中体现出来的一系列护理美学现象及护理审美规律的科学。护理美学研究的内容主要包括三个部分：护理美学的基本理论、护理审美实践及护理审美教育和审美评价。护理礼仪大赛是体现护理美学的一个方面，小张只有系统学习护理美学，才能更好地展现护士美。

2. 小张应储备护理美学的基本理论相关知识、护理人体美的相关知识（包括护理人体美的特征、基础和条件、人体美的标准和评价）、护理职业形象美的相关知识（包括护理职业形象美的内容和要求、塑造护理职业形象美的途径）、护理礼仪美的相关知识（包括护士基本礼仪和护士职业礼仪要求）和护理美学在护理实践中的具体应用方法。

第一节　护理美学的基本内容

一、护理美学的定义

护理美学（nursing aesthetics）是美学的一门分支学科，是现代护理学和现代美学相互作用、相互渗透的产物，是美学在护理实践中的具体体现，是一门交叉性的应用学科。不同的教材对其定义有不同的描述，仅列举几个有代表性的观点。

（1）护理美学是运用美学的基本理论研究现代护理事业所涉及的各个领域中的美的内容、现象及其规律的学科。

（2）护理美学是以马克思主义美学的基本原理为指导，研究护理实践中的美学问题与护理审美观的科学。

（3）护理美学是运用美学的基本原理、原则和观点，从护理的角度研究人们在维护和塑造人体美的创造活动中体现出来的一系列护理美学现象及护理审美规律的科学。

综上所述，护理美学探究了护理美的现象，护理审美的发生、发展及其一般规律。护理美学是运用美学的基本理论研究护理实践所涉及的美学现象和护理审美规律的科学。

二、护理美学的学科性质

1. 社会学科的性质特征　护理美学作为一门独立的学科，有其鲜明的职业特色，它的任务是运用正确的审美理论和审美标准去培养护理人员的审美意识，提高护理人员的审美素养。整体护理模式的确立、优质护理服务的开展等均说明了现代护理理念强调人本主义，“人”才是所有护理活动的中心。这就要求护士需要按照美的规律去发现美、创造美，以良好、完善的护理美促进人的身心康复。这就决定了护理美学具有社会学科的性质特征。

2. 自然学科的性质特性　护理美学是护理学和美学相互渗透的产物。护理学是健康学科中一门独立的应用学科，以自然科学和社会科学为基础，研究如何提高及维护人类身心健康的护理理论、知识及发展规律。这决定了护理学的任务是帮助患者恢复健康，帮助健康人不断提高健康水平与生活质量。这正是护理美学的学科任务，从而决定了护理美学必然具有自然学科的性质特征。

三、护理美学的形成和发展

护理美学是将美学基本理论应用于护理实践的一门新兴的边缘学科。从护理学发展的历程看，虽然护理美学只是一门新兴的学科，但护理专业学科中的美却早已蕴含其中，并随着历史的发展与人们审美意识的提高，护理中的美逐一被认识并体现出护理专业的时代魅力。

（一）护理美学的形成

护理美学的形成可分为三个阶段：

1. 护理美学的酝酿阶段（1980年以前）　自从有了人类就有了护理。自从有了人类，就免不了有生、老、病、死，也就有了抚育幼小、援助老弱、保护伤患、照顾残疾、处理死亡等。护理正是基于人类此种需要而产生的。远古时期虽无“护理”这一名词，但实际上已有了护理活动，同时也就有了护理美学的思想萌芽。例如，若干世纪以来，护理事业一直体现着人类的同情心并受宗教的影响，“博爱”“牺牲”“为人类服务”成为护理精神的信条。这些信条本身就蕴藏着美的价值。

十三四世纪以后，受文艺复兴、工业革命、宗教革命的冲击，护理事业进入停滞时期，长达300年之久。直到1860年南丁格尔女士创办世界上第一所护士学校，护理学才正式创立，护理事业才进入一个新的发展时期。南丁格尔认为“爱心的照顾，是医疗过程中最重要的一环。力谋护理之改良与病人之舒适，积极为病人创造条件，使病人舒适，是明显的护理美感的反映”。

2. 护理美学的萌芽阶段（1980～1988年）　随着社会的进步和人类生活水平的提高，20世纪80年代，医学模式的转变及护理学科的发展，赋予护理工作更多的内涵，护理学科发展更需要美学支持。

在这一时期，诸多相邻学科向美学横向渗透。归其原因有两个：第一，20世纪以来，一些过去不为美学所关注的问题陆续进入美学的视野。第二，当代科学的发展常常使一门学科有一种超越原有视野去拓宽研究领域的趋势。当今每一门社会科学甚至某些自然科学对审美活动都有强烈的兴趣，诸如心理学、社会学、语言学、人类学、教育学、技术工艺学、医学等。于是，无数美学分支学科相继出现，如工艺美学、信息论美学、教育美学、商品美学、劳动美学、医用美学、建筑美学等。由于现代护理观念对人本质的重新认识，社会对护理美学有了关注和研究。护理美学的建立和发展不仅关系到促进和维护人类的健康问题，也关系到护理学科的发展和地位。

各美学分支学科的建立和有关自然学科、社会人文学科的发展，为护理美学的建立提供了坚实的理论基础和可供借鉴的成功经验。例如，现代护理心理学的研究成果，就为护理美学研究提供了新的科学论点、论据；技术美学为护理美学中技术美的相关理论建立了结构模式；社会美学为护理美学提供了重要的启示性理论等，使护理美学具备了迅速形成的条件。

社会经济的快速发展和卫生科技的进步，带动了护理教育水平的提高，培养高层次的护理人才已成为卫生事业的迫切需要。当今护理学科深刻变革的标准之一就是，人文社会学科已成为与医学、自然科学并重的主干学科，而系统化整体护理则要求护士具有良好的人文素质。因此，护理美学成为护理专业课中不可缺少的知识体系。

3. 护理美学的形成阶段（1989 年至今） 医学模式的转变和社会的进步促使护理学科发生深刻的变革。1989 年 3 月，伴随着黎正良等主编的《实用护理美学》的出版，我国"护理美学"正式形成，随后多所医学院校护理学专业相继开设了"护理美学"课程。且有关护理美学的论著和论述也如雨后春笋般出现。至今，护理美学学科已基本形成，并正在不断地发展和完善。目前很多医院已在新入职护士的培训中将护士形象、职业礼仪、语言行为等作为基本培训内容，由护士所展现出来的内在美和外在美也构成了医院文化的重要组成部分。

（二）护理美学学科的发展

护理美学思想是随着人类护理活动的产生和发展而展开的，但是作为护理美学思想的观念及护理美学观念的理论表述，则始于 20 世纪 80 年代末。护理美学属于医学美学范畴，可以说它几乎与医学美学学科同步发展。我们从医学美学学科发展的三个阶段来了解护理美学学科的发展概况。

第一阶段：孕育阶段（1981～1989 年）。此阶段国内有关学者陆续发表一些与医学和美学相关的文章，但有关护理与美学的文章较少。

第二阶段：医学与美学界的一批仁人志士共同努力，迅速建立起"医学美学"。1988 年 6 月，我国第一部以"医学美学"命名的学术专著由天津科学技术出版社出版。1988 年 7 月，在一些专家学者的通力合作与支持下，在江西庐山举办了首次全国医学美学讲习班，培养了国内第一批医学美学学术骨干，为促进医学美学学科的发展奠定了基础。1989 年 3 月，黎正良主编的《实用护理美学》由四川科学技术出版社出版，这是我国护理界新编的理论联系实际的美学专著，该书的出版促进了美学在护理中的应用和普及。

第三阶段：医学美学理论与临床实践相结合的发展阶段（1989 年至今）。这一阶段是医学美学与临床实践相结合的阶段，主要表现在美容医学学科的建立与发展。另外，在医学美学理论的导向下，全国许多医学院校开办了美容医学专业，培养了大批美容医生、护士等美容专业人员，这是我国医学教育事业的一项重大成果。医学美学学科的迅速发展，带动了护理美学学科的发展。在此期间，护理美学研究内容逐步扩展、深化，学科的理论也日趋丰富。因而有众多关于护理美学的论述见诸报刊。从 1989 年至今，我国先后出版了《实用护理美学》《护理美学概述》《护理美学》等多部专著及教材。同时，有关护理美、护理美学等命题的理论与实践的研究逐渐广泛和深入。近年来，涉及护理审美教育、临床护理及专科护理中的美学讨论及应用方面的论文不断增多，它们分别从不同的角度阐述护理美学的内涵，探讨护理审美、审美实践、审美教育与评价等方面的问题，对护理美学理论体系的构建起到了先导作用，为该学科的逐渐成熟与发展奠定了良好的基础。

四、护理美学研究的内容

护理美学研究的内容主要包括以下三个部分。

（一）护理美学的基本理论

护理美学基本理论是由三个部分构成。

1. 护理美学的定义和学科性质 包括研究对象、任务、原则及方法；护理美学学科的学科性质及其与相关学科的关系；护理美学学科的形成与发展，学习和研究护理美学的现实意义。

2. 护理美学的基本理论 包括美的属性、本质和特征，美的基本形态和形式规律，美的产生和发展。

3. 护理审美规律的研究　其研究的核心是护理审美主体、客体及其相互关系。

护理美学的理论研究涉及的学科范围十分广泛，不仅需要研究美学和护理学，还需要依靠哲学、社会学、心理学、伦理学、体育学、艺术学、形象学及护理礼仪、人际沟通等学科。所以，护理美学基本理论的研究是一种多学科的综合性研究，反映了护理学研究对象的复杂性、综合性和交叉性。

（二）护理审美实践

护理审美实践是将护理美学理论应用于具体的护理实践活动中。它包括在基础护理、临床护理、康复护理、社区护理、护理管理、护理环境和护理审美评价等各方面体现美。护理人员需要借助护理美学理论，采取相应的美学技术手段和方法，从事护理实践活动，维护人类的身心健康。

（三）护理审美教育和审美评价

护理审美教育包括学校教育和护理人员自我审美培养，以及在护理教学中充分发挥护理标本模型、挂图、插图和电化教学美。形象生动的教具有着潜移默化的作用，可增强教学效果。通过特定的护理环境和方式培养护理人员，使其具有正确、健康的护理审美观，以达到提高护理人员鉴赏和创造护理美的能力。

五、护理美学研究的原则和方法

护理美学与其他学科一样，其研究原则与方法既有其共同性，也有其学科的特殊性，而且其研究方法又必须在研究原则的指导下进行。

（一）护理美学的研究原则

1. 理论联系实际的原则　是所有学科研究的共同要求。护理美学作为实用性很强的学科，从其产生的历史完全可以看出它是在医疗护理实践的基础上产生和发展起来的。因此，护理美学的研究必须以护理实践为基础，同时其理论研究成果也必须为护理实践服务，并受护理实践的检验和评价。

2. 客观性原则　是指在护理美学的研究过程中，必须坚持实事求是的科学态度，这是护理美学学科研究的特殊性。

3. 广泛性原则　护理是为整个医学服务的，它与医学的总目标是完全一致的，都是为人类的健康和社会服务的。社会是一个开放性网络系统，任何组织都在这个系统中生存、发展。医学卫生保健组织及其组织内的每一个学科也不例外，在医疗护理及保健服务市场中的竞争显得十分激烈。因此，在研究护理美学时，必须考虑到护理服务市场的广泛性、系统性和复杂性。

（二）护理美学的研究方法

根据护理美学的研究原则，护理美学的研究方法主要有以下几种。

1. 实验法　是研究护理美学的基本方法。它是根据护理美学的基本原理和实务，经过周密的设计，在一定时间和范围内进行实验，以获得各种科学数据来验证和发展护理美学的理论、指导思想和经验成果。

2. 调查法　是指采取有效的调查方式，对护理美的表达形式、方式和各种各样的活动情况进行社会调查。其包括对医疗卫生保健组织机构内外的调查，然后收集各个层次、各个方面与护理美相关的资料进行整理、分析研究，进一步探讨与发展护理美的内在规律和外部联系，以促进护理美学理论和实务的发展和完善。

3. 分析法　是指对护理美案例的整理和分析。这种方法是在调查法的基础上进行的，即用实验法或调查法收集典型护理实例，然后通过整理、分析、研究护理美的活动现象，找出其中的内在规律和外在联系，充实护理美的内容，推广护理美的实务经验。

第二节　护理美学研究的对象、任务及意义

一、护理美学研究的对象

护理美学是应用美学的一个分支，是护理学和美学两个学科相互融合而形成的一门学科。与其他美学比较，其研究对象应突出护理专业发展的趋势及特色，具体包括以下五个方面的内容。

（一）研究护理美

护理美学使护理美成为一种特定领域的美。护理美是护理理论结构与内容、护理技术与科研及护理活动中所显现出来的一切美的总和。它体现在两个方面：第一是护理学理论体系结构中所体现出来的系统化、规范化、层次化的理性美；第二是由护理人员在护理实践过程中所体现出来的护理实践（精细操作、优美环境等）和护理人员形象所体现出来的感性美。

（二）研究护理人体美

健康本身就是一种美，是人体美最基本的条件。护理美学作为护理学与美学的交叉学科，是美学原理在护理学领域中的运用。护理工作的对象是人，是社会的人或群体，其任务是协助服务对象并满足他们对健康的需要，保护人类健康。护理美学所包含的护理美、护理审美和护理审美关系，都是基于人体功能和精神状态及其所受的各种影响，并以对人体功能和精神状态所持的看法和态度为依据的。

（三）研究护理审美教育

在长期的护理实践中，护理人员积累了许多有关护理实务和护理审美的经验，但要将其系统化、理论化，使之更好地为护理实践服务，必须通过护理审美教育才能实现。护理美学研究护理审美教育，主要是研究护理审美教育的特点、内容、形式、方法和培养目标。护理审美教育是进一步发展、完善、创造护理美学的重要手段之一，护理人员不仅要接受审美教育，更要将其体现在护理服务对象的过程中。

（四）研究护理审美实践

护理美学作为护理学科的一个重要组成部分，既有美学的理论价值，又具有护理学科的应用价值。护理审美的理论与技术实施，护理人员的行为举止，护理环境的布局与陈设等，对促进、维护、保持、改善人体的健康都应该是有利、有用、有益的，否则就不能认为是美的。

（五）研究护理审美意识

与一般审美意识一样，护理审美也是一种特殊的精神活动，对它的研究必须从护理审美实践中去探索。护理人员应该在感受美、鉴赏美、欣赏美的基础上，进一步通过护理实践活动，按照美的规律去发现美、创造美。

二、护理美学研究的任务

护理美学的研究任务需根据社会发展需求、服务对象、服务内容、服务功能等方面来确定，护理美学的核心任务是研究护理学领域中各种护理美的现象和护理审美规律，以促进审美创造。其具体基本任务主要包括以下四个方面。

（一）发掘护理工作中的美学问题

南丁格尔在1859年就精辟地提出：“要使千差万别的人都能达到治疗或康复所需要的最佳身心

状态，本身就是一项最精细的艺术。”因此，护理既是一门科学又是一门艺术，而护理美学就是发掘护理艺术中的美，通过对护理艺术美的本质和规律，把握护理艺术的真谛，在不断分析、探讨、品味的基础上，把美的感受、美的形象上升到理论高度，并指导护理审美的具体实施。

（二）为营造护理审美环境提供理论指导和实践手段

护理审美环境，是指有助于增进人体的美感能力，以维护个体或群体身心健康为目的的护理环境。患者需要一个安静、整洁、舒适、美观的环境以促进其身心健康和康复，病房的布置、光线、空气、温湿度、仪器的摆放等也都会影响人的康复和健康，因此，护理人员必须在护理美学的指导和美学手段的参与下探索、营造能促进个体或群体身心健康的环境。综上所述，关于改善和建设护理审美环境的理论和实践的研究，是护理美学的重要任务之一。

（三）为实施护理审美评价提供理论依据

对护理行为、护理操作、护士形象和护理环境等护理活动进行审美评价可以有效提高护理技术和护理人员水平。但是，护理审美评价的目的、内容、方法和标准，需要由护理美学进行研究、规范和教育，否则护理审美评价就只能是一句空话。

（四）提高护理人员的鉴赏力和创造力

护理人员是护理美学的审美者和创造者。如果护理人员自身缺乏审美能力，即使其置身于美的事物中，也不能完全取得审美的愉悦，更谈不上按照美的规律从事护理工作，进行护理美的创造。因此，只有提高护理人员的审美能力，护理美学才能不断发展，护理人员才能结合自己工作的特点继续去发现美和创造美。

三、学习和研究护理美学的意义

（一）满足护理学学科发展的需要

随着人类社会、经济、文化、科学的迅速发展，医学模式已由传统的生物医学模式转变为生物-心理-社会医学模式，这对护理工作提出了更高的要求，需要把“人”看作整体，利用护理美学理论使“人”（患者、健康人）在生理、心理、社会上达到最舒适的状态。例如，护理人员可以通过房间的布局、温度、湿度、亮度、颜色等的变化及护理操作的姿势、语言、音乐、触摸等，使服务对象达到生理、心理、社会上最舒适的状态。因此，护理学科的发展迫切需要护理美学的诞生。

（二）满足卫生保健事业发展的需要

随着社会的发展和人们生活水平的提高，人的健康和高质量的生活越来越得到重视，进行“优生优育”，拥有“高质量的生活”和“健康长寿”已成为人们的共识。我国古代墨家学派的创始人墨子曾说过：“食必常饱，然后求美；衣必常暖，然后求丽；居必常安，然后求乐。”如今，人们的物质需求已得到满足且已不再仅满足于温饱和身体上的健康，而是追求更高的生活质量，以获得身体、心理、社会全方位的和谐。以就医为例，人们已不再满足于医好病，而是追求医疗环境的舒适，诊疗设备和技术的完善及医护人员的技术、心灵、语言和仪表美等，以提高人体生物、心理和社会的完满状态。

（三）满足护理人员完善自身素质的需要

在护理工作中，护理人员的审美修养水平影响着其护理服务质量。随着社会的发展，“白衣天使”的形象正在不断地更新与扩展。这一形象包括了外饰、形体、动作、语言、行为、知识、智能、心理和精神多个层面。在这些层面中注入美学的理论指导，有助于提升护理专业形象的内涵。例如，一位懂得形体美、语言美、护理操作技术和理论知识扎实的护士更容易受到患者的信任，有助于营造良好的护患关系，为患者提供高质量的护理服务，以促进患者的康复和健康。护理专业形象还需要从文化素质、敬业精神、道德修养等方面来加以体现，这些也都不同程度地体现在护理美学的知识体系中。因此，深入学习和研究护理美学，将护理美学的知识自觉地内化并应用于护理实践，有助于塑造具体、生动、综合、完善、高尚的护理专业形象。

（四）满足创造良好的医院人文环境的需要

人文环境是社会本体中隐藏的无形环境，包括态度、观念、信仰、认知等，是医院软文化的具体体现。“人文护理”“医院文化”是现代护理和护理管理的重要课题，其核心就是要树立尊重人、关心人、爱护人、发展人的理念。正因为护理与护理美学是社会人文环境的组成部分，所以，它应该成为社会文化环境的建设者，并将护理服务于人类健康的宗旨和现代社会文化环境建设融为一体，以体现现代护理的科学理论与实践，体现护理美学在文化环境建设中的作用。

第三节　护理美学与相关学科的关系

护理美学作为一门独立的学科，是其他学科所不能代替的，但却与其他一些学科有着密切的联系。了解它们之间的关系，有助于进一步把握它的研究对象和范围。

一、护理美学与护理心理学的关系

护理心理学是研究人的心理因素在人类健康和疾病相互斗争转归过程中的规律及个性心理特征的科学。护理美学是研究护理活动中的审美活动规律的学科。但护理审美活动是一种特殊的、复杂的社会心理活动，是诸多心理因素综合活动的结果。因此，护理美学的研究必须借助于护理心理学的研究成果。护理心理学的研究成果表明，心理因素与疾病的发生、发展和转归有密切关系。这就要求护理人员在护理工作中积极创造和建立良好的审美环境，运用护理形象的外在美和内在美，并结合心理护理理论和方法，促进患者疾病康复。所以护理心理学为护理美学提供了重要的科学基础。

护理美学与护理心理学虽然都是研究人的心理变化规律，但两者在研究对象、范畴方面均有不同，因此不能把它们等同。

二、护理美学与护理伦理学的关系

护理美学与护理伦理学之间既有联系，又有区别。护理伦理学是一般伦理学原理在护理学领域的具体应用，以善、恶为评价标准。护理伦理学认为凡是善的一般总是美的，凡是恶的一般也是丑的。而护理美学则是一般美学原理在护理领域里的具体应用，以美、丑为评价标准。这两门学科的共同点是探讨护理范畴中的美和善，且在功利观和社会效益观方面的认识也基本一致，都是维护和促进人类身心健康。这说明护理伦理学和护理美学在对护理现象的认识评价上是统一的，不同之处只是它们涉及的美的内容和评价标准，根据各自的学科性质有所侧重。

三、护理美学与社会医学的关系

社会医学是研究社会因素对人群疾病的预防、诊断、治疗、变化和转归的作用，以及社会因素与人群健康互相作用和影响的规律的科学。而随着现代科学技术的发展和人们对健康的追求，护理工作的服务已从医院扩大到院外，从治疗扩大到预防，从生理扩大到心理，从技术护理扩大到整体护理，这是医学模式的转变在护理领域的具体体现。因此，社会医学与护理美学都为医学提供社会因素分析，社会医学研究社会因素与健康的关系，而护理美学则研究包括社会因素在内的各种客观因素对人体美的影响。它们均属于人文学科的范围，共同目标都为促进人类的健康。

四、护理美学与护理管理学的关系

护理美学与护理管理学虽然在理论上是两个不同的学科领域，但管理学在本质上渗透着更多的艺术特征，因此它们在追求目标和研究的课题上有许多共同之处。美学在护理管理中的应用是现代护理发展的必然趋势，护理美学的原则对护理管理提供指导，为护理管理过程与结果润色和催化。护理管理者需要将美学理念融入护理管理活动中，使护理管理目标以更完满的形式呈现。护理美学在护理管理中的渗透对推进护理管理科学的艺术化发展起到了积极作用。促进护理管理者树立美学理念、提高其审美能力和应用艺术化的管理方法，不仅可以调动人的积极性与创造性、提高工作效率和管理效能，同时可以使护理管理者推动管理艺术向更高层次的升华。护理管理的目标是为服务对象提供最优化的护理服务，这一目标本身就是一种不断追求完美的理念。

但两者又是两个不同性质、不同理论体系且拥有不同研究内容的学科。护理管理学是将管理学理论和方法应用于护理实践的一门应用学科，主要研究护理管理现象和规律，通过计划、组织、人力资源管理、领导和控制五个管理职能达到保证护理管理效率的目的。其主要研究护理方面的行政、经济、信息、技术、质量等问题。而护理美学则是研究护理环境美、护理人员形象美、临床护理技术操作美、护理创造美等，是医院护理管理所追求的重要目标之一。因此，护理美学和护理管理学既有目标的一致性也有具体研究内容的差异性，两者既有联系又有区别。

综上所述，护理美学与其相关学科的关系既有密切联系又有不同之处。护理美学在其发展和完善过程中，还需要不断汲取相关学科的研究成果，使之日臻完善。

要点提示

1. 护理美学是美学的一门分支学科，是现代护理学和现代美学相互作用、相互渗透的产物，是美学在护理实践中的具体体现，是一门交叉性的应用学科。护理美学探究了护理美的现象，护理审美的发生、发展及其一般规律。
2. 护理美学的学科性质既有社会科学的性质特征也有自然科学的性质特征。
3. 护理美学的研究原则包括理论联系实际的原则、客观性原则和广泛性原则。
4. 护理美学的研究方法包括实验法、调查法和分析法。
5. 护理美学的研究对象包括研究护理美、护理人体美、护理审美教育、护理审美实践和护理审美意识。

思考题

1. 简述护理美学的内涵与性质。
2. 简述护理美学的研究对象与任务。
3. 论述护理学生学习护理美学的意义。

（徐　娜）

第四章 护理美感与审美

学习目标

1. 知识与技能：能正确简述护理美感的特征；能准确复述护理美感的特征；能正确概述护理美感的表现形式；能举例说明审美的特征；能结合实例说明护理审美意识的活动过程，正确说明它在护理工作中的作用。

2. 过程与方法：通过不同的审美实践活动，学会挖掘美、感受美、鉴赏美，用心领悟美的真谛，提高审美能力。

3. 情感与态度：能运用本章节知识，结合临床护理实际工作，确立正确的护理价值观和态度。

案例 4-1：

李某，男，63 岁，因“高血压脑病”入院，次日晨，护士王某为其测量血压，血压为 180/100mmHg，主诉紧张、头晕。此后，护士为了让患者放松心情，选取了《梁祝》小提琴协奏曲给患者播放。在音乐播放的过程中患者出现面色苍白、烦躁不安等表现，血压升至 200/100mmHg，心率为 110 次/分。

问题：

1. 患者在听音乐的过程中为什么会出现血压上升、面色苍白、烦躁不安等表现？
2. 什么是音乐疗法？高血压患者适合选用什么样的音乐？
3. 音乐疗法中，如何因人、因病而异选择曲目？

现代护理理念体现在以人的健康为中心的护理服务中，护士应该主动、系统、全面地了解服务对象的身心整体情况，使其在美的环境中，获得最大限度的身心康复。这种美的修养与护理服务相互渗透，不仅要求护士具备高尚的职业道德、精湛的技术，还要提高审美修养。审美修养是护士职业修养的重要组成部分，对于完善自身、造就理想人格、提高鉴赏美和创造美的能力及塑造护士美好形象有着重要的意义。

第一节 护理美感

美感（aesthetic）是美学研究的一个重要方面，主要考察作为审美主体的人对美的感受。最广义的美感即审美意识或审美心理。国内学者杨辛等认为：“美感是接触到美的事物时所引起的一种感动，是一种赏心悦目、怡情悦性的心理状态，是对美的认识、评价和欣赏。”因此，我们说美感是人的一种精神活动，在引起人的情感反应中，既包含了感性的具体形象，又隐含和渗透着知觉、想象、理解等复杂的心理因素。构成这种特殊的精神活动必须同时具备三个条件：一是客观存在美的事物，这是指美的客体；二是具备审美能力的人，这是指审美的主体，这个主体应具有与发现、识别审美现象相适应的感官、修养、文化及稳定的审美心境等综合的审美能力；三是社会实践活动，这是连接审美主体与审美客体的纽带。只有社会实践活动才能为审美客体提供展现的舞台，只有社会实践活动才能使审美主体去发现美、认识美、欣赏美和创造美，并引起由衷的喜悦而获得美感。随着现代文明的发展和医学的进步，“一切以患者为中心”的护理理念使得护理审美日渐重要，护理美感已成为现代护理学的时尚追求。给患者传递美感，塑造白衣天使的美好形象，对饱受病痛折磨的患者来说，无疑是一剂非物质良药。因此，我们有必要培养护理工作者的美感，增强审美意识，提高审美能力，更好地为患者服务，为健康服务。

在现实生活中，客观存在的美就是人们对美的主观感受、认识、体验和评价，即对美的精神表现活动，也是美感活动。这是护理人员在对美学基础理论有了基本认识后需要进一步了解和把握的问题。

一、护理美感的含义

护理美感的含义有广义与狭义之分。从广义的角度上看，护理美感即护理审美意识，包括护理审美意识活动的各个方面和各种表现形态，如护理审美态度、护理审美趣味、护理审美能力等；从狭义的角度上看，护理美感是人们对护理过程中存在美的对象的主观感受和反映，是人们在护理审美过程中的心理感受，即护理实践活动中，任何一个审美主体（护理人员、健康人、患者及其家属）接触到美的对象时所产生的情感状态。它是全身心共同活动的结果，不仅是感官感受，而且是具有感性、理性、情感等多种因素的一种心理活动，是护理审美意识的核心部分。所以，从根本上说，在护理美感和护理美的关系中，美是第一性的、本源的、客观的；美感是第二性的、派生的、主观的。只有客观对象的美才能引起主观意识的美感，护理美感是对护理美学及护理美的认识，在本质上是一种理智的认识活动。护理的核心是人道、诚信、关爱、照顾，是“真”“善”“美”的完美融合。护理活动程序中的每一环节，都能反映护理自身本质的美，能引起人们一种赏心悦目和怡情的心理活动。对护理美的认识、欣赏与评价，就是护理美感。护理美感的根源是护理实践活动。

二、护理美感的本质

从哲学角度上看，护理美感是感性与理性的统一。护理美感是护理审美主体对护理活动中存在的美的事物、美的行为、美的理念、美的操作手段的带有情感性的、实践性的认识活动。尽管护理美感表现为审美主体在护理审美过程中对美的事物的客观反映，无论对客观存在的美以怎样的方式展现于护理过程中，无论人们对于美的认识程度有多大不同，无论审美主体在反映美的事物时其主观差异有多大；护理美感总要以护理美为前提，反映护理美的同时，又可以在客观上找到其存在的事实，这属于审美认识论的范畴。

从心理学角度上看，护理美感是护理美的情感和认识的统一。护理美感的感觉是护理美感的初级形式。护理工作者在和患者的交往中，如询问病史、观察病情、护理操作等，会在患者的感官印象中留下美感形象，同时护理工作者也会在同样的交往中从感官上感知患者求健康、求生存的欲望表现。因此感觉是护患双方最直观的美感体验，为其他心理活动奠定基础。

护理美感的知觉因素是护患双方将各自已有的关于审美对象的各个分散的不系统的、单一的感性材料，借助于一定的经验加工整理，形成整体认识的过程。如护士对患者的美感整体认识，患者对某一护理行为美感的整体认识等。

护理美感的想象和理解以整体知觉为基础，结合护理活动中的积极主动交流，在护理审美主体中形成的从他人角度对某种疾病的治疗前景、对护患双方合作的美好信心的预测或憧憬。从护士角度说，护理美感的想象和理解可表示为对患者护理效果的美感设想或对该项护理手段可能达到的美感程度的估测等。对患者来说，护理美感的想象和理解可表示为对护士的言行、操作、技艺等的积极向往。无论是护士还是患者的美感想象与理解，其宗旨是一致的，即对健康美的理解与追求。

护理美感的情感因素是护理美感的动力，是视患者如亲人的护理职业道德的体现，是护理人员将其自身利益与患者的切身利益融为一体的情感活动过程，是一种由直观到现实为他人着想的心理意愿，是个人与社会高度统一的情感追求。这不仅是护理工作者本身应具有的同情心，还包括护理审美主体视客体为改造对象并在实践中为之努力的心理意愿。

总之，护理美感是一种认识活动，是一种交织着感觉、知觉、想象、理解、情感等心理艺术的复杂认识活动。

三、护理美感的特征

事物的本质决定了事物的存在形式，护理美感的本质也决定了护理美感的特点。护理美感是对客观美的反映和认识，是理性深入感性的多种心理因素的和谐活动，这就构成了美感表现为以下几方面的特征。

（一）护理美感是感性和理性的统一

车尔尼雪夫斯基指出："美感认识的根源无疑是在感性认识里面，但是美感认识与感性认识毕竟有本质的区别。"这就是说，美感认识以感性认识为基础，但又不同于一般的感性认识，有学者称之为美感直觉。所谓美感直觉，是指审美者对审美对象的一种不假思索而即刻把握与领悟的能力。直觉性是护理美感的一个显著特征，是指对客观对象做出美与不美的直接判断，在审美过程中，并没有进行逻辑思维活动。这是由审美对象的直观性和形象性决定的，因为一般来说，事物都有具体的、可感受的直观形象，可以被人的感觉直接掌握，使护理美感具有直觉性的特征。如病房中和谐的色彩搭配、整洁的床单位、护士体贴温柔的声音等形式的感染、刺激，都可以直接作用于患者的感官，使他们获得美感。护理人员的美或人际美，可以瞬间融会在护理服务对象的心目中，产生极大的精神愉悦。护理美感直觉具有三大特点：一是瞬间性，是指审美活动无须准备过程，审美主体在接触审美对象的一瞬间立即投入到审美境界之中而做出美的判断；二是顿悟性，是指不需审美主体对审美对象做出逻辑推理，在审美的一瞬间领悟和把握了审美对象的丰富内涵；三是模糊性，在审美直觉中，审美主体所感受、体验和领悟的内容并非像逻辑推理那样明晰和精确，由于审美内涵的丰富性及审美主体全部意识、无意识和多种心理功能的激活，审美主体所领悟到的审美内涵总是朦胧的，往往说不清楚，称之为"只可意会，不可言传"。康德说："美应当是不可言传的东西。我们并不总是能够用语言表达我们所想的东西。"因此，要求护理工作人员必须注意护理美感直觉的特点，一旦进入护理角色，就应当尽力展示护理美的魅力，尽快地引起护理美感直觉。

护理美感具有直觉性，并不排除其同时具有思想和理性认识，即护理美感的直觉性实事上总是伴随着理智性发生的，对理性的把握需要理智的思索和逻辑判断。因为美除去含有符合人们审美心理的形式外，还有合乎目的性的愉悦，即带有意识、理性的内容，并不只是物质的和生物的感觉。如单看静脉输液这项操作，并不能感受到其美的存在，但熟练的操作为什么能给人带来美呢？这是因为它伴随着治病救人、尽量减轻由于操作不当给患者带来痛苦的观念。值得重视的是护理美感直觉是人类的一种高级的认识形式，包含着丰富的理性内容。

由此可见，护理美感中的理性认识融合渗透于美感中的感性认识之中，这就是护理美感中感性和理性统一的特征。

（二）护理美感具有愉悦性

在护理过程中，主体对美的追求，是一种积极的精神需要，当主体欣赏美的事物时，会得到美的享受，精神上感到愉快和喜悦，这就是护理美感的愉悦性。护理美感的愉悦性是由客观对象美的本质决定的，主体在欣赏美时，会在审美对象中重现自己、肯定自己、看到自己的力量，因而产生一种创造性喜悦。如当看到一个曾经很危重的患者，经过我们的治疗和护理终于好起来，重新走上工作岗位时，我们每位护理人员的心里都会感到无比的兴奋和激动，都会产生一种创造性喜悦，因为从患者身上我们看到自己的力量，患者的恢复使我们重新观察自己，也使我们肯定了自己。我们这里所说的愉悦不同于一般的快感，快感是人的生理欲望或冲动得到满足而引起身心的快适，本质上是物质的，如在炎热的夏日里吃上冷饮所获得的快适。而愉悦性带有社会性，是一种超越生理的满足，是在更高层次上得到理智上和精神上的满足与愉悦。

（三）护理美感是非功利性与功利性的统一

关于护理活动中美感的功利性问题，有两点是值得进行讨论的。一是护理活动中美感的表现形式是非功利性的，也就是说护理活动的美感并不直接满足人的实用需要和目的；二是在护理美感愉悦中却潜伏着广泛的个体与社会功利性，能满足人的多种社会需要和心理需要，有利于护理服务对象和护理工作人员的身心康复，促进护理事业的健康发展。

非功利性是美感活动存在的基础，美感活动与科学活动、实用活动的根本区别是美感活动是一种非功利性的活动，而科学活动或实用活动等都带有直接的功利目的。美感活动的非功利性表现，一方面为美感活动无实用需要。在美感活动之前或活动过程中都不存在任何包括科学的、道德的和实用的需要或目的，审美对象仅以其形象和蕴含在形象中的种种意味供审美主体观照与欣赏。另一方面为美感活动的心理愉悦与生理需要无关。在审美活动过程中，虽然审美主体产生了强烈的情感体验和精神愉悦，却并不立即做出实用的、现实的行为反应。同时，把获得的美感并非据为己有，而是要求与他人分享，期待他人获得同样的美感愉悦。从上述两个方面可以看出护理美感活动同样和其他美感活动一样不是低级的、自私的物质享受，而是一种高尚的精神活动。

个人和社会功利性是护理美感活动的巨大潜能，鲁迅说过“美的愉悦的根底里，倘不伏着功用，那事物也就不见得美了”。护理美感虽然不是由于审美对象的功利能满足主体的物质欲望才产生的，但这不等于无任何功利，因为美的东西，必定对人的生存与发展有益。所以，在获得护理美感的愉悦时，还应该注意到它的功利性，从中得到启发和教育。护理美感活动的个体和社会功利性主要表现在如下四个方面：

1. 生理功能的健康发展 护理美感活动能以其“愉目悦耳”的形式给审美主体带来感官愉悦，有益于机体生理功能的健康发展或康复。

2. 心理功能的和谐平衡 护理美感活动能调节和平衡审美主体的各种心理功能，促进审美心理功能和谐发展，有利于心理保健或心理康复。

3. 完善和净化人的心灵 护理美感活动能感染人、启发人、教育人，完善和美化人的心灵。

4. 满足社会心理需要 护理美感活动能启迪人的心智，领悟宇宙人生的真谛和生命的真正价值，满足人类社会的精神需要。现代护理事业是以保护、保持、促进人类健康为宗旨，维系着人类的健康与长寿。因此护理美感满足着社会心理需要和关系着人类社会的根本利益。

四、护理美感的表现形式

虽然美的本质只有一个，即使人在审美活动中产生美感愉悦。但是，世界上的事物千差万别，每个具体事物表现出来的形态又有所不同，因此，要做到很好地欣赏事物的美，就要对其美的存在形态有明确的认识。护理美感的表现形式有以下几个方面。

（一）护理形式美

护理形式美主要是指护理职业生活中直接观察到的美，是一种外在的美。如护士的体态、着装、举止、语言、眼神、操作姿势等，这实际上是护理职业的外在美，可以给人以五官的美感满足。这种美与人们的社会生活相联系，是人们对护士的一种“角色”期望，能在潜移默化中美化人们的心灵，激起人们对美好生活的追求。如护士语言文明、声音甜润、笑颜常开，能让人快乐；步履轻盈、敏捷，让人联想到白衣天使；在护理操作中，每一个动作都科学、节力、协调美观、紧张有序、忙而不乱、干净利落，能让人感觉到护理艺术的美。

（二）护理职业形象美

美好的护理职业形象是指护士内在美和外在美的有机结合和呈现。其包括护士本身良好的素质和较高的医学和护理知识修养，具体表现在高度的工作责任感和自觉性，高尚的情感与情操，宽容豁达的个性，丰富的医学护理知识及相关的人文学知识。这是高质量完成护理工作，协调好各方面关系，美化人们心境的必要保证。如在无人监督的情况下独自一人进行工作时，能够尽职尽责、一丝不苟地执行各项操作规程；面对疾病缠身、身处于不佳状态或者生活不能自理、情感变态、甚至失去理智的患者，护士带着关怀、爱护、体贴的情感进行各种治疗及护理；护士控制自己的情感，做到忧在心而不形于色，悲在内而不形于声等，都充分体现了护士无私奉献的精神，体现了护士崇高的情操。面对情感和意志都变得很脆弱、言行缺乏自制力、甚至会迁怒于护士的患者，护士带着一颗宽容、谅解和忍让的心，去耐心予以说服和劝导；在与其他医务人员交流时，也能做到理解体谅他人，协调好各方面的人际关系，保证工作的顺利进行。这些都是护理美职业形象的具体体现。

（三）护理环境美

护理环境美指与患者的情感、情绪、治疗、康复有关的环境因素。环境的美与不美可以对人的心理形成正面或负面影响。护理环境包括两个方面：一是自然环境即病房内环境，如医院建筑在功能、布局、楼层、结构等方面既能满足容纳患者的需要，又能防止交叉感染；绿化良好、整洁安静的院内、院外环境条件，在调解患者的心理和身心的同时，使人受到美的感染。和谐的色彩、充足的光线、适宜的温度和湿度、清新的空气、悦耳的音乐、安全的室内环境，都可以使患者在治疗疾病的同时，获得美的享受。二是人际环境，环境影响着人，人又创造环境，人际环境是一个特殊的环境，它可以衡量医护人员的整体素质和水平，体现一个集体中的每个成员对他人、对社会的尊敬和责任。人际环境的核心内容是人际关系，是每个生活在社会中的人保持身心健康、开发个人内在潜力的基本需求。融洽、和谐的护患关系、护际关系、医护关系等，有利于患者维持良好的情绪，提高患者战胜疾病的勇气和信心，使患者在获得护理美感的同时，利于疾病的早日康复；同时良好的人际环境，也使护士在享受美的同时，进一步提高护理工作质量和工作效率。

（四）护理创造美

一般认为，艺术是生活的升华，是一种美的创造。事实上，在护理领域也存在着许多美的创造，如对生命和健康的护理，帮助人们创造着生命的奇迹，以及人们对自身健美的追求、生存环境的美化等，都是有别于艺术美的护理美的创造。护理创造美孕育在护理实践活动中，它可以增进身心健康，增强护理审美主体的创造性素质，也可以升华护理审美客体的审美价值。

护理创造美的形式主要包括：

1. 护理审美主体的创造美 主体必须具备系统的医学知识、美学知识、娴熟的技术及健康的身心素质、良好的思维习惯和一定的审美能力等，达到这一条件的过程，就是护理审美主体自身创造美的过程。

2. 护理过程的创造美 护理活动的主体在护理实践活动过程中，对患者的各种身体和心理疾病进行护理的过程，也是创造美的过程。

3. 护理操作结果的创造美 护士依靠自身的综合素质和能力，解除了患者躯体上的痛苦，增进了患者的心理健康，这样的结果不仅能满足患者本身的精神需求，还可以提高他们的自信心，升华他们的审美价值。总之，护理创造美必须满足社会的要求，必须与社会发展同步。

第二节 护 理 审 美

审美来自生活，美学思想由社会实践所决定，并且反作用于人们的实践活动。护理审美是一种综合的审美意识、审美活动，它受社会实践、社会总体价值观、行为体系的影响与制约，是人类精神文化的一种表现形式。护理审美在护理实践活动中通过真切的服务与沟通，唤起患者的美感，减轻患者的不适，以促进患者康复。护理工作中处处体现着美，护理活动是真、善、美的完整统一。

一、护理审美的含义

（一）护理审美的定义

护理审美是人们在参与护理实践的过程中，逐步形成的审美情感、审美意识和审美能力的总和，它是护理领域中的特殊的审美活动。护理审美与一般的审美活动一样，是感性的、直觉的，同时也是理性的、客观性的思维活动，即所谓“特殊的意识活动”，是客观的护理美在人们头脑中的能动反映，维护人的身心健康，是护理审美的最高目标。

（二）护理审美的基本范畴

1. 护理审美感受　是指护理审美活动中表现出来的初级审美形态，是审美主体对审美客体个别情感特征的反映。审美感受的特点决定了审美反映是局部的、个别的，带有一定的感情色彩。

2. 护理审美趣味　是指护理审美主体对护理审美对象特有的兴趣和倾向。在护理审美实践中，护理审美主体不仅仅是指进行护理活动的护理人员，也可以是健康人、患者和第三状态者。由于审美主体的种族、性别、年龄、文化修养、性格、习惯等千差万别，他们形成的审美趣味不可避免地具有个性特点，表现出审美兴趣和倾向的差异性。

3. 护理审美情感　是指护理审美主体在护理审美实践中形成的对人类生命、人的心理、社会关注的深层体验和主观态度，是高度概括后的审美意识。它能帮助人们更好地理解和认识人、健康、环境与护理等问题。

4. 护理审美能力　是指护理审美主体对各种护理美感受的敏锐性，以及对护理美的敏锐性，有助于护理审美关系的确立，从而引起护理审美活动，以达到人们追求健康与完美的审美需求。

5. 护理审美观念　是指护理审美主体在一定的护理审美实践中总结概括出来的关于护理美的构想和看法。

6. 护理审美理想　是指人类对自身的人体美、身心健康、益寿延年及发挥潜能等在护理上表现出来的向往与追求。它来源于人类爱美的天性，并以生活为基础，在各个历史时期有不同的表现。它的实现要受护理学发展水平的制约。

二、护理审美的特征

护理审美是护理领域中的审美活动，它必须具备其相应的特征。

1. 护理审美的专业性　护理审美与一般审美活动最明显的不同是护理审美有其特定的护理专业性审美目的——维护人类健康水平。这就要求任何一种层次的护理审美反映，都必须有利于维护人的身心健康，这是护理审美活动的主要特征之一。

2. 护理审美主体的特殊性　护理审美的主体是人，包括能承担多种护士角色功能的护理操作者、管理者、教育者和护理服务对象的健康人、患者及其家属，他们都必须具备一定的医学护理知识和护理审美观念与技艺。

3. 护理审美的差异性　护理审美主体的先天因素与后天因素造成了护理审美感受的差异性，这里需要明确的是这种护理审美的差异性特征决定了护理审美形式、形态的丰富性与复杂性。

4. 护理审美的非功利性与功利性统一　护理审美活动是一种满足身心健康或康复需要的服务性活动，因此，它必定具有一定的功利性特征。它不仅能产生社会效益，也能带来经济效益。一方面，当护理人员作为护理审美主体时，其所处的角色及其所发挥的角色功能，在自身与整体护理实践活动中，逐步形成护理审美理想、审美能力、审美情感和审美意识的交织、融洽与集中，激发对护理事业的热爱，满足自我实现的需要，在保障人类健康事业中产生难以估量的社会效益。另一方面，当求医者（包括患者、健康人、求美者、医学咨询者等）作为护理审美主体时，其护理审美功利性表现在减轻躯体痛苦、心理负担，维护或促进身心健康与康复，同样可以获得一定的经济效益。

三、护理审美意识

护理审美意识是指医学护理人员在诊断和处理人类现存的或潜在的与生物、心理、社会有关的健康问题过程中，所涉及的护理业务、服务环境、社会人群、患者及其家属和护理人员自身等领域中的审美对象在头脑中创造性的反映。护理审美意识是医学护理工作者心理品质的基础与核心。

（一）护理审美意识的特征

1. 具有明确目的性的特征 护理审美意识能使医学护理工作者以尊重患者、同情患者、关心患者、救死扶伤、竭诚为患者服务为工作目的而计划自己的行动，并在实现目的的过程中，能调节自己的行为，坚持预定的方向，分析各种可能出现的情况和问题并予以解决，这便是护理审美意识的目的性特征。

2. 具有"自我意识"特征 在与周围及其人群交往的过程中，不仅认识自然界、社会及其人群与自身的关系，而且也会通过这些关系逐步认识到自身的存在与价值，从而把自己从客体（非我）中区分出来，作为一个主体（我）来加以考虑，这种回顾自己内部的心理活动状态和对"我"的认识，称为自我意识。自我意识是个体在一定发展阶段才出现的心理的重要特征，对个体的品格修养和事业发展有着极为重要的意义。

美国19世纪下半叶的重要哲学家和心理学家威廉·詹姆斯，曾将组成"我"的要素分为三类：物质我、社会我和精神我。物质我主要是指个人的一切财富；社会我的核心成分是指人际关系；精神我是指内部体验、价值观念、能力、情感和思想境界等，是自我意识中最为持久的部分。至善、求真、尽美的护理审美意识主要是完善、完美"精神我"。正是这种自我意识，才能使护理人员能够对自己的所作所为进行自我分析、自我评价、自我调节和自我控制，在满足自我实现的需要上起着重要作用。

3. 具有"职业经验"体系特征 护理审美意识具有能够巩固和发展头脑中的知识和经验体系的功能。这是因为护理审美意识是护理人员通过第二信号系统（语词）参与了社会（特别是患者及其家属）交往沟通和护理服务实践，不断地积累个体职业经验与接受人类知识财富而产生的。

意识与各种认识过程有着相互依赖和密不可分的联系。护理审美意识是通过诸审美心理因素，特别是想象和思维过程形成与发展起来的，当它一旦形成，便能促进个体知识和经验的积累和完善。同时，这种知识、经验体系常常与职业情感、职业道德相融合，促使个体行为方式总是带有一定的职业倾向性。从而产生积极的心理体验，并成为护理专业人员所特有的对患者的情感与态度，促使主观世界更为稳定和丰富。

（二）护理审美意识的活动过程

护理审美意识活动是高级的审美心理活动，与审美心理活动过程一样分为初始、展开和总结三个阶段。

1. 初始阶段 在审美客体的审美信息刺激下，潜伏于无意识中的自我实现需要的欲望不断升华，超越现实的追求，转化为审美理想。此时的审美理想只是一种有某种指向性的冲动、欲望与期待，这是审美意象的雏形，即审美意识活动过程的初始阶段。

2. 展开阶段 当审美意象的雏形产生之后，即进入审美意识活动的展开阶段。审美意识的展开过程也就是审美意象、形象思维过程。审美想象是对审美表象的加工和组合，具有形象性与生动性的特点。同时，审美想象又受到知识和经验的制约，表象的加工和组合遵循着一定的逻辑性，表现出理性思维的功能和特点。因此，审美想象是连接审美感性和理性的纽带，是感性和理性的统一。审美想象可以直觉到"怎样"，就按照这种"怎样"去创造。

3. 总结阶段 就是完成阶段，是审美意象的最后形成。它符合审美理想、审美情感达到高潮，审美主体陶醉于对审美意象的心理体验之中。

在审美意识的初始阶段和展开阶段，审美兴趣专注于创造之中，还只能对最终结果抱着期望的心情，而在总结阶段，审美主体彻底掌握和理解了审美客体，明确了审美理想，之后这样才有可能更深入地回味、体验和进一步深化审美意识。

客观现实的美，经由审美主体的审美活动转化为主体所意识的美，即审美意识。审美主体所意识的美，经由主体的艺术创造活动转化为一个物化了的可欣赏的艺术作品。艺术作品又可经由审美主体的欣赏活动，丰富和提高主体的美感，从而深化和丰富审美主体的审美意识。因此，审美意识在审美活动中处于中心和主体的地位。

四、护理审美能力

（一）审美能力的内涵

审美主体是在实践活动中形成的主体，不仅在实践活动中产生了审美需要，也在实践中获得了一定的审美能力。审美能力是指审美主体对各种美的事物的感受、鉴赏和创造能力。审美能力是生理、心理和社会意识等方面的集中体现，在一定的社会文化背景下，受一定的社会审美观念影响和制约，具有鲜明的时代特点和个体差异。审美能力是现代文明人的重要素养之一。审美能力包含审美感受力、审美知觉力、审美想象力和联想力及审美理解力。审美能力有以下四个方面的内容。

1. 审美感觉力　审美感受是人所特有的获得精神享受的感觉。审美感觉力是指与审美需要相应的感觉能力，是一种感觉思维能力，也是人能获得审美享受的能力。审美感觉力主要指对色彩、声音、形体等因素的敏锐程度和识别力。

2. 审美知觉力　具有一般知觉的共同性，又有其自身的特殊性。审美知觉不与认知和实践目的相联系，只与情感需求和目的相联系。审美知觉力首先是按照审美的要求对客体进行加工处理或复原，主动构建审美对象的能力。人的审美知觉力能感受到各种形式因素相互关系所构成的整体形象的韵律，引起心灵上的感应与应答。

3. 审美想象力和联想力　心理学认为，想象是人脑对过去形成的表象进行加工、改造而产生新形象的心理过程，也是将过去经验中已形成的暂时联系进行整合的过程。想象的实质是对表象材料的一种加工、改造，是大脑中的一种表象运动，通过这种表象运动，把感知和理解联系起来。想象是一个有着广阔内容的心理学范畴。它的初级形式是联想，它的高级形式是再造性想象和创造性想象。

联想是由目前感知的事物回忆起与之相关的另一件事物，包括接近联想、类比联想、对比联想、关系联想等。在空间和时间上接近的事物在经验中容易形成联系，引起接近联想。类比联想又称相似联想，是由事物的性质或外形的某种类似引起的联想。对比联想是建立在具有共性的事物性质或外形的相反特点上的联想。关系联想是根据事物之间的各种联系而形成的联想，如从属关系、部分与整体、因果关系的联想。比联想高一级的想象包括再造性想象和创造性想象。再造性想象是根据语言的描述或其他的表述，如图例、图解、说明等，在头脑中再现出这一事物的表象，也可根据过去记忆中的知觉材料进行整合、扩展，想象出自己未曾亲自感知的对象。创造性想象不是依据已有的描述，而是根据主体的理想、目的，将记忆中的表象改造、加工、整合，创造出崭新的与主体的理想或目的“同型”的形象。幻想是创造性想象的变种，是根据人对未来或虚幻世界的理想模式所创造的，现实中并不存在的形象。

审美中的联想与一般认识中的联想不同，不同之处在于审美联想总是按照情感要求的方向发展，旨在为主体创造一个丰富多彩的审美世界。与审美联想力一样，审美的再造性与创造性想象受着审美需要，特别是情感的制约，审美想象力表现为按审美情感和审美理想创造审美对象的能力。审美想象力虽然受情感的影响和遵循情感的要求，但也不是完全随意的，而是符合生活逻辑展开的能力。同时，合理的审美想象必须符合虚构中的真实。

4. 审美理解力　理解本是指形成概念和运用概念来把握事物的内涵和意义，即认识事物的本质，是认识过程的最终结果。审美活动尽管并不是一种认知活动，但也始终贯穿着理解，只不过有着与认知活动不同的特点。

理解可分为直接理解与间接理解。直接理解即知觉理解，是在瞬间立刻实现的，不需要任何中介的思维过程，往往与知觉过程相融合，在感知的同时便是理解。间接理解则要通过概念、判断、推理等一系列的阶段或过程，是科学认识活动中的理解。

审美理解力不只是对审美对象表层的直接理解，不仅在于“懂”，而且还在于能透过现象把握更深的内涵。这种深层次的审美理解力，不仅是判断、推理的过程，还是一种领悟力，是一种情感性的理解。

审美理解力是在长期生活实践的基础上形成的一种高级感受能力，以“感觉”的方式进行理解，渗透着全部的生活实践经验和理性内容，渗透着情感的要求。

审美理解力是审美主体必不可少的一种能力。有了理解，审美感知才能建立，才能形成一个独立的审美对象，而不是在各自孤立、分散的感觉碎片中彷徨；有了理解，审美想象才能扩展、丰富和完善，构建起一个审美世界，而不局限于狭窄的知觉对象之中。更重要的是，审美理解力是使我们的审美活动从表层进入深层的唯一途径。

（二）审美能力的教育养成

美感和审美意识是人类特有的一种精神享受，是人们在审美活动中对于美的主观反映、感受、欣赏和评价，是人的一种特殊的心理活动。人的审美意识不是天赋能力，而是自然界长期发展和社会实践的产物。由于每个人的实践经验和修养水平不同，对同一事物的审美能力也存在差异。审美能力的高低还受生活条件、阶级地位、民族状况、道德、宗教和政治观点等因素的影响和制约。

审美能力的形成是以一定生理和心理为基础，在审美需要的驱动下，在审美经验的不断积累中逐渐形成和完善的。在此过程中，审美需求是动力系统，驱动和激发人们形成和提高审美能力；审美意识起先导作用，指引和调节人们审美能力形成和发展的方向和速度；审美实践活动中审美经验的积累为审美能力的形成提供了基础和保证。审美经验丰富了人们的审美贮备，加深了人们对美的理解和领悟，审美能力的提高又使人们的审美经验更加丰富和深入。审美能力的培养可采取以下途径。

1. 提高审美洞察力 学会用心去感受周围美好的事物和情感，以积极、乐观的心态面对身边的人、事、物，善于发现美、感受美、追求美和创造美，热爱生活。端正审美态度、树立正确的审美观，不断学习，提高自身修养与审美能力，以审美意识为引导积极进行审美实践，并在实践中提高审美意识，树立审美观。

2. 投身各种审美实践 美是通过各种形式表现出来的，美的形态也是多种多样的。随着社会的发展和进步，人类已经对美的形态有了一定的认识，如美的形态有自然美、社会美、生活美、艺术美等。自然美包括动物美、植物美和宇宙美；社会美包括劳动美、人体美；生活美包括人的体态美、服饰美、语言美、心灵美、行为美、道德美等；艺术美包括各种形式，如音乐、舞蹈、绘画、雕塑、建筑、文学、书法、电影、电视等艺术之美。各种不同的审美实践活动可使我们感受到不同形式的美。例如，在根雕创作中，人们就可感受到自然之美、艺术之美、劳动之美及形式美。积极参加各类审美实践活动，在活动中学会挖掘美、感受美、鉴赏美，用心领悟美的真谛，提高审美能力。

（三）护士审美能力与护患关系

护士的审美能力在护理审美实践活动中有着十分重要的作用。护士应具备较高的审美能力和无私奉献的精神，才能在平凡的护理工作中体现美，使患者感受到真、善、美的价值。护士所展现的优雅、镇静、沉稳、亲切的良好气质可对患者的负性心理产生一定的影响，缓解患者紧张不安的情绪。护士在工作中所显现的谨慎、细致的工作态度，以及过硬的专业技术及给予患者生活上无微不至的关心和照顾，能使患者对护士产生信赖，体验到护理之美。护士始终要保持大方的举止、旺盛的精力、积极乐观的心态和精益求精的工作态度，履行白衣天使的职责，为患者撑起一片晴朗的天空、扬起生命的风帆。护理工作是一种以语言为前提和基础的专业性、服务性的工作。语言是人类交流信息和感情的工具。人们利用语言来进行相互信息的传递、思想的交流和情感的表达，进而达到互相了解和理解的作用。护士的审美能力决定着其语言交流能力和语言艺术修养，而语言艺术修养又决定着护患关系的好坏及护理质量的高低。护士要具备较高的审美能力，注重语言艺术，对不同年龄、不同文化背景的患者采取不同的语言表达方式。如对老年人说话时，语气要缓慢、清晰，态度要诚恳、富有耐心，使老年患者对护士产生信任感和亲切感；而与儿童患者交谈时，要自然、亲切、耐心、细致，以消除患儿的恐惧心理。护士和患者交谈时要围绕谈话主题，解决问题，增进相互理解。护士在护理工作中要掌握沟通技巧，用温和的微笑、亲切自然的话语、诚恳热情的态度，去感染每一位患者，取得患者的信任，建立良好的护患关系。

案例 4-1 分析讨论：

1. 乐曲《梁祝》按奏鸣曲式结构，分呈示、展开和再现三部分，分别表现"相爱""抗婚"和"化蝶"三个主要情节。第一部分，音乐一开始由轻柔、优美的旋律进入，以轻松、跳动的旋律，描绘了梁、祝求学路上春光明媚、鸟语花香；以活泼的情绪，栩栩如生地描绘了梁、祝三载同窗的幸福时光。第二部分，乐队以强烈的快板节奏，衬托着主奏小提琴果断的反抗主题，接下去音乐急转而下"哭灵投坟"，乐曲运用戏曲中的紧拉慢唱的手法，将祝英台悲切的心情表现得淋漓尽致。第三部分，在轻盈飘逸的弦乐衬托下，再次展现出人们久久不能忘怀的爱情主题。在欣赏音乐的过程中人们会呈现轻松、激昂、悲愤的情感体验，可使患者情绪不稳定、易激动导致血压升高。

2. 音乐疗法，即让患者沉浸于音乐中来治疗疾病的一种方法。研究认为，人的脑电波传递、心脏跳动、肺舒缩、胃肠道蠕动及自主神经活动，都有一定的规律和节奏。当一定频率的音乐节奏与人体内各器官运动节奏相一致时，就会与身体发生共振，从而产生心理快感、镇静、兴奋、止痛，以及调整心律、血压等不同效果。高血压患者适合舒缓、轻柔的轻音乐。

3. 音乐疗法的乐曲选择应因患者、病情而异。音乐治疗不同于一般的音乐欣赏，是在特定的环境气氛和特定的乐曲旋律、节奏中，使患者心理上产生自我调节作用，从而达到治疗的目的。性情急躁的患者宜听节奏慢、有时间考虑的乐曲，以利于调整心绪，克服急躁情绪。悲观、消极的患者宜多听宏伟、粗犷和令人振奋的音乐，乐曲中充满坚定、奋进的力量，给患者以激励的作用，促使其树立起信心，积极面对生活。记忆力衰退的患者最好常听熟悉的音乐，熟悉的音乐往往与过去难忘的生活片段紧密缠绕在一起，听音乐能促进记忆的恢复。原发性高血压的患者需要的是平静，最适宜听抒情音乐，忌听可能使他们激动的、过于热情与喧闹的音乐。产妇宜多听诗情画意、轻松优雅的古典音乐或轻音乐，这样有利于消除紧张情绪即减少疼痛感。

要 点 提 示

1. 护理美感是人们对护理过程中存在的美的对象的主观感受和反映，是人们在护理审美过程中的心理感受，即护理实践活动中，任何一个审美主体（护理人员、健康人、患者及其家属）接触到美的对象时所产生的情感状态。

2. 护理美感总要以护理美为前提，反映护理美的同时，又可以在客观上找到其存在的事实，这属于审美认识论的范畴。

3. 护理审美意识通过诸审美心理因素，特别是想象和思维过程形成与发展起来的，当它一旦形成，便能促进个体知识和经验的积累和完善。同时，这种知识、经验体系常常与职业情感、职业道德相融合，促使个体行为方式总是带有一定的职业倾向性。从而产生积极的心理体验，并成为护理专业人员所特有的对患者的情感与态度，促使主观世界更为稳定和丰富。

4. 在审美意识的初始阶段和展开阶段，审美兴趣专注于创造之中，只能对最终结果抱着期望的心情；而在总结阶段，审美主体彻底掌握和理解了审美客体，明显地明确了审美理想，之后，才有可能更深入地回味、体验和进一步深化审美意识。

5. 审美能力是指审美主体对各种美的事物的感受、鉴赏和创造能力。审美能力是生理、心理和社会意识等方面的集中体现，在一定的社会文化背景下，受一定的社会审美观念影响和制约，具有鲜明的时代特点和个体差异。

思 考 题

1. 简述护理美感的表现形式。
2. 审美活动过程分几个阶段？分别是什么？
3. 简述护理审美的基本范畴。
4. 结合护理临床工作，论述如何提高护理审美能力。

（王军辉）

第五章　护理审美修养、审美教育与审美评价

学习目标

1. 知识与技能：熟悉审美修养的概念，掌握护士审美修养培养的原则，了解审美修养培养的方式，掌握护理审美评价的作用、方式、标准、基本原则、实施及意义等。

2. 过程与方法：通过本节课的学习可以树立正确的审美观，提高鉴赏美、创造美的水平和能力。

3. 情感与态度：通过对审美修养的学习和了解，护士的审美能力不断提高和发展，审美境界逐步形成和完善。

第一节　护士审美修养

一、修养的概念

修养是指人们为了达到某种人生境界，根据环境和主客观条件所进行的旨在提高自己的综合素质或某种素质的学习和实践活动，也指通过这种活动所达到的综合素质或某种素质的水平。从人的个性特征看，修养可以划分为观念修养、知识修养、能力修养和品质修养。此外，还有为了获得智慧所进行的智慧修养。品质修养的主要目的是使品质成为有德性的，因而品质修养也可以说是德行修养。它是指人们为了提高自己的道德素质所进行的养成和完善自己德行的学习和实践活动。它是道德修养的基础和关键，也是整个人生修养的必要组成成分，并在整个人生修养中具有基础地位，是使人达到更高人生境界的基础。

修养通常指个人文化心理和行为的自我锻炼、培养和陶冶的活动，以及经过不断努力所取得的能力、品质和境界。它是一个运用的相当广泛的概念。修养是我国教育的一个优良传统。从我国传统文化和用语角度去考虑，它主要是指人格、道德、学问的锻炼、培养等。先秦诸子大都讲修养。孔子作为一名思想家，除强调教育外，十分重视修养。他一再讲的“修己”“修正”“修己以安人”等，就是强调自我修养。同时他又提出如何进行自我修养“己所不欲，勿施于人”“里仁为美”“逝者如斯夫，不舍昼夜”等。这里讲的大多是学问、道德、人格的修养。孟子提出“养心”“专心致志”。孟子的“养心”，重在心性的培养、锻炼，属于道德、学问，也涉及审美，如“充实之谓美”，把内心善的充实视为美。庄子把养生与审美统一起来，顺应自然，也就是“备于天地之美”；同时提出走向这种审美境界的修养途径，即“心斋”，可以说这是最具审美修养含义的。良好的修养是立身之本。在人生过程中，自我修养有助于提高人的智力因素、道德因素、意志因素，塑造出高尚的人格。

二、审美修养的概念

审美修养（aesthetics culture）是指个体按照一定时代、社会的审美的价值取向，自觉进行性情、心性的自我锻炼、陶冶、塑造、培养、提高的行为活动，以及通过这些行为活动所形成的审美能力和审美境界。而审美修养，在我国经济快速发展带来的红利中，有相当一部分以审美的形式为广大人民群众所分享，并因此影响、改变着人们的生活质量和精神面貌。这其中既有积极的成分，也有个别消极的效果，如其所引发的审美乱象的频生。当今时代，审美元素已经渗透到社会生产和社会

生活的方方面面，发挥审美的正能量作用，成为构建和谐社会、实现人生梦想、共筑中国梦所必须完成的使命。提高全民族审美修养，营建健康、洁净的审美环境，充分发挥审美在构建和谐人生梦想及和谐社会中的独特作用，成为当今审美教育面临的大课题。

审美修养是一个丰富和完善人生的过程。审美修养的实质是个体审美结构的自我塑造、自我完善，表现为通过自觉的审美塑造和陶冶，求得审美能力的提高、审美需要的形成或所到达的审美能力和审美境界。审美修养的实质还在于通过个体审美心理结构的完善去实现人与社会、自然的统一。因此，审美修养是个体自觉地求得素质的全面发展，求得与社会、自然的协调发展过程。

三、护士审美修养概念

护士审美修养（aesthetics culture of nurses）是指护士通过美学理论的学习，在护理实践活动中自觉地进行自我锻炼、自我培养、自我陶冶所取得的感受美、鉴赏美、创造美的能力和品质的过程。护士的审美修养是护士从事护理实践必备的专业素养，有助于护士理想人格的形成，造就融知识、技能和人文素养为一体的优秀护理工作者。

随着传统的生物医学模式向生物-心理-社会医学模式转变，健康的内涵在延伸，护士因此要自觉地将人们追求完美健康的客观需求纳入自己的职责范围。满足人们对健康之美的追求，在具有精湛护理技术和专业知识的同时，还应具备善于妥善处理伦理、社会、心理等问题的能力及良好的审美修养，只有这样才能将患者内心调节与环境因素的和谐程度提升到最佳状态，促进患者早日康复。

四、护士审美修养的原则

护士的审美修养与护士的道德因素、文化水准、知识储备、生活阅历有直接关系。一般来说，一个人文化水平越高、知识越丰富、爱好越广泛、生活经验越多，审美修养就会越高。因此，护士应结合护士专业知识特点，自觉地进行自我教育、自我充实、自我提高，逐步达到理想的审美境界。护士审美修养应遵循的原则如下所述。

（一）以道德修养为前提

道德修养是制约审美修养的主要因素。道德修养的目的是让人们成为一个德行高尚、人格完美的人，从而使自己的生活变得更有价值。在现实人生中，道德修养追求的另一重要形式是良好的职业道德。护士职业道德修养是护士在护理道德方面经过长期的勤奋学习和护理实践的陶冶与磨砺达到的境界。

（二）以内在美与外在美的统一为条件

护士的美是护士审美修养的重要组成部分，包含内在美与外在美两个方面。内在美指心灵美，是思想、品德、情操在实现美的过程中的升华，是外在美的根基。护士的外在美是指仪表美、语言美、行为美、表情美等，外在美是内在美的转化。如果内在美不能转化为外在美，人们就无法感受美，无法实现对美的完美追求。护士的基本职责是为人类的健康服务，关爱患者的基础是道德修养。护士具备的内在美，通过自身仪表、语言行为等，向患者倾注细腻情感，护理工作方能达到真、善、美的统一。正如罗丹在谈及人的外貌美与心灵美时所说“我们在人体中所崇仰的不是如此美丽的外表形态，而是那些好像使人体透明发亮的内在光芒”。

（三）以人的健康美、长寿美为目标

健康是一种美的享受，是人类期望和奋斗的目标，随着社会的发展和医学科学的不断进步，人们对健康、生命质量和生活水平给予了更高的期望，既希望借助现代科技预防疾病、治疗疾病，又希望借助现代科技延缓衰老、维护和增进健康，这无疑对医护人员提出了更高的要求。实现健康和促进长寿是对美的创造，作为拥有促进健康、预防疾病、促进康复、减轻痛苦职责的护士，就要立

足于人的健康美和长寿美这项审美目标，帮助患者在认知上、心理上、形体上恢复与维持健康，用自己的审美修养感召患者，与患者共同创造健康美和长寿美的奇迹。

五、护士审美修养前提

（一）身心需求的满足

护士的审美活动属于高层次的精神需求，生理、心理基础是制约审美修养的重要条件。作为审美主体的护士，要重视生理、心理因素对审美修养的影响，随时注意培养自己良好而稳定的审美心境，促使完美人格的全面发展。

（二）具备一定的文学艺术素养

对于音乐、绘画、戏曲、歌舞、电影和工艺品，如果缺少对它们的相关知识，就难以领悟、体验个中意味。因此，护士要从多方面汲取文化知识，接受文化艺术熏陶，为护理审美实施打好基础。爱因斯坦自己曾说过，他的科学发现所依赖的不是严密的逻辑推理，而是一种直觉、一种想象，他甚至把审美作为科学发现的一个标准。

（三）相应的美学基础理论

护士较好地掌握美学基础理论知识，就可以在临床护理实践中进行自我审美教育。同时护士可以持审美态度去感受审美对象，进而产生审美感受，这样才能进入审美过程，实现审美修养。

六、护士审美修养培养的方式

护士审美修养必须符合护理专业的审美特点与发展的要求，可以与道德修养、知识修养共进共举，相辅相成。一般可分为两种方式：审美观照活动和审美实践活动。

（一）审美观照活动

审美观照活动（aesthetic appreciation）是一种审美直观、感受和鉴赏活动。它以对现实和艺术中的审美对象的静观为主要形式，进入审美经验过程，从而陶冶性情和心性。

1. 课堂教学陶冶 护理院校在为实现培养目标而制订教学计划时，应充分考虑护士的全面发展，加强护生人文知识的学习，开设《护理美学》《护理礼仪》《文学艺术欣赏》等课程。对学生进行正规的美学理论教育，从基础知识入手，学习审美观点，开发审美心理，培养审美修养意识，为造就审美素质奠定基础。同时将人文学科与专业课相连，将美育不失时机地渗透，从各方面加深对学生审美修养的引导。课堂教学中，还可设计一些精确和恰当的问题，让护生联想、设想、想象和推理，产生情绪体验，由此领悟其中的内涵，在感知的过程中获得某种升华、超越，使护生在个体生命中达成“外在世界”与“内在世界”、物质生活与精神生活的和谐统一，拓展护生审美修养的空间。

2. 自然美的熏陶 大自然给人类提供了无限丰富、充满生机的审美对象：繁星皓月、彩虹落霞、碧波寒烟、辽阔的大海、茫茫的草原、璀璨的繁花、茁壮的庄稼、美丽的飞禽、雄健的走兽、健美的人体等，这些都为人的感官所感知，并能引起人的精神愉悦。自然是美育取之不尽的源泉，被人们称之为“审美感受的文化学校”。

通过自然美的熏陶，不仅可以提高护士的审美能力，还可以完美人性，激发护士在护理实践活动中为患者创造温馨、和谐的自然和人文环境，使患者获得心理上的美感和生理上的快感，达到积极情感的建立与维护，促进患者的康复。

3. 社会美的影响 对在校的护生来说，社会美的感受可通过日常生活和临床学习而获得。尤其是在临床实践环境中，护生不但要感受到护士严谨的工作作风、娴熟的技术、端庄的仪表、得体的语言、和谐的人际关系及医务人员创造的温馨的就医环境，还要感受到医务人员救死扶伤、实行人道主义的崇高精神。护生通过观察、体验、鉴赏这一切，积淀自己的审美能力，正确地评价和把握自己，矫正自己的审美品行，不断提高自己的审美修养。

4. 艺术美的感染 艺术美在美的存在领域占有极其重要的地位，是艺术家按照美的法则，运用先进的审美观点、审美理想创造出来的蕴涵着社会生活本质规律、人们理想愿望，并能给人以美的享受的艺术形象。视觉艺术、听觉艺术、想象艺术等都能启迪人的想象，使人们从历史观、唯物观、伦理观、审美观等方面进行多元化的审美思维，丰富人的思想内涵，培养人的审美情趣。

（二）审美实践活动

审美实践活动（aesthetic practice）是具有一定创造性的审美行为活动。它以实际行动进入审美经验过程，感受到主体与外在客体对象的和谐统一，从而陶养性情和心性，是创造性活动中的审美修养方式。

1. 在课外活动中提高审美修养 课外活动中的审美教育，可补充课堂知识，锻炼护生能力。高等院校的护生，已有一定的组织活动能力，兴趣爱好广泛多样，已不满足于美育课程的学习，希望有更多的机会和场所来培养和展示自己审美和艺术方面的才华，如舞蹈、唱歌、书法绘画、文学创作等。一方面可以表现护生的审美创造力，另一方面又可以使护生感受、体验这类审美创造性活动。因此，学校每年可定期举行文化节、艺术节等项目的全校性审美教育活动，引导护生加入文学社、书画社、剧社、合唱团、舞蹈团、乐团等多种多样的文艺社团，并加强审美指导，使护生能自由地发展自己的审美爱好和艺术特长，提高审美修养。

2. 在临床实践中加强审美修养

（1）营造美的护理环境：护理环境主要是指与患者的情感、情绪、治疗和康复相关的环境因素。优美舒适的休养环境，有利于患者的身心康复。因此，护士不仅对病房的布置应力求做到整洁、美观、舒适和温馨，还要为患者营造心理上的美感。注意颜色、声音、光线的调节，使环境既协调统一，又富于变化，排解患者心中的孤寂和消沉，提高其生活的情趣和乐趣。

（2）展示美的护理操作：护士在进行各项护理操作时，不但要遵从各项操作程序，执行护理原则，选择护理方式，以达到护理目标；还要注意每一项操作、每一个过程甚至每一个动作是否科学、节力，努力达到动作协调美观、紧张有序、忙而不乱、张弛有度、干净利索的护理操作美。在为患者实施基础护理操作时，要注重次序性、规律性、对称性、和谐性及完美性等审美要求，做好效果评价，体现出基础护理操作的科学性和艺术性。在实施注射、导尿等技能操作时，要求护士在保证护理效果的前提下，选择损伤性最小的方法来体现护理审美要求。同时，护士还要注重自身姿势和动作的舒展，特别是手的动作应轻、柔、稳、准、快慢适当且有条理，注意操作后环境的整洁和美观，体现出护理工作的完美性和护士良好的修养。

七、护士审美修养贵在有恒与自觉

（一）护理审美修养贵在有恒

审美修养是护士完善自身的必修课程，它既是渐进的，又是主动追求的，必须靠护士的主动探索。为什么每个人都生活在大体相近的审美世界中，却达不到相同层次的审美境界？从主观上分析，原因之一就是个体自觉性的不同。如果没有自觉的审美追求，只是处在审美世界中，难以达到一定的审美境界。所以护士要提高审美修养必须有高度的自觉性，并为之付出不懈的努力。

医学科学的进步是无止境的，人们对生命健康美的追求也是无止境的，护理模式的发展要求护理审美内容应在实践中完善、补充。因此，护士的审美修养贵在永恒。

（二）护士审美修养贵在自觉

护士审美修养的自觉性，主要表现在对审美客体对象的主动追求，接受他们的影响，并把审美经验转为内在心灵生活、转为审美需要和审美态度，成为自我价值的组成部分。其还表现为对审美对象的自我反思，不断提出新的审美追求，改进审美修养活动形式，以求得自我价值的实现。

护士审美修养的永恒性和自觉性是相辅相成的两个方面。只有自觉才能实现永恒；只有永恒才能发现、运用审美规律，使得护理审美行为更加自觉。把护理审美的永恒与自觉相结合也体现了护理工作者主动追求美的生活，并在美的生活影响下陶冶情操、提高审美境界的护理理念。

八、护士审美修养的目标

护士审美修养的目标，就是护士审美能力的不断提高和发展，审美境界的逐步形成和完善，以及护士审美个性的确立。它标志着护士审美教育和审美修养活动的有效，对护士的人生有积极的价值和意义。

（一）创造能力

审美能力在审美教育的基础上，经过审美修养的培养、锻炼、不断发展成熟，既获得了对审美客体的自由关照能力，又提高了对审美客体的自由把握能力。审美不仅是观照、应对，而且是创造、表现。只有具备了审美创造能力的审美个性，才能推动护理事业的前进。

（二）超越境界

境界是指人们在认识、改造世界的活动中，对客观规律的认识、驾驭程度及水平。护士审美境界标志着护士审美教养成熟程度。护士审美修养的目的在于激发护士对审美境界的追求，并把这种追求持久地、自觉地应用到护理实践中去，变成护士获得人性的自由、完善人格的动力，再把这种动力化作大无畏的为人类健康造福的实际行动。审美具有超越功利的自由，审美境界实际上就是超越境界。审美修养活动的有效，必然是这种超越境界的逐步形成和完善。

案例 5-1：

某医院护士小李，他经常置身大自然，并把拍摄的作品与患者分享，而且把盆景、插花放到病区。有一位中年男子因为职业意外而导致双手残疾，小李在护理他的时候，给他讲了日本知名作家乙武洋匡的故事（乙武洋匡一出生便因罹患“先天性四肢截断症”而无手无脚）。之后，小李又说服癌症晚期患者为女儿织围巾。有的同事说小李工作做得好；但也有部分同事觉得小李不务正业，在偷懒耍滑。

问题：

1. 依据护士审美修养知识评价小李的行为。
2. 同事认为小李的做法好，好在哪里？
3. 小李的行为是否是不务正业？

案例 5-1 分析讨论：

小李之所以这样做，是为了给患者一个美好的休息环境，能够让患者拥有一个开朗的心态，很有助于患者的恢复，所以护士小李的行为是美的体现。当护士成为美的象征时，可以唤起患者的美感，提高患者的情感质量，帮助患者树立战胜疾病的信心，提高患者战胜疾病的能力，增进患者生存的价值和生命的质量。因此，护士的美是护士审美修养的重要组成部分，包含内在美与外在美两个方面。内在美指心灵美，是思想、品德、情操在实现美的过程中的升华，是外在美的根基。护士的外在美是指仪表美、语言美、行为美、表情美等，外在美是内在美的转化。

第二节 护士审美教育

目前，护理学科已发展成为医学领域一门兼治疗功能、服务功能和社会功能三职于一身的独立的综合性学科，在现代医学中所处的地位日益明显。与此同时，人们对护理人才的素质提出了更高更全面的要求。审美教育适应全人类对美的追求。护士审美教育，既适应了患者对美的追求，也适应了整体护理对护士素质的内在要求，有助于密切护患关系，提高护理服务质量。加强护理审美教育，指导学生树立正确的审美观和审美理想，提高他们发现美、体验美、创造美的能力，有利于护理事业的发展和人类健康水平的提高。对护士进行审美教育，应坚持理论与实践相统一，内在美与外在美相统一，自然美、社会美和艺术美相统一，形式与效果相统一。

护理审美教育（aesthetics education of nurses）是指对护生和护理从业人员通过一定的方式、设施，运用正确的审美观点和审美标准，结合护理专业特点，培养其正确健康的审美观和审美情趣，提高护理人员的鉴赏和创造美的能力。

一、护理审美教育的特点

（一）形象性

护士是青春活力、典雅、端庄的象征。而护理人员高尚的职业道德修养就是自然美、艺术美、社会美在护理工作中的形象体现；护理审美教育通过使人们感受这些客观存在的具体的感性形象，以独特的美的形象来发挥作用，引导护理人员认识生活的本质真实，唤起多种心理功能活动，产生审美情感，启迪思想。

（二）情感性

情感是人们对客观现实的一种态度。而护士的审美教育，是一种情感教育，一种通过对美的形象的直观感受，引起护理审美主体与客体在情感上的交流、沟通和融合，产生情感共鸣的教育。

（三）愉悦性

护理审美教育的愉悦性，是从受教育的效果上看的。护理人员接受审美教育的过程，就是获得精神上享受的过程。护理美育根据护理人员个人兴趣爱好，通过多种形式，达到在学习中娱乐、在娱乐中学习的目的。

（四）陶冶性

护理审美教育让护理人员在护理审美活动中获得愉快的感受。这种愉快的感受对于护理人员的性情就是一种陶冶。而护理审美陶冶性教育是长期的、潜移默化的教育，是一种长期积累和不断实践的过程。护理人员经常长期接受美育熏陶会形成一种完美的心理结构和心理定势，从而可以更好地服务患者。

（五）创造性

护理审美教育不是一味地填鸭式教育，也不是一种虚幻的体验。它具有很强的动态创造性，即通过自己的一步步实践活动，按照美的规律，创造美的能力。护理审美教育就是要使护理人员掌握创造美的规律，发挥创造美的才能，并自觉地把这种才能运用到未来的护理实践中。

二、护士审美教育的主要内容

护士审美教育绝不能简单地理解为美学理论知识教育或者单纯的音乐、美术、书法等艺术教育，即审美教育包含丰富的内涵。护士审美教育主要包括以下几方面。

（一）美学理论知识教育

著名作家罗曼·罗兰指出："真实的东西才是美，它不会使人失望，而令人对未来充满信心。"马克思主义是科学的世界观和方法论，是无产阶级和劳动人民革命实践的科学真理。马克思主义理论中包含着丰富的美学思想。护士审美教育首先要学习马克思理论，学习其中的美学理论，提高自己的美学修养，树立科学的审美观，培养健康的审美情趣，善于在生活中发现美、感受美、鉴赏美。

（二）护理专业思想教育

审美教育的目的是帮助护士在护理实践中更好地展示美、创造美，为患者提供更加优质的护理服务，满足患者对美的需求。对护士进行专业思想教育，帮助其树立人生目标和方向，以全心全意为患者服务，努力追求至善至美的境界。

（三）护士职业道德教育

美离不开善，奥斯特洛夫斯基说："人的美并不在于外貌衣服和发饰，而在于他本身，在于他的心灵，要是人没有内心的美，我们常常会厌恶他的外表。"培根更是呼吁："把美的外貌和德行结合起来吧。只有这样，美才会放射出真正的光辉。"美是一种善，具备了美的心灵，高尚无私的品质，才会视患者如亲人，全心全意为患者服务，使患者有病房如家的亲切安全感。审美教育要求护士具有良好的美德，对患者充满同情心和爱心，尊重患者的人格权利，并具有奉献精神和牺牲精神。审美的教育绝不能离开道德教育孤立而行。

（四）护士仪表形象教育

护士素有白衣天使之称，护士作为美的化身，应努力把自己天使之美充分展示在患者面前，给患者以美的享受，激发患者对生命的渴望，从而使患者积极配合护士的各项措施，保证护理的质量。诚然，护士的相貌受之父母，与生俱来，无法改变。但护士的心灵、美德却是后天的。护士审美教育必然要求护士注重服饰、语言、动作、姿势、气质、风度，讲究个人卫生，穿戴整齐干净，语言亲切温柔，姿态优雅大方，精神饱满，富有活力。

三、护理审美教育的意义

（一）帮助护理人员树立正确的审美观

审美观是人们在审美实践活动中所形成的关于美、美感、美的创造等问题的基本观点。护士审美教育的首要任务是培养正确、进步的审美观。树立在护理实践中创造美的观点、树立应用美学理论指导护理实践的观点、树立美在护理实践中不断升华的观点。

（二）提高护理人员审美能力

审美能力是指在审美活动中发现、感受、评价和欣赏美的能力。它影响着人对美的享受程度。审美能力包括审美主体在审美过程中应具备的各种能力，如审美感受力、审美鉴赏力、审美理解力等。审美感受力是审美能力中最基本的能力，指人的感觉器官对客观对象的感知能力。

（三）培养护理人员审美创造力

审美创造力是指人们在审美实践的基础上，进一步按照美的规律创造美的事物的能力。护理审美教育就是为了培养护理人员审美创造力，为患者创造出良好的康复环境，如护理人员端庄典雅的外表、整齐美观的病区，营造出和谐友好的人际关系，如良好的护患关系、病患关系。要提高护理人员审美创造力，首先应树立崇高的护理审美理想。美的创造，都是在一定的审美理想指导下进行的，审美理想是人们在生活中追求、向往的一种高尚的生活境界，是人们在审美实践经验的基础上所形成的一种充满激情的意象，是一种对美好生活的向往，是美的创造蓝图。审美理想不仅可以提高审美的敏感，明确美的创造目标；而且可以激发一种对美的创造的动力，升华护患关系；甚至可以把人生提高到一个新的境界。

（四）培养护理人员完美人格，增进身心健康

审美教育在塑造完美的人格上有其他教育无法替代的重要作用。护理美育要求护理人员具备崇高的护理道德情感，给患者以美的感受，从而改善甚至升华护患关系。护理美育还要以美怡情，增进人们的身心健康。对美的理解、欣赏和创造，在平凡枯燥的工作中也能感受到精神上的享受，令人赏心悦目，怡神悦态。所以，美育能调节心绪，疏导情感，促进心理平衡，促进心身健康。

四、护理审美教育的综合指标

（一）具有认真、负责、细心、整齐有序任的工作作风

作为护理人员，我们应该具有认真、负责、细心、整齐有序的工作作风，在一切护理活动中，要对人的生命、对人的健康高度负责，不能出现一丝一毫的差错，严格执行各项操作规程，努力做到“慎独”，慎重对待护理工作，防止发生差错事故。

（二）具有爱心、同情心、奉献的职业情感

情感是人的需要是否得到满足时所产生的一种内心体验。而爱心、同情心、奉献则是护士情感的体现，护士要带着关心、爱护、同情、体贴的情感，为身患疾病的人进行治疗、护理，急患者之所急，想患者之所想，忧患者之所忧，使患者感到亲人之间的温暖。

（三）具有敬业、乐业、勤业、专业技术精美

护理人员应具有敬业、乐业、勤业精神，不断提高专业技术水平，适应护理的发展需要，满足人类的健康需要。护理人员应求学上进，努力学习新知识、新业务，培养自己具有随机应变的能力，以及发现、提出、解决问题的能力。

（四）具有良好的表达能力、洞察能力、沟通能力

护理工作的对象是人，而人是一种有思想、有感情的高等动物。尤其是患者身体状况欠佳，精神状态不稳定，所以，护士与患者都要通过语言交流表达自己的意愿，进行有效的沟通交流。要及时、准确地发现患者病情变化，捕捉有关患者的各种信息，掌握临床第一手资料，为医疗诊断、执行护理程序提供参考资料。因此，护士应具备敏锐的观察力、良好的语言表达能力和沟通能力，及时发现问题，并且可以及时解决问题，做到防患于未然。

（五）具有尊重他人、尊重自我、尊重护理职业的精神

护理人员要尊重患者，要尊重患者的意志、意愿，尊重患者的人格，尊重患者的利益和权利。同时，护理人员要做到尊重自我，维护护理职业尊严，提高自身价值观，拥有较高的专业水准和知识水平，并且在平凡、辛苦、琐碎的日常护理工作中显现出热爱护理专业的高尚的情感，如良好的专业技术水平、完善的知识结构和自我形象设计，从而提高护理的社会价值，树立美好的护士群体形象，得到更多人的理解和尊敬。

（六）具有美感能力，创造和享受护理中的美好事物

护理人员应具有良好的美感能力，不断地发现护理过程中的护理美，并用以指导护理。在对患者进行护理工作时，护士的操作规范、动作轻柔协调，给人以协调动态之美，这就是美的享受。经护理人员精心护理康复的患者，带着感激、喜悦之情离开医院时，给护理人带来快乐、成功之美的享受，这种美好的情感反过来又激励护理人员更加热爱护理工作，为人类健康不断创造美。

（七）善于审美，并在审美活动中不断提高护理质量与自身素质

通过护理审美教育，使护理人员明辨真善美和假恶丑，提高了审美能力，把美应用于护理实践

中，提高护理质量，使护理人员能从审美艺术的角度去评价护理工作中的美，使护理工作真正成为一门艺术，一门为人类健康服务的艺术。

五、加强护士审美教育的重要性

审美教育是整体护理对提高护士素质的内在要求。随着生物医学模式向生物-心理-社会医学模式的转变，现代护理也由功能制护理发展到整体护理。整体护理要求护士在护理过程中综合运用护理专业知识技术，以及心理学、社会学、管理学、伦理学、美学等人文社会科学知识，对患者进行心身全面的护理，为患者提供全方位高质量的医疗护理服务。这就意味着，整体护理的推进，加强了美学与护理之间的联系沟通，对护士提出了更高的素质要求。因此，护士接受审美教育，掌握有关美学知识，具备良好的美学修养，可以用美学原则指导整体护理工作，不断提高护理服务质量。

案例 5-2：

小丽是一名刚毕业的大学生，来某医院实习，以过硬的专业知识和技能通过了面试、笔试、操作考试等各项考核，成功被这家医院录用了。小丽每天认真工作，从来不偷闲做其他事，而她的同事经常在一起炫耀各自的首饰、化妆品，小丽总是一笑而过，因为她从来也不刻意化妆，更没有戴过首饰。没过多久，同事开始议论小丽，说小丽是工作狂、男人婆，更有人说小丽根本不懂美。

问题：

1. 小丽是否应该多注重化妆？
2. 上班带过多首饰是否正确？
3. 从护士审美角度评价小丽的行为。

案例 5-2 分析讨论：

小丽不刻意化妆是对工作的一种认真的态度，她并非不懂美。我们工作过程中，如果化浓妆、戴首饰，很有可能影响患者的心情和干扰我们的护理工作。所以小丽是真正懂得审美。护理工作的对象是人，而人是有思想感情的。护士与患者的关系是护理工作中最重要的人际关系。建立良好的护患关系，护患间密切配合，愉快相处，促进患者早日健康，无疑是护士的工作追求。审美教育有助于护士在工作中善于向患者展示自己美好的一面，用高尚的道德品质、良好的语言修养、广博的知识、娴熟的操作技能、整洁安静的病房环境博得患者的信任和好感，从而密切护患关系，增进护患情感。所以小丽才是真正的美。

第三节　护理审美评价

审美评价（aesthetic appraisement）是以一定的审美标准为尺度，针对审美对象所做的阐述和评价。它是审美主体在审美判断的基础上对事物所持的审美态度，是理性考虑下的一种特殊的审美活动。审美价值只有通过人们对它的感知和体验，并把这种感知和体验上升为判断，才能为人们受用，这个过程就是审美评价。

护理审美评价（nursing aesthetic evaluation）是指在护理实践活动中，护理人员依据护理审美工作的标准和原则对护理人员及护理行为做出的美与丑的审美判断。它是评定护理艺术美丑高低的方式，也是促进艺术不断发展的主要途径之一。

一、护理审美评价的作用

（一）有利于提高护理人员的素养

护理人员不仅要有一定的专业技术素养，还必须具备现代护理人员必有的思想道德、心理健康、专业素质和护理审美素质。护理人员通过护理审美评价活动能调节自身精神，提高愉快的情感，从而有益健康。护理人员通过护理审美评价活动能提高护理人员鉴赏护理审美的水平，加强护理审美修养，保持精神生活的丰富多彩，有利于提高护理专业素质。

（二）有利于提高护理质量

护理审美评价不仅能提高护理人员的审美能力和素养，而且对整个护理质量有极大的提高。如护士专业的注射给药、静脉穿刺等，都是通过多次的护理审美评价得到提高的。同时，护理审美评价促进护理学科的发展。护理人员能否护理好患者，能否有助于保障社会人群的健康，能否发挥护理学科新的创造力，都是护理审美评价的内容。通过护理审美评价，推动护理学科的发展，使护理手段更现代化、专业化、科学化。

（三）有利于提高医院管理水平

护理审美评价对医院管理做出审美价值的判断，对医务机构的管理工作起到启迪和指引作用。护理审美评价还能使管理者通过大量信息了解到医院工作存在的特点、优点和不足，既有压力，同时也带来了动力和活力。护理审美评价有激励先进和鞭策后进的作用，使护理人员将护理审美意识渗透到实践中去，从而提高医院的管理水平。

（四）有利于推进护理科学技术的发展

随着科学技术的迅猛发展，特别是新的护理科学的发展，人们的思维方式和行为方式发生了重大变化。医学新技术在临床上的广泛使用，不仅解决了许多医护难题，也丰富了护理审美评价的内容。通过开展护理审美评价能够增强护理人员对护理科学技术发展规律的认识。护理美学只有不断汲取护理科学技术发展的新成果，建立和形成护理审美新观念，才能使护理工作具有活力，有利于护理科学的发展。

二、护理审美评价的方式

在护理实践活动中，人们总是自觉或不自觉地根据一定的护理审美评价原则去衡量自己或评价他人的行为，批评和谴责护理活动中护理道德低下或不符合护理美德的思想行为，支持和赞扬那些符合护理审美原则、具有高尚护理道德情操的思想和行为，从而扬善抑恶、褒美贬丑，鞭挞非人道主义的行为。因此，护理审美评价是护理人员行为美丑、品质好坏的“监视器”。护理审美评价的方式主要是理解、联想和想象。

（一）理解

理解是护理审美评价的首要方式。护理审美评价的实现是建立在理解护理美的基础上来判定护理艺术高、低、美、丑的。由于审美者的经验、知识、阅历、素养不同，导致护理审美理解的方向与程度因人而存在差异。审美理解不是靠概念、推理、判断的逻辑思维，而是伴随着感知（感觉和知觉），在知觉过程中直接领悟。它主要表现在三个方面。

1. 对护理自然美属性的评价需要理解 例如，护理人员的仪表、病区环境、护理设备、护理操作技能等都是护理自然美的展现，患者正是通过这些自然展现，来评价医院的环境、设备的性能，从而获得美的评价。医院和医护人员通过患者评价，结合工作实际不断改进工作，达到相互促进的目的。

2. 对护理人员能力评价需要理解　例如，护理人员在工作中的规范操作、精湛的技艺等赢得患者的信任，激起患者对护理人员的感激、依靠与尊敬。这种情感的形成是建立在相互理解基础上的一种评价。

3. 对审美对象的社会评价需要理解　护理人员在实际工作中，接触的患者可能是精神上、生理上或身体上存在有缺陷的自然人，不能给护理人员美的感受。这就需要护理人员靠感情、靠职业素质和爱心去对待患者，在理解、尊重中感受患者的需求；在救治的过程中，修复患者的心灵创伤，树立他们的自信，为其撑起生活的希望。

（二）联想

联想是护理审美评价的重要方式。它包括接近联想、类比联想和对比联想。

1. 接近联想　是指当两件事物在时间、空间上有接近时，因感受其一而联想到其二的联想方式。这是人们依据有关经验，形成较稳定的条件反射。曾有患者用这样的语言赞美护士："虽然我已七十多岁，但每当看到你们忙碌的身影，感受到你们无微不至的关怀时，我就想到我的母亲。好像时间流逝，我仿佛又回到了童年……"

2. 类比联想　是由于两件事物在某一点上类似，因感受其一而联想到其二的联想方式。护理审美评价中的类比联想是通过护理审美对象的感知和回忆，引起其在性质或形态上类似事物的回忆，这是审美评价中使用较多的一种方式。例如，将护士的语言比喻为和煦的春风，护士明朗坦然的笑容使人联想到明媚的阳光等。

3. 对比联想　是指当两件事物完全相反时，因感受其一而联想到其二的联想方式。它的功能不在于强化对某一对象的感受，而在于强化对两事物所具有的对立关系的理解和感受。例如，一个患者在评价一个护士时说："本来一身洁白，给人以素雅的感觉，可是她的脸色阴沉、高傲，让人反感。"这是护士自身形象上的明显反差，使人产生心理落差的结果。护理审美评价能通过对比联想的方式达到使护理艺术美不断上升的目的。

（三）想象

想象是护理审美评价的最高方式，想象的高级形式是再造性想象和创造性想象。

再造性想象是根据别人提供的形象化的描述，经过自己的联想构成新的形象。如我们读文学作品，虽然并未亲身经历文中所描写的场景，但通过文字信息，我们可以在头脑中清晰地浮现出一副具体可感的图画，这是再造性想象的结果。凭借再造性想象的方式，人们可以从书本描述或他人经验，丰富自己的专业知识、技能和专业态度，并可对护理过程和结果进行预测，从而通过护理审美评价规范护理行为。创造性想象可以促使护理实践中的创新，促进护理科研和护理理论的不断发展。一切新的事物，总是既熟悉又陌生的，总是再造性想象与创造性想象相结合、相统一的产物。

美的欣赏、美的评价、美的创造中都离不开审美想象。护理审美想象的方式主要用来评价那些具有抽象特点的护理审美对象的美，例如，心理护理的效果是一种抽象的东西，难以通过视听器官或其他的量化指标加以评判。但是护理人员可以根据病情发展的规律，根据心理过程的变化特点，结合社会伦理要求等内容，在头脑中想象出患者理想的预后形象，以作为护理心理的目标和评判心理护理效果的标准。

三、护理审美评价的标准

审美是一个主观色彩很强的心理活动。人们由于不同的原因形成了不同的审美观念、审美情趣和审美理想，对于同一事物可能产生不同的审美感受和审美体验。这就可能造成护理审美评价结果的不一致。但是不同的审美能力和审美情趣中总是体现着共性的、被大多数人认可的审美观点，审美评价是有共同规律和客观标准可循的。

（一）“真”是护理审美评价的前提条件

“真”有两层含义，一是指护理活动的实施应遵循客观事物的固有规律，在工作中尊重医学科学知识，按照科学的固有规律办事，实事求是，坚持护理活动的科学性。二是指在护理审美评价中，一方面，要肯定护理评价标准的共同性，引导护理人员在实践中创造美，以美的形式悦己悦人、怡目悦耳、怡情悦志；另一方面，护理人员要承认审美感受和审美标准的差异性，对不同的个体，根据不同的病情特点、健康需求施以不同的护理治疗方案，满足个体不同的审美需求。护理人员要尽量满足护理服务对象特殊的审美需求，使其在护理活动中体验美的享受。对于进行护理工作的护理人员来说，护理审美就是扎实过硬的护理技术与技能，以及对护理理论知识的深入了解与掌握，和对护理技术与护理行为的科学运用。这是对护理审美进行评价的基础，只有在技术与技能娴熟运用、掌握护理理论的“求真”的前提下，才能进行护理审美评价，才能真正地谈到“技艺”，才能上升到审美的层面。

（二）“善”是护理审美评价的道德标准

护理审美评价中的善蕴涵在护理艺术的表现之中。护理人员的道德意识、伦理观念、情感情操及人道主义精神通过其言谈举止表现出来。所谓善，就是对人类有用、有益，这里指伦理道德领域的善，就是护理人员必须具备的护理职业美德。没有善，事物就失去了美的意义。如果一个护理人员漂亮时尚、做事利落有序，有着外在的形象美与科学的精湛美；但与患者接触时表情冷漠、言语生硬、缺乏关怀与体贴，便很难让人感知到护理活动的整体美。或者说对于护理艺术来讲，这种仅有形象美和科学美所组成的美感是一种缺乏灵性和生命力的残缺的美，是不完整的，不能得到人们的共鸣和崇尚。具备了这一护理审美中的“善”，人们可以透过护理人员的专注神情、诚恳态度、关切语言、细微动作来感受护理人员的善，体会到白衣天使的圣洁与亲切。

（三）“美”是护理审美评价的重要尺度

所谓美，是事物或行为表现出来的令人愉悦的外在形态，是真与善相统一所表现出来的外在具体可感的美好形象。护理美是护理内容美与形式美的和谐统一。护理技术的精湛流畅、护理结果的有效实用、护理环境的优美温馨及护理人员自身在实践中体现出来的仪态美、语言美、举止美有机结合起来，才形成护理服务的整体美，体现一种专业美。每一个护理人员只有在其责任心与爱心的驱动下，熟悉掌握护理的各项技术与技能，并在实际护理工作当中运用，这时的护理工作才会自然而然地表现出“美”，不仅在仪态、仪表上，而且通过护理工作的一言一行、一举一动表现出“美感”，使护理工作真正步入“美”的层面。

“真”“善”“美”是护理审美评价的基本标准。以静脉滴注为例，护理人员根据患者的情况选择恰当的静脉路径，根据药物特点调节适合的滴注速度与用药方式，并对患者进行正确地用药指导和宣传教育，表现了护理活动的科学美，体现“真”的内涵；在行为态度上，对患者倾心关注、理解，最大限度地减少患者的痛苦，选择合适的穿刺部位以利于患者的活动和休息，对患者的痛苦有理解宽容之心，表现了护理活动的道德美，体现“善”的内涵；在操作过程中，动作流畅、行为优雅、语言准确、服饰得体，表现了护理活动的形式美，体现“美”的内涵。真、善、美三者的完美结合，造就了滴注流程整体的美感。因此，在护理实践活动过程中，必须要坚持“真”、具备“善”、体现“美”，这是护理美学获得发展的基本准则。

四、护理审美评价的实施

护理审美评价的具体实施所涉及的内容非常广泛，评价形式灵活多样，通常渗透护理过程的多个层面。通过反复的审美评价，促进护理过程在审美意义上的不断完善，发掘并强化护理活动中的审美因素，使护理美得到更加深刻和全面的体现。

（一）护理道德审美评价

护理道德是指护士在进行护理工作过程中应共同遵守的行为规范，是护士心灵美的核心内容。当我们对护理道德进行审美评价时，突出表现的是一个“善”字。对护理道德的评价应遵循以下原则。

1. 利他之心 南丁格尔说“护士其实就是没有翅膀的天使，是真善美的化身”。护士应怀着对患者的深切同情与挚爱，救人于危险之时，助人于痛苦之中，把维护患者生命、增进人类健康看作是自己崇高的职责和义务。利他之心应是护理职业道德的重要准则之一。护士具备了真挚、友善、利他的道德情操，就会对患者产生深切的同情心，就能以患者的需要为己任，对患者倾注细致的关怀，对专业倾注无私的奉献精神。

2. 关爱之心 护理是一门关怀的艺术。面对需要帮助的受病痛折磨的人们，护士的关爱之心构成护理工作的一道人文风景线。护士需要在工作中倾注情感，有了情感的基础，才会有对生命的关爱和怜惜之情，才能理解患者心灵中蕴含的对生命和健康的渴望和向往，才能在行动中表现对患者的理解、同情和尊重。关爱之心是护理道德评价的重要尺度之一。

3. 慎独 慎独通俗的解释为一个人在独立地工作、无人监督时，仍能够一丝不苟地工作，忠于职守。慎独是诚实品格在职业道德中的体现。对护士而言，慎独修养表现为实事求是、尽职尽责地做好各项护理工作，无论有无他人监督，无论患者清醒与否，都能始终如一按照规范操作；当发生差错或失误时，能够不隐瞒事实，及时如实反映，以保证患者健康为前提，而不计较个人利益得失。

（二）护理形象审美评价

护理形象美由容貌、服饰、举止、言语多种审美因素构成。护理形象美的评价中应遵循以下原则。

1. 端庄 端庄的仪表容易给人以信赖感和安全感。护理形象美要求护士的仪表端庄，具体表现在护士容貌的塑造与修饰上。护士容貌应给人以自然、舒展、大方、优雅的感觉，忌矫揉造作和过分修饰。

2. 得体 护士服饰的得体是护理职业形象的重要组成部分，护士服饰的选择与搭配应体现专业的特性与内涵。护士服饰应遵循整洁、得体、柔和的原则，体现稳重、干练的职业形象。

3. 亲切 护理形象的亲切主要表现在护士表情和语言上，主要通过真诚、友善、关切、自然的面部表情和温和、诚恳、耐心、礼貌的语言传递给对方。

（三）护理环境审美评价

充满生机、稳定和谐、健康向上的环境氛围能唤起人们的愉快情绪，有利于患者的身心康复。护理环境美应包含自然环境和人际环境两方面的内容，评价应遵循以下原则。

1. 舒适 护理环境的舒适具体表现在病房物理环境中温度、湿度、光线、声响、色彩、气味及布局结构的适宜与恰当，以及人际环境中的和谐、温暖、信任与归属感。舒适的护理环境不仅有利于患者的修养与康复，而且对于提高护士的工作热情与工作效率也有着积极的意义，对舒适的追求应成为护理环境设置的首要原则。

2. 怡心怡神 护理环境的美化应以能够使人感到身心愉悦为本位。在整洁舒适的基础上通过艺术的眼光点缀、装饰环境，增添病室环境的趣味、生机、动感与艺术性，以达到怡心怡神的作用，缓解压力与疲劳不适，促进患者的身心康复，也调节护士的情绪与心境，增强护士的工作动力与效率。

3. 安全 环境的美化应以安全为前提。所谓安全，一方面是指环境布局中应尽量保证患者的安全，预防患者的意外损伤，如地面防滑、适当的栏杆、医源性感染的预防等；另一方面是指环境设置中应充分考虑护士的安全，如适当的职业防护设施的应用。

（四）护理行为审美评价

护理行为美是护理职业形象美最直接的表现方式，通常表现为护士的姿态美、护理技术的操作美和护理人际交往的礼仪美。对于护理行为美的评价应遵循以下原则。

1. 规范 护士的行为美丑与否直接与个人的内在修养相关。美的护理行为首先表现为行为的规范性，即行为符合护理职业和一般社会礼仪与规范的要求，体现行为者良好的个人素质。护士举止中应表现出站姿挺拔、坐姿端庄、走姿平稳、手姿得体；护理操作过程中应表现出程序流畅、动作精准、方式恰当；人际交往中应表现出态度真诚、礼貌周全、尺度适宜。

2. 优美 如果说"规范"表现了护理行为科学的一面，那么"优美"则为护理行为增添了艺术的气息，使护理实现科学与艺术结合。

护理审美评价是一个综合、动态、连续的过程，涉及护理活动的方方面面。在护理实践中，护理职业道德、职业形象、护理环境、护理行为等因素相互关联、相互影响，综合地表现着护理专业的整体形象。因此，护理审美评价中应该注意将各方面结合起来综合评定，使得各种因素相互促进，共同为促进护理职业发展贡献力量。在护理实践发展的过程中，不断创造美的事物，并通过评价促进美的新创造，使护理活动不断趋向完美，这正是护理审美评价的目的所在。

五、护理审美评价的意义

护理审美评价的意义在于将美学的基本理论及研究成果应用于护理学科体系，使一般的护理技术上升为艺术。这是适应护理学科发展的内在需要的结果，从而拓宽和提升了护理学的研究领域，有助于护理学美的确定、补充及完善。

（一）培养护士的审美修养

审美修养是丰富和完美人生的过程。护士的审美修养，不是一时之功，而是终生教化、锻炼的过程。它既是渐进的，又是主动追求的，必须靠护士的主动探索。护士通过审美知识的理论学习，在临床护理实践中自觉进行自我锻炼、自我培养、自我陶冶，获得感受美、鉴赏美、创造美的能力和品质。护士的审美评价是护士从事护理实践必备的专业素养。它有助于护士理想人格的形成，造就融合知识、技能和人文素养为一体的优秀护理工作者。建立科学而实际的护理审美行为、树立良好的护士形象是履行护士的"保存生命、减轻痛苦和促进康复"这一崇高职责极为重要的前提。

（二）培养护士的职业道德美

护理工作是与人打交道的工作，是与生命、健康相关联的工作。这一工作性质决定了护理人员职业道德美的重要性及实际意义。护士在实际工作中应不怕脏和累，勇于吃苦，乐于助人，爱护每一个患者，全身心为患者服务。这就要求护士应具有美的道德和素质。一切美都基于善，违背了善也失去了美。护理工作者在工作中应具备一颗善良的、能容纳美的心灵。护理这一特殊行业必须要积极完善自我，提高自身的道德美，紧密地和美学联系起来，从而使人们享受到高层次的服务水平。

案例 5-3：

小刘是某医院的一名年轻护士，其过生日的时候朋友送给她一条手链，戴上之后朋友说很漂亮。虽然小刘知道护士在上班时不能戴首饰，但是其觉得这也不是什么大问题，不会影响工作，就没有及时把手链取下。在给患者做晨间护理时，手链不小心绑住患者放在床头桌上的手机链，不但将手机摔在地上，还将旁边的热水碰洒了，烫伤了患者，给患者造成了伤害。

问题：

1. 小刘发生此行为的主要原因是什么？
2. 小刘应该以什么标准来对自己进行装扮？
3. 如何对小刘护士的行为进行审美评价？

案例 5-3 分析讨论：

小刘并不具有真正的护士审美意识，护士的美不只是刻意通过装扮来达到的，树立良好的护士形象才是最重要的。所以小刘的行为不符合护理美。护理审美意识的心理过程就是感觉和知觉。感觉是比较低级的心理形式，然而它是通往心理殿堂的大门，走向高级审美的第一步。知觉是在感觉基础上形成的，是审美心理形式中特别重要的一种。审美意识的心理基础在于感知。审美感知是审美活动的初级阶段，受审美态度及审美立场的影响，如护理人员的仪表美、风度美、语言美、服饰美、行为美等。所以小刘的审美评价并不符合要求，小刘的行为也没有真正做到护理美。

要点提示

1. 护士审美修养的原则：以道德修养为前提，以内在美与外在美的统一为条件，以人的健康美、长寿美为目标。

2. 护士审美修养的目标：就是护士审美能力的不断提高和发展、审美境界的逐步形成和完善，以及护士审美个性的确立。它标志着护士审美教育和审美修养活动的有效，对护士的人生有积极的价值和意义。其具体包括创造能力和超越境界。

3. 护士审美教育的主要内容：护士审美教育绝不能简单地理解为美学理论知识教育或者单纯的音乐、美术、书法等艺术教育，即审美教育包含丰富的内涵。护士审美教育主要应包括以下几方面：美学理论知识教育、护理专业思想教育、护士职业道德教育、护士仪表形象教育。

4. 护理审美教育的意义：帮助护理人员树立正确的审美观，提高护理人员审美能力，培养护理人员审美创造力，培养护理人员完美人格、增进身心健康。

5. 护理审美评价的意义：在于将美学的基本理论及研究成果应用于护理学科体系，使一般的护理技术上升为艺术。这是适应护理学科发展的内在需要的结果，从而拓宽和提升了护理学的研究领域，有助于护理学美的确定、补充及完善。

思考题

1. 简述护士审美修养的意义。
2. 怎样理解护士审美修养是护理教育的自觉形式?
3. 简述护理审美教育的根本任务和内容。
4. 作为一名护生，你应该怎样自觉地接受护理审美教育?
5. 分析说明护理审美评价的基本原则包括哪些内容。

（胡志英）

第六章　护理人体美

学习目标

1. 知识与技能：能正确简述护理人体美的基本概念；能理解护理人体美的特征；能正确复述构成人体美的医学基础；能重点阐述护理人体美的基本构成要素及评价标准；能结合实际举例说明人体美在护理审美中的地位。

2. 过程与方法：通过人体美的学习提高学生对人体美的感知力、理解力，认识到维持自身良好形体对护理实践的重要意义；能够运用人体美的基本要素及评价标准指导护理实践，维持服务对象的人体美。

3. 情感与态度：能够运用本章节知识，结合临床实际工作，树立正确健康的人体审美观，自觉维护和塑造良好职业形体美。

案例 6-1：

近年来，越来越多的大学生为了提高自己的竞争力纷纷在假期或毕业之际进行整容，小张也是其中的一员。在当地电视台播出的一则广告上小张看到了希望，其拿着一张韩国明星的照片来到医院，要求医生要给其"换"成明星脸，打造明星精致的五官和纤细苗条的身材。如果你是护士，请思考：

1. 如何帮助小张对容貌、体型方面的自我形象正确管理？
2. 如何根据人体美的评价标准对小张进行形象设计？
3. 如何理解人体美对护理实践工作具有的重要意义？

案例 6-1 分析讨论：

现代女性对人体美要求不仅满足生理健康的美，而且追求饱满充盈的生命力。人体美不仅是线条、色彩、结构的美，更体现了气质、风度、身心健康的生命美。女性的美要体现柔美的曲线、匀称的体型、柔和的肢体，并能通过外表体现内心的智慧和精神的崇高。

护士是从事人类身心健康活动的知识女性，其形体要恰到好处地表现。护士每天穿梭病房照顾患者，任务之一就是协助患者康复，恢复其人体美的需求；护士与患者进行交流，健康充满活力的形体美，不仅是良好的身体形象，也是行动思维敏捷、产生护患交往愉悦之感的外在条件，更有利于护患之间的沟通。

自古以来，人类在维护和塑造人体美的进程中从未停止对美的追求。人体美是直观的、感性的，也是朦胧的、神秘的。自文明社会开始，人体美吸引无数的哲学家、艺术家、医学家及社会学家竞相探究。人体美亦称为形体美，是人体形体结构、姿态、色泽的美，更是人体自然形象和自然形象所表现出来的形式美。人体美是人类对于自身认识的深化，是人类社会文明进步的表现，并且与人类自身的发展息息相关。新的医学模式要求医学力求从人的社会性特征出发，以全面满足人的生物、心理和社会的全方位需要为目标，即增强人的健美素质，提高生命质量，力求使之生存得更加美好，使之在躯体上、心理上、社会适应及道德上既"健康"又"谐美"。医学人体美正是以人的健康为基础的现实人体美，主要研究的是体形美及其健康之美。护理人体美属于医学人体美的范畴，是医学人体美的重要组成部分。

第一节　人体美的特征、基础和条件

现代美学的观点认为女性的美绝不是苗条、纤细和羸弱，而是健康、精干、肌肉强健、富于女性的曲线，并能通过外表表达内心的智慧和精神的崇高。而护士被誉为白衣天使，是从事人类健康服务的使者，护士在与患者的沟通中需要维持良好的形体美，行动敏捷协调，给患者以美的视觉及心理上的愉悦。这是社会给予的荣誉，也是社会的期望。如何塑造护士良好的职业形象，不仅影响着患者的身心健康，对护理专业的发展也产生了重要影响，更对护理人体美的研究提出了更具体、更全面的要求。

一、人体美的概念

人体美（physical beauty）就是人体作为审美对象所具有的美，是人体在形态结构、姿势动作、生理功能、心理过程和社会适应等方面，处以健康状态下的协调、匀称、和谐和统一，是自然美与社会美的高度统一。从不同的角度认识，就有不同的含义。广义上人体美包含外在美和内在美两个方面：广义上的人体美，既包括人的身材、相貌、五官、体态、装饰的美，也包括人的风度、举止、言谈所表现出来的一种精神风貌和内在气质的美。狭义的人体美仅指人的形体和容貌的形态美。

人体美基本上属于自然美的范畴。但是它又有别于其他自然物，有自己的特点。人类的祖先不可脱离自然界遗传、变异、生存、竞争的自然规律。但经过漫长的岁月，人类社会赋予了人越来越多的社会特征，超越和升华了人的审美感受，使之成为塑造人类精神世界的重要力量。这就说明人体美不仅是自然的，而且是社会的。它本身就是自然进化和社会生产实践共同作用的结果，兼容着自然和社会的双重属性。人类社会发展至今，人的社会实践创造着一切也改变着一切，包括人自身的形体。现代人体是人类全部历史的产物。没有人的社会性活动，就不会有直立的腿、灵巧的手，更不会有灵活的思维和语言。人体的美不仅会受到自然环境的影响，也会受到社会活动的影响。它是自然存在物与文化符号的统一，是感性形式和精神内容的统一。

二、护理人体美的概念

护理人体美（nursing physical beauty）作为医学人体美的重要组成部分。它侧重于护理人员对护理对象的形体美及健康之美的研究，是帮助护理对象作为有机整体在形态结构、生理功能、心理进程和社会适应等方面都处于健康状态下合乎目的的协调、匀称、和谐与统一，从而使人的生命活力在形式与内容上达到高度的和谐统一之美。人体美包含着一系列成对存在的特殊的子概念，如现实人体美与标准人体美、体形美与结构美、功能美与生命美、体貌美与智能美、动姿美与气质美、外在美与内在美等。在这一切美的形式中，生命美是人体美的最高层次，生命赋予了人体美，有了生命的存在，人类才能够从事各种展示人体美的活动，如舞蹈、表演、体育等活动不仅充分展现出人体美的艺术，也在日常工作、学习和生活中展现出生命的价值与光彩。因而说人体美是富有形体美和生命活力美感的人体在自然美和社会美的基础上达到高度和谐统一的多层次系统。

三、人体美的特征

（一）人体美是形式美法则的高度聚集

任何美的事物都是首先通过形式美来表现其美而给人以愉悦感的。很少有什么事物的美符合所有形式美的法则，只有人体美聚集所有形式美法则于一身，几乎反映了所有美学规律。诸如对称、均衡、匀称、节奏、主从、和谐、整齐、对照、多样统一等形式美法则全方位地反映在人体的线条、色彩、结构及比例上来，从而使人体美成为大自然中至高无上的奇迹与造化。一般正常人体都表现为左右对称、比例均衡、线条柔和、体形匀称、动姿协调、眼神炯炯等美态。理想的人体比例关系是头部相当于身高的 1/8，肩宽为身高的 1/4，平伸两臂的宽度等于身长，乳房与肩胛下角在同一水平上，大腿的正面宽度等于脸的宽度等。人类从长期的审美实践中认识到各部分比例是否恰当是衡量人体比例美的基本标准。

由于人体聚形式美法则于一身，任何美的人体都应是一种“和谐统一的整体”。它在局部与局部、局部与整体、机体与环境、躯体与心理等对应关系上都是协调和谐的。如果人体由于疾病出现肢体残缺、或先天发育不健全等现象，就会破坏人体的均衡对称关系，也就破坏了人体美。

（二）人体美是内在美和形式美的统一

任何美的事物之所以美,在于美的特定内容与其美的特定形式的统一。人体美是以活生生的血、肉、情感、伦理和生命活力为内容，自然形成的一种有机的、社会的人体形式。它有三个特点：一是动态的，表现在运动中的和谐、韵律和节奏的律动上；二是相对易逝的，即人体的有机构成是复杂多样的，任何一方面受到破坏，均会损害人体美；三是整体一致，即人体的内在和外在各部分之间应是协调一致的。在欣赏人体美时，审美主体不仅通过直觉而产生富有生命力的美感效应，而且还能促成和增进其生命活力之美感与快感的综合性效应。

（三）人体美以人的生命活力之美为基础

在组成医学人体美的许多内容中，最富有魅力和决定性意义的是其中的生命活力之美，简称为“生命美”。人的生命美是人的全面本质的显现，是自然进化与劳动实践相结合的产物。人的生命美是由人的血、肉等有机物质材料与情感、思维、伦理等社会性要素相维系组合而成的一种最高层次的美的特质。可以从以下四方面来表述人的生命美的特点。

1. 生命是人体美的载体 生命是形态结构与生理功能相协调的合乎目的的和谐统一状态。在一般生命过程中，人都要经历生长、发育、生殖、衰老和死亡等几个阶段。人体的形态结构和生理功能是在生命过程中逐渐完善和发展的，而形态结构和生理功能正是构成人体美的重要医学基础。人体美具有如此巨大的魅力，就在于其具有生命力。完整的生命力本身就是一种美，割下来的手失去了可以依附的身体，它的灵活性、运动、形状、颜色等都改变了，慢慢它会由于缺血缺氧腐烂，丧失它的存在价值。只有作为机体的一部分，手才重新获得它的价值和地位。因此，没有生命就没有人体美，生命本身就蕴含着无可比拟的美。

2. 健康使人体美增色 健康是人体美的基础。护理工作是为人的健康服务的职业，更应该重视健康与美的关系，正确理解健美的各要素与人体美的意义。饱满充盈的生命活力是建立在健康基础之上的，是人的全面本质在人的生命活动中的显现，是自然进化与劳动实践相结合的产物。一个健康的机体必须具有健全的组织结构，各器官系统具有健全的生理功能，如神经-体液调节功能，能够自如地调节、代偿和适应体内外环境的变化。一个健康人应表现为肌肉发达、脸色红润、精神矍铄、步履矫健有力，具有风采，富有生命活力。脱离了健康的功能，就谈不上医学人体美。

3. 疾病和衰老使人体美减色 疾病无论是躯体的、心理的，还是社会状态上的不完满状态，往往会给机体带来病理性的改变，使某些器官组织的结构和功能发生异常，从而损害人体美。例如，肝胆系统、造血系统疾患引起的黄疸，可使皮肤巩膜呈现出柠檬黄、橘黄、金黄等各种黄色，这种颜色不但不能给人以色泽艳丽的美感，相反使人觉得是一种病态的异常表现，就是因为黄染部位与整体之间失去了正常色泽的平衡美。精神失调者则双目呆滞、缺乏动力，即便拥有再漂亮的容貌形体也会丧失美的感觉。衰老是一个必然的自然规律。随着年龄的增加，人体通常在 40 岁左右开始出现老化特征，如毛发失去光泽，头发脱落，下眼睑肿胀形成眼袋。老年人皮肤因皮脂腺分泌减少而无泽易裂、搔痒，由于表面粗糙、松弛、弹性降低而出现皱纹，皮肤调温功能下降，感觉迟钝，脂褐素沉积形成老年斑，从而出现不同程度的衰老征象，使原来健康的形体美减色。

4. 死亡使人体美消失　生命是个过程，死亡意味着人体生命活动走向终结。任何一个健康的被认为美貌的人，在其死后也会令人生畏，绝无美感而言。人在死后会随着时间推移发生组织分解，只有骨骼、牙齿等坚硬组织存留下来。可见原先在其生活中富有活力的人体美，随着生命活动的终结而最终消失殆尽。

现代人的审美观发生了根本性的改变，人们普遍追求健康的人体美。瘦弱的、病态的身体不再看作是美的，只有健康的身体才具有真正长久的人体美。

（四）人体美是美的普遍性与差异性的统一

医学人体美的形式是普遍性与差异性的统一。人们在按照美的规律对现实人体进行美学、解剖学、测量学、人类学等定性研究时，寻找到了许多人体美的标准，逐渐发展起来医学人体美的一般规律。人体美具有普遍性，一般人体都往往表现为左右对称、比例均衡、线条柔和、体型匀称、动姿协调等美的形态。

人体美既是统一的，又是多样的，是普遍性与差异性的统一。人体美的普遍性特征并不意味着千人一面，而是有差异性的。一般美貌人群的容貌比例也有差异，一般差异仅在5%以下，若超过这个比例，就可能形成脸部魅力的异化；若差异超过 10%，脸部的吸引力就会大大降低。随着差异比例的增大，“美”就逐渐地向“丑”转化，转化到一定程度就出现畸形状态。在人类历史发展过程中，不同人种、不同民族、不同地区、不同时代及不同文化背景的人群一般美学参数也有较多差异。它受社会政治、经济、文化各种因素的影响，有着鲜明的时代、民族、阶级的印记。不同地区大气中的各种物理参数，诸如气温、气压、温度及日照降水等是形成人种特征的重要因素。人类学家根据皮肤颜色、头发颜色和形状及眼睛颜色来区分人种。不同年龄段的人具有不同的人体审美标准，人体美与人的年龄相适应表现出不同的审美特征。例如，青春期，标志着人体发育达到成熟阶段，处于这个年龄段的青春男女，体格迅速发育，身高、体重的变化使男青年显得强壮有力，肩宽腰粗，下肢细长；而女青年则上身细窄，下肢丰满，充分表现出人体青春的健与美。人进入中年以后，随着年龄的变化、机体的衰老，骨骼发生退行性变，皮肤张力和弹性降低而松弛。不同性别的人体美也存在差异性，无论是容貌还是形体，男女之间都有着明显的差异性，这也是生物规律。除解剖学和生理学上差异外，从中国传统美学原则上看，男性主要以“刚”胜，表现为雄伟矫健，即所谓“阳刚之美”；女性以“柔”长，主要体现为温柔典雅，即所谓“阴柔之美”。男性体型呈倒三角，上宽下窄，不平衡，宜于动；女性体型呈正三角，上窄下宽，较为稳定，宜于静。

人体美虽有诸种差异性，然而在审美过程中，对人体美的审美评价却有一个共同的审美标准。人体美的审美评价不仅体现了人类自由创造力，也表现出人类现代价值观念、审美观念、思维方式及生活方式等，显示出人类历史进步趋向，并有助于人类走向进步。

（五）人体美是审美主体与审美客体的统一

没有离开客体的美，也没有离开主体的美。这意味着我们既不能在审美客体中寻找美的本质，也不能仅在审美主体中寻找，只能从审美的主体与客体的关系中去寻找。作为审美主体的人类，在长期的社会实践活动中逐步形成了审美意识；作为审美客体的审美对象，也不是自然存在的客观事物，而是在人类漫长的实践活动过程中，由与人为敌或与人无关的自然转变成的“人化的自然”。所谓人的对象化，则是指人在生产劳动实践中，通过自由自觉的创造性活动获得精神上的愉悦和享受，使人的本质力量在对象中体现出来。因此说，主体的审美感受和客观世界的美，都是人类漫长实践活动的产物。

人体美是一种具有人的全面本质的社会存在物之美。这种“存在物”具有丰富的社会情感和思维能力，具有强大的生命活力。当人体作为一种医学审美的对象时，就是医学审美的客体；当人体处于鉴赏他人或自我之美的状态时，人又是一种医学审美的主体。“爱美之心，人皆有之”，审美主体良好的审美情趣正根植于这种美好的人生境遇中。处于这种“美好人生境遇”中的人们，也往往能够自觉或不自觉地形成一种高尚的审美情趣，调动其既有的“人的本质力量”及其对美的无限追求和升华，从而“按照美的规律”来改变世界和改变自身，创造出物质的或精神的、艺术的或科学的美的奇迹。例如，医学环境中的所有人，包括医护人员及其服务对象，作为审美主体，他们都具有医学审美意识和能动地从事医学审美活动；作为客体，他们都是医学审美的对象，都力求按照人类健美的理想尺度来维护、修复和塑造自身之美，创造护理活动中的自然美和社会美，以增进人的生命美感为目的。这就包括了护理工作人员的职业形象美及对患者、健康者和第三状态者的自身之自然美、社会美的维护和升华。

因而，医学人体美不仅是自然的，而且是社会的；不仅是“大自然中最美的物体”，而且是社会存在物中的最高最美的形态，即美的世界的最高层次和最高理想的灿烂辉煌文化。

四、人体美的基本要素

人本是自然界的一员，是动物的一支。经过漫长的岁月，劳动使猿逐渐脱离自然界而演变为人，成为具有人性“灵”与“肉”的有机统一体。人类社会赋予了人越来越多的社会特征，然而从人的生理功能上看却始终不能脱离动物性。人体应当属于自然的范畴，人体之美本源属于自然美。人体美与其他任何美的事物一样，都必须遵循形式美的法则。从人体美的形态上来看，人体美的线条美、色彩美、结构美和比例美是构成人体美的基本要素。

（一）人体线条美

物体的表面是由大量紧密排列的不同形态的线条组成的，称之为轮廓或轮廓线。轮廓分为三种类型：直线型、曲线型和折线型。几何学里完全由直线构成外轮廓的立方体属于直线型，完全由曲线构成外轮廓的球体属于曲线型。但自然界物体的型不存在绝对的直和绝对的曲，所以这里讲的直和曲是相对的。人体的轮廓是构成人体形态美的基本要素，每一线条都有各自的审美属性。完整的人体与局部器官的轮廓线主要由曲线构成，因而曲线与人体美的关系最为密切。曲线包容着无穷多的直线，避免了单调和重复，构成的生活更富有弹性。被称为“英国绘画之父”的威廉·荷加斯认为波状线和蛇形线应该归属于曲线的范畴，波状线比任何线条都更能创造美。在花和其他装饰性的形体上，都可以看到这种线条，因此认为它们是最美的线条。而蛇形线却能赋予美以最大的魅力。在优美的形体上，直线比曲线少。

一般来讲，直线带来的感受比较直接、硬朗、端庄，给人以力量感和稳定感，理性上偏于冷漠；而曲线带来的感受比较圆润、柔和、幽雅，给人以韵律感，理性上偏于热情。两种线条搭配协调、刚柔并济、变化微妙，构成了丰富的人体线条美。男性一般肩宽、臀小、背阔肌大、腰围较细、上半身呈倒三角形。男性骨骼肌肉发达，肌肉强健，四肢匀称，体型线条刚健鲜明，转折处多为有力的折线。男性这种明朗开放的线条使其具有魁伟雄健的力量，表现出“阳刚之美”。

女性一般以曲线为主。女性骨骼较细弱，皮下脂肪积累较厚，体型线条柔和，转折处多为圆润的曲线和弧线。柔美曲线能展现女性特有的美。女性的腰部纤细圆润、曲线曼妙，从正面看明显比胯部窄；而从侧面看后腰与臀部又形成明显的曲线。女性背的上半部比男人窄，下半部较宽。弯曲的背部能使臀部外翘，胸部前挺。女性的形态美主要体现在两侧曲线的圆润及上起胸部下接臀部曲线的柔和变化之上。从侧面观女性的胸、腰、臀、腿一同构成了一组光滑的“S”形曲线，这种曲线线条柔和流畅、优美动人、韵态无穷，加上细腻质感的皮肤，使女性具有鲜活的生命力，显示出“阴柔之美”。

曲线是美的，而在所有曲线中人类的容貌和体型曲线是最美的。人体以其特有的生动、柔和、对称及和谐的曲线轮廓来显示人类动态与静态、局部与整体、局部与局部之美。

（二）人体色彩美

色彩美，是个人肤色和衣料搭配颜色的协调感体现出来的美感。色彩的审美特性十分明显，具有表情性，能够向我们传达一定的感情意味，引起人们强烈的情感反应。肤色是人体美的重要特征，面部皮肤是最吸引人注目的地方。健美的面部皮肤可以增添人的魅力，反映人的健康状况和精神面貌。中国古代就通过面色来观察身体的健康状态。中医诊疗评估患者病情时往往采用“望、闻、问、切”。“望”即色诊，是中医通过辨色来评估病情的方法，“色为气血之所荣，面为气血之所凑，气血变幻，色即应之，色之最着，莫显于面”。面部气色能反映人的健康状况。人的面色红润、容光焕发会给人以充满活力的美感，反之苍白无华、精神萎靡给人以病态之感。

人体的色彩可以分为人体的固有色彩和人体的装饰色彩。

1. 人体的固有色彩　主要指人的肤色和发色。人的固有色彩有严格的遗传性，不同的人种有不同色彩。当今世界主要有白色人种、黑色人种、黄色人种、棕色人种。究其原因，主要由遗传和皮肤中黑色素的多少决定。

（1）人体的肤色：长期以来人类学家根据肤色、发型及面部轮廓等外部特征和原始分布区域划分人种，分为黄色人种、白色人种、黑色人种和棕色人种。但是，人类对自身皮肤颜色的进化不断提出新的认识与挑战。有学者认为全球人类肤色的不同不仅受遗传控制，也是人类长期对环境适应的结果。其作用是调节紫外线辐射对人体重要营养物质的影响，以保证人类繁衍的成功。皮肤的颜色，主要是由皮肤内黑色素的多少决定的。黑色素是一种生物色素，能阻挡阳光中对人体有害的紫外线。人类皮肤的颜色，是进化过程中适应自然环境的结果。不同的人种对肤色有不同的审美观，黄色人种以黄里透红为美，白色人种以白里透红为美，黑色人种以棕黑色为美。无论哪种色系，只要拥有光泽、平滑、柔润和美感，都可以认为构成了人体美。

不同个体由于性别、环境及生活方式不同，肤色也有差异。一般而言，女性比男性肤色要浅。即使同一个体，不同部位肤色也不尽相同。一般阴囊、阴唇、乳头等处肤色较深，手掌和足趾部分肤色较浅。人体皮肤颜色在一定时期发生的微妙变化往往也预示疾病的早期信号，尤其需要注意。例如，皮肤和眼睛泛黄，是病毒性肝炎的急性期表现；健康人的手掌颜色红润，而患有肝病的患者手掌大小鱼际、手指掌面会出现粉红色胭脂样斑点，压之褪色，俗称“肝掌”，往往作为协助疾病诊断的重要信号。因而作为护理人员应持续而细致地观察患者的病情变化，为医生的诊疗及时提供动态的信息，同时也应注意保持患者的形象和尊严。

（2）人体的发色：由于种族和地区的不同，头发有乌黑色的、金黄色的、红褐色的、红棕色的、淡黄色的、灰白色的，甚至还有绿色的和红色的。东方人发质特性是粗黑硬重，因含碳、氢粒子较大较多，所以颜色深；西方人发质的特性是轻柔细软，因含碳、氢粒子较少，所以颜色较淡。无论人体的发色是什么，在步入老年后，头发都会不同程度变白。这是由人体衰老所产生的代谢功能降低、酪氨酸酶减少造成的。从发色来看，无论颜色深浅，只要头发富有光泽而不枯燥，具有健康发质的特征就是美观的。

健康美观的头发，一般要从头发的洁净、颜色、润泽、质地等方面判断，表现为头发清洁、整齐，没有头垢、头屑；柔润、有自然光泽、富有弹性；色泽统一、发根至发梢颜色无差异；不粗不硬、无分叉、无打结；头发无明显脱落、疏密适中，尤其发根要密度均匀；对外界物理、化学等有害因素抵抗力强。

2. 人体的装饰色彩　指的是除人体的肤色和发色以外的、对人体起修饰和点缀作用的色彩，主要指服饰色彩和化妆色彩。运用色彩来装饰自身是人类最冲动、最原始的本能，因而无论古代还是现代，色彩在装饰审美中都有着举足轻重的作用。通过对色彩视觉规律和色彩视错觉的运用，达到肤色、体态和色彩美的整体统一。人体的装饰色彩不仅能够强化人体固有色彩，还能弥补和改善人体的体态和人体的固有色彩，是人体色彩中不可分割的部分。

（1）人体的服饰色彩：服装的色彩设计应与人体的肤色、体态及性格相协调。人对色彩存在着视错觉，深色显得安定、沉着；浅色显得文雅、大方；冷色显得沉静、庄重；暖色显得热烈、奔放。我们选择自己的服饰色彩时，不能单凭自己的兴趣和爱好，而要考虑衣服的色彩是否适合自己的肤色。如果一位肤色呈浅褐色的女性，总是选择穿与肤色接近的灰色衣服，这种装扮会给人一种疲倦并且拖沓的感觉，让人觉得其没有朝气。在服装色彩各种因素的协调关系中，肤色是决定因素，是人体肤色与服装色彩的默契配合，是服装色彩整体美的重要因素之一。还可利用色彩视错觉来考虑具体的人体体态，采用适当的服装色彩，使其与着装后人的精神气质构成一种整体美感。在选择服装色彩时，体态较胖的人应避免采用扩张感强的高明度色，如雪白、鲜黄、橘红等，应使用统一色彩。而体型瘦小的人，宜选择扩张感强的明亮色调，使比例得到相对调整，产生视觉上的美感。从性格上看，性格开朗的人比较适合穿白色或暖色系的高明度、低彩度的服装，尽量少搭配黑色和冷色系、低明度、低彩度的服装；性格温和的人，比较适合柔和而彩度较低、中明度的服装，尽量少搭配高明度、高彩度的服装；理智深沉的人，可以选用柔和的冷色或黑色、白色，少选用温暖而强烈的色。此外人随着年龄的变化，在色彩的选择上逐渐向复色过渡，愈近成熟。青年人对色彩可能要求鲜艳、明快、活泼、对比强，以适应单纯、直观、活泼的心理要求。中年人对色彩则要求柔和含蓄、鲜明而不俗气、高雅而又大方，这是一种主观理智的色彩。老年人对色彩的要求是稳重、含蓄、雅致大方。

（2）人体的化妆色彩：色彩是一门艺术，也是一种社会科学。色彩不仅会体现在人们的衣、食、住、行中，也会体现在人们自我形象管理的人体美当中。化妆不仅可以提升人体的面部优点、弥补缺陷，也能满足个人的形象需要和愿望。化妆可以通过丰富人体的色彩感、增强色彩的对比度、提高人体固有色的和谐美来增强人体的美感。色彩的搭配不仅关乎妆容，也要和人的肤色、性格及服装的整体色彩互相搭配，达到协调统一的效果。从化妆角度来讲，肤色、性格是化妆色彩搭配的重要因素。在化妆中，色彩的冷暖关系在不同搭配下会产生不同的妆容效果。暖色艳丽、醒目，具有扩张感；冷色神秘、冷静，具有收缩感。冷色系妆容利用暖色点缀，则更能衬托妆容的冷艳。同样暖色在冷色的衬托下则会显得更加温暖。例如，偏黄色的肤色可选择偏紫色系妆容，因为冷色系会让偏黄的肤色看起来更加的柔和。偏白的肤色在选择色彩的空间上会相对较大，可选择较深的色彩来突出强烈的对比，也可选择浅色来表现柔和的效果。人的性格也会影响到整个色彩的搭配，个性开朗的个体适合比较鲜明的色彩，但要注意色度深浅的控制；比较沉闷内向的个性比较适合柔和的色彩，让整体感觉不显得那么冷酷；个性比较稳重成熟的个体适合沉稳但带有柔和的色彩，这样可以使面部看起来更加的简约大方。

（三）人体结构美

人体美在结构上的和谐统一，体现在人类对自身形体的比较和选择上。人们普遍认为，优美的人体应当是高矮适当的、胖瘦适宜的、各部器官大小适中的、比例和谐适中的。亚里士多德认为“美要依靠体积与安排，太长太大不能一览而尽的东西不能美，太小的难以感知的东西也不能美”。人体的结构是人的整体与局部、局部与局部之间的数学关系，是实现人体框架各部分和谐的基本要素。人体结构的美包括容貌结构美和形体结构美。

1. 容貌结构美 容貌居于人体之首，是人体最袒露、最引人注目的部位，同时也是人的性格、心灵及情感传递的窗口。容貌是人脑与外界信息传递最重要的通道和环节。容貌美是容貌形态结构、生理功能和心理状态所体现出的协调、均匀、和谐统一的整体之美，是评价人体整体形象美最主要的部分。人类的主要感觉器官如视觉、嗅觉、味觉、触觉等都集中在容貌中。容貌美蕴涵着丰富深刻的内容，包括了眉、眼、鼻、耳、唇、齿、颊、表情等的美。

（1）眉：作为容貌美的组成部分，突出于皮肤表面，富有立体感，更是人类心理情感的晴雨表。每当人们的心情有所改变时，眉毛的形状也会跟着改变，从而产生许多不同的重要信号。例如，低眉是一个人受到侵略时的表情，防护性的低眉是为了保护眼睛免受外界的伤害。一个深皱眉头、表情忧虑的人，基本上是想逃离其目前的境地，却因某些原因不能如此做。人在热烈谈话时，差不多都会重复做一些小动作以强调其所说的话，大多数人讲到要点时，会不断耸起眉毛。由于双眉的改变与面部表情和容貌密切相关，故被誉为人类情感的“七情之虹”。

（2）眼睛：一向被人们描绘为“心灵之窗”。生动的表情创造魅力，而眼睛则是“魅力点”。这说明眼睛的微妙变化可以表现人的各种情感，是容貌美的主要标志之一。一般认为美的眼睛应该是能表述心理活动和情绪变化的。眼神和目光可以表现人物的个性、德行和情绪，它随人的情感变化而变化，如冷淡的目光、怀疑的目光、忧伤的目光、恳切的目光、羡慕的目光、欢乐的目光等。虽然眼的形态千差万别，但理想的眼睛之美却有相同的判断标准：大而明亮的眼睛，眼角细长的眼睛，清澈的眼睛，是美的；细小的眼睛，臃肿的眼睛，下垂的眼睛，则是不完美的。例如，有的孩子眼球特别大，则有可能为一种病态，这就破坏了人体面部五官的和谐美。作为护士不仅要意识到眼睛的形态结构对人体容貌美的影响，更要意识到其对人体健康的重要影响。

（3）鼻：凸显于颜面的最前端，与相对凹陷的眼睛相互衬托，增强人的颜面立体层次感，有制约五官的作用。所以鼻素有“颜面之王”的美称。由于人种、地域、风俗和生活环境的不同，对鼻子的审美标准亦千差万别。完美无缺的人是不存在的，一个人的鼻子美不美主要是看其鼻子的形态结构是否符合本民族的特点和其鼻子在面部整体形态中的比例是否协调一致。一般认为鼻梁直才美，因为直是鼻梁的中心形式，直比突出、下陷或其他可设想的不规则形式要常见，高挺笔直的外形常为人们喜爱。但不同的地域、不同的民族、不同的人群的鼻部美学参数有一定的差异性。例如，欧美白人以高鼻梁为美，高鼻梁看起来挺拔、健美，并且可以有更好的使空气变暖的功能；黑人的鼻子则比较宽大；黄种人的鼻子较扁平、小巧。中国人颜面较纤巧，额骨处一般低平，鼻梁以小巧细窄为美；额骨鼻突至鼻尖，男性近似直线，女性微具凹弧；鼻端微翘曲线较柔和。

（4）耳朵：位于头颅两侧，左右各一。耳常称为位听器，包括外耳、中耳和内耳三部分。影响容貌的主要结构是外耳，有美化容貌的重要功能。虽然耳朵是缺乏表情和动感的器官，但却是头面部不可缺少的器官。它的存在及形态的完美与否，对容貌也会有重要的影响。耳的位置和形态完美可以使面部容貌更趋和谐、完美。

（5）口唇：口唇在面部的作用和在容貌美学中的重要性仅次于眼睛，有时尚胜于眼睛。达·芬奇的著名肖像画《蒙娜丽莎》的重点就在唇。由于唇是人的感情冲突的焦点，因此有人称它为“面容魅力点”。优美的唇型可以展示人的端庄、漂亮、秀丽、高雅和无限魅力。唇的长度一般的标准是以两眼平视时瞳孔的垂线为准，超过此线则太大。口唇过薄，会显得老态；过厚，则会使人显得木讷。唇的美与丑，不能脱离每个人的具体特征。只有与脸型相配、与五官协调、与性格气质相符的唇型，才能产生人的美感和魅力。唇的最大优势就是色彩美，一副醒目娇艳柔和的、健康的口唇可以成为展现女性风采及健康的表象之一。

（6）牙齿：是口腔的门户，呈弓形，整齐地排列于口腔之中，组成完整的牙列，发挥咀嚼、帮助发音和保持面部外形的功能。俗话说“牙齐三分美”，牙冠表面的牙釉质造就了“皓齿”，洁白整齐的牙齿给人带来美感。牙齿的形态、结构、颜色体现人体美。微笑更是美丽的起始点，而当人们讲话和微笑时，整齐而洁白的牙齿，更能显现人的健康和美丽。相反，如果牙弓发育不正常，牙齿排列紊乱、参差不齐，面容就会失去协调显得不美。如果牙齿缺失太多，唇颊部失去支持而凹陷，就会使人的面容显得苍老、消瘦。

（7）面颊：俗称“下巴”，位于面下部，上部与唇毗邻，下部为颜面的最下端，左右与颊部相延续。下颏部的高度、突度及大小对面部下 1/3 的高度与宽度乃至整个面型都有影响。在一定程度上，颏部的外形轮廓还可反映人的性格和气质特征。一般认为漂亮的面庞往往下颏发育良好、突度丰满，因而更彰显勇敢、果断、刚毅的性格。如果颏部发育不足并后缩，则显得胆小、优柔寡断。

（8）表情：人物表情变化是非常复杂和多样的，不同人物在不同情感下的面部表情变化都是不一样的。在所有的表情中，最具有美感的表情就是微笑。甜美的微笑犹如一副精致的素描画，需要明朗流畅的线条来支撑。美学修饰犹如给微笑增添了精美的框架。微笑时笑肌会牵拉皮肤，嘴角上扬，有些人则形成笑窝，俗称“酒窝”。在我国传统的美学观中，将有笑窝视为容貌美的特征之一。

2. 形体结构美 是一种自然现象，又是一种社会现象。人的形体结构美主要包括头部、颈部、肩部、胸部、腰部、臀部和四肢的结构美。人的形体结构也构成人的基本姿态：坐、立、行、卧。

当这些基本姿态呈现在人们眼前时会给人一种感觉，身体结构形态所显示的和谐匀称、端庄、挺拔与高雅，给人带来赏心悦目的美感（图 6-1，图 6-2）。

（1）头、颈、肩：人的头部近似球形，两侧较扁。额骨决定面部上 1/3 的基本形态，所谓“天庭饱满”，指额部形态宽大而前突。下颌角和颏部决定了面部下 1/3 的基本形态，下颌角的外展度较大的面型称为“地阁方圆”。颈部呈圆柱，对称适中，润滑而有弹性，细长有力，肌肉饱满，皮肤细腻，平滑有弹性且活动自如。在男性颈部的前正中有喉结突起，配上两侧强健的胸锁乳突肌，显示出男性力度之美；而女性的脖颈平滑、洁白、细腻、修长，形似优雅的天鹅的脖颈，所以常被形容为“玉颈”。女性细长锥形的颈部成为两性差异的明显特征。男性肩部宽大、厚壮结实，给人以阳刚之美；女性肩平薄窄，有娇小柔弱之感，给人以阴柔之美。

（2）胸部：人的胸廓呈扁圆状。男性胸廓大，胸肌发达、厚而宽；女性胸廓窄而圆，胸肌扁平，乳腺发达形成乳房。乳房美是人体美的一部分。男性乳房虽无生理意义，但也是男性重要的体表美学标志。女性乳房集哺乳、审美器官于一身，是女性重要的第二性征之一。发育正常的乳房使女性形体呈优美的“S”形曲线。一般认为乳房应圆润、挺拔、耸立、富有弹性，双侧大小合适、形状位置基本对称，乳头乳晕为粉红色，乳头呈圆柱形且略向上仰。

（3）腰部：是与躯干下部和腹部相对的背后、脊柱的两侧、上起第 12 肋骨下至髂骨嵴的区域。腰线是与腹中侧壁对立的曲线。腰部是上下躯体活动的枢纽，人体借助腰部活动才能做许多动作。腰部美主要体现在上下呈圆滑的曲线，即上接肩部和胸部、下延丰满隆起的臀部的优美曲线。该曲线像数学中的单叶双曲线。躯体之所以美，是因为上腰身部有凹点，下腰部又柔和地向臀部扩张。正是这种变化，使人的曲线有了美感。所以对于人体来说，不论是静态还是动态曲线美，脊柱腰段弯曲度的任何变化都会影响整个人体美的表达。男性饱满粗壮的腰肌充分体现了男性刚柔相济的魅力，因而人们常用“膀阔腰圆”形容健美的男性，表现出强大的腰部力量；女性腰部纤细苗条，腰椎前突明显，与胸椎后突共同构成“S”形曲线。腰部是女性躯体的第二个弯曲，也是女性线条美中最富有变化的部位。女性形体是否轻盈而飘逸，在乎腰部是否纤细圆润而柔韧。因而腰部是女性曲线美的核心。

（4）臀部：是腰与腿的结合部。臀部其骨架是由两个髋骨和骶骨组成的骨盆，外面附着有肥厚宽大的臀大肌、臀中肌和臀小肌及相对体积较小的梨状肌。臀的形态向后倾，其上缘为髂嵴，下界为臀沟。人体正立时，整个臀部呈方形，两侧臀窝显著。男女两性的臀部形态是有区别的，女性臀部形态丰厚圆滑，两髂后上嵴交角为 90°；男性臀部较小，呈正方形，棱角突出，臀窝更明显，两髂后上嵴交角为 60°。一般认为健美的臀部应该大小均衡、比例配合、紧实浑圆、前凸后翘，女性腰臀围比值大约是 0.7 时更能显出纤腰美的魅力。

（5）四肢：是人体中最活跃的部分，有大部分骨骼关节和肌肉。其在形态美学上的性别差异主要表现在皮肤的质和形体结构上。男性四肢骨骼、肌肉较为显露，关节韧带较紧，动作较生硬；女性四肢比例细小，皮下脂肪丰满，外表圆润，关节运动范围较大，韧带松弛，活动更灵巧。例如，女性的手比男性的手要小巧、纤细柔美，古诗中常称为“玉手”“纤手”；男性的手则厚实、粗壮有力。富有美感的手应是皮肤光滑，色泽红润，富有弹性且线条柔滑，动作灵活，能传达丰富的内心情感。而女性的腿应该白皙细腻而富有弹性，小腿肚应浑圆适度，脚跟应结实，踝部宜细而圆；男性的腿，则以健壮结实、棱角分明、肌肉显著为美，大腿应呈圆柱形，小腿以肌肉结实有力为美。

（四）人体比例美

在影响人体美的许多形式美法则中，“比例”是基本法则之一。人体比例是人的整体与局部、局部与局部之间的数学关系。只有整体与局部和谐、比例协调，才称得上一种完整的美。人体的各部分比例协调，就产生“匀称”“舒适”的感觉。由于东西方文化的差异，并没有绝对统一的人体比例美标准，影响力较大的有以下几种学说。

1. 达·芬奇人体比例学说　意大利文艺复兴时期著名艺术家达·芬奇用数学统计、天文学、解剖学和哲学等领域的知识，提出了人体美的比例标准。达·芬奇在其绘画《维特鲁威人》中不仅诠释了“完美人体比例”和“黄金分割”的基本概念，还对标准人体几何图形的应用给予了划时代的前瞻（图 6-1）。图 6-1 中人体自然的中心点是肚脐，以肚脐为界，上下身比例应为 5∶8，符合“黄金分割”定律。如果人把手脚张开，作仰卧姿势，然后以其肚脐为中心用圆规画出一个圆，那么其手指和脚趾就会与圆周接触。不仅可以在人体中这样地画出圆形，而且可以在人体中画出方形，即如果由足底量到头顶，并把这一量度移到张开的两手，那么就会发现高和宽相等。且两侧髂骨最高点连线还将身体分为上下相等的两段。此外达·芬奇认为健康青年男女理想的身材，应符合头长为身高的 1/8，肩宽为身高的 1/4，双臂平伸的长度等于身长，两腋宽度与臂部宽度相同，乳房与肩胛骨下端位于同一水平线，大腿的正面厚度等于脸的厚度，跪下时高度减少 1/4，卧倒时高度减至 1/9。达·芬奇认为人体凡符合上述比例就是美的。“维特鲁威人”也是达·芬奇认为比例最精准的男性，因此后世也常以“完美比例”来形容男性比例。这些观点时至今日仍是十分有探究价值的，可以作为衡量形体美的比例标准。

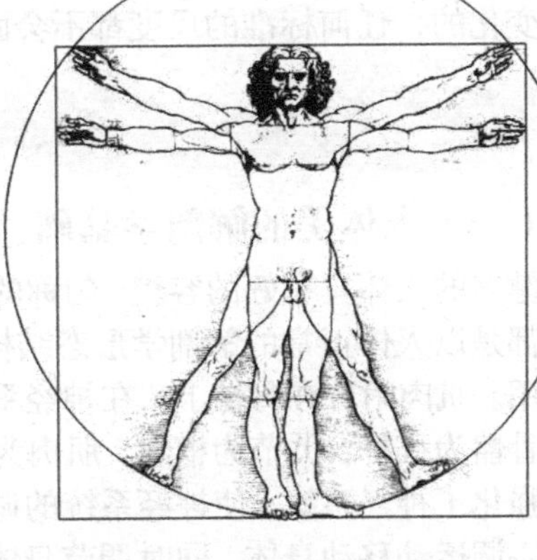

图 6-1　维特鲁威人

2. 人体的“黄金分割”　黄金分割率，即 0.618∶1 或近似等于 5∶8，是由公元前 6 世纪古希腊数学家毕达哥拉斯所发现的，从数学关系去探讨美的规律，并认为美就是和谐与比例。后来古希腊美学家柏拉图将此称为“黄金分割”，按照这种比例关系就可以组成美的图案。0.618 以严格的比例性、艺术性、和谐性，蕴藏着丰富的美学价值。人体是这世界上最杰出的艺术品，从面部到身体都遵循黄金分割率。医学美学家们指出，在一切事物中，符合黄金分割的形体总是最美的形体。在人体美设计中，黄金分割对确定人体器官各部位间的最佳比例数值具有重要的参考意义。以人的面部来说，脸的宽度和长度比值为 0.618 时，为最完美的脸型；在人体以肚脐来分割下半部与上半部的比例关系，上身长和下身长的比值为 0.618 时，是最协调的身材。此外我们的牙齿、耳朵宽度和长度的比值也都近似 0.618。人体的黄金分割是人体美的基础之一。人体存在 18 个“黄金点”，如脐为头顶至脚底之分割点、眉间点为前额发际至颏下的分割点、唇珠为鼻底至颏底之分割点、肘关节为肩峰至中指尖之分割点、膝关节为足底至脐部之分割点等；15 个“黄金矩形”，包括躯干轮廓、头部轮廓、面部轮廓、口唇轮廓等；6 个“黄金指数”，如鼻唇指数是指鼻翼宽度与口裂长之比、唇目指数是指口裂长度与两眼外眦间距之比、唇高指数是指面部中线上下唇红高度之比等；3 个“黄金三角”，如外鼻正面观三角、外鼻侧面观三角、鼻根点至两侧口角点组成的三角等（图 6-2）。

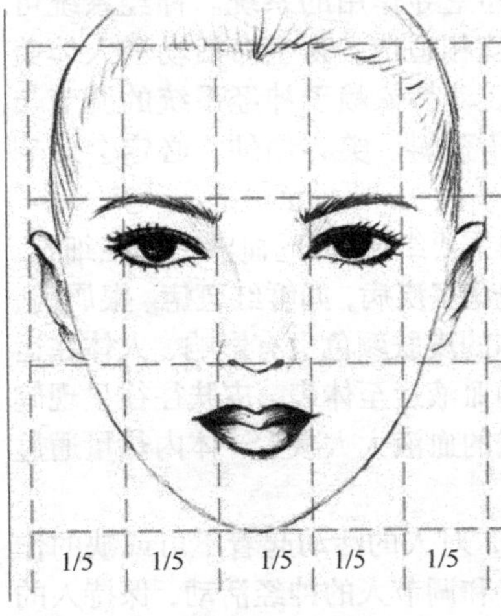

图 6-2　三庭五眼

我国传统中医学中也有丰富的人体审美蕴意，在古代论著《写真古诀》中，古人根据比较稳定的面部解剖标志，提出了“三庭五眼”的面部器官定位法，即发际至眉间、眉间至鼻尖、鼻尖至下巴，三段的长度相等而通称“三庭”；从正面看脸部最宽的地方为五个眼睛的宽度，两眼间距离为一眼宽，两眼外眦至两耳分别为一眼宽，即通称“五眼”，从而确定面部标准比例关系，对研究人体审美有着重要的价值，时至今日依然运用于现代的美容外科手术设计之中（图 6-2）。

在美容医学实践中，黄金分割可以作为一种标准尺度进行测量。但由于人体的美是多样性的、动态变化的，任何标准的尺度都不会固定不变，因而对人体美的测量不可教条。

五、人体美的医学基础

（一）人体美的解剖学基础

健美的人体具有好的容貌、匀称的体型、结实的肌肉、柔和而有韵律的线条，以及协调的比例。这些都是以人体正常的解剖学形态结构为基础的。正如我们所知，骨骼赋予人体基本形态，起着支撑作用。肌肉附着在骨骼上，在神经系统的支配下，肌肉收缩，牵动骨骼产生各种运动。这种运动是以骨骼为杠杆，关节为枢纽，肌肉为动力来实现的。运动是在中枢神经控制下产生的，反过来运动又强化了神经系统，使神经系统的调节更为灵敏和精确。例如，神经系统和内分泌系统指挥手和腿等协调运动移动身体，同时调节身体的循环系统、呼吸系统、消化系统、泌尿系统共同工作为肌肉提供能量，并将肌肉运动后产生的废物排出体外。

人作为一个有机的整体，不是各个系统的机械组合或简单相加。各系统中各要素也不是孤立地存在，而是相互关联、相互制约，构成了一个不可分割的整体，共同维持着机体的平衡。每个系统都有自己独特的生理功能和特点，它们的功能在人体正常运行中都起着重要的作用。每个系统功能的缺失和损坏都对人体健康产生着威胁。

（二）人体美的生理学基础

人体是一个微妙的、精细的整体。在健康状态下，人体循环、呼吸、神经、内分泌、消化、血液、骨骼、泌尿等各个系统，均以生理活动为中心，各守其位、各司其职，相互协调完成由大脑发出的指令，维持整个人体的生命活动。只有人体各系统功能健全，才会有健康的人体，继而有健康的体魄，才能赋予人体美。

人体神经系统是由脑、脊髓和其所发出的神经组成的。其不仅具有感觉、语言、运动及调节人体生理活动的功能，还具有维持身体平衡及协调心率、呼吸、血压等人体基本生命参数的功能。人体神经系统是人体主要的调节系统，也是对生命活动起主导作用的系统。神经系统可以调节和控制人体内部各器官系统的功能活动并使之与外界环境相适应，为生命活动和人体美的维持提供保证。例如，人体的主要感官耳、眼、鼻、舌等的活动都依赖于神经系统的调节与控制，如果患者因面神经麻痹而无法支配表情肌，就会出现口角歪斜、笑容僵硬，必定会影响人体美。

人体皮肤组织真皮层中含有丰富的血管，血液成为皮肤组织的重要组成部分。血液中的红细胞、血红蛋白及红细胞含氧量的高低，决定着血液的颜色。人体皮肤的众多疾病，如鲜红斑痣、银屑病、红斑狼疮等均与皮肤组织内的血管、血液有关。运动、温度对人体的皮肤颜色也有影响，人体在运动后由于骨骼肌运动，血液循环增快，血管扩张，使体内的热量随血液运至体表，皮肤往往呈现健康红润的色泽。人体处于寒冷的季节，皮肤血管收缩，使流经皮肤的血液大大减少，体内热量通过体表的散失极大降低；汗腺活动减弱，因而皮肤往往呈现苍白。

内分泌系统由内分泌腺和分布于其他器官的内分泌细胞组成，对人的活动起着不可或缺的作用。各种腺体不但维持和调节人体最基本的生命运动，而且还维持和调节人的神经活动，保持人的正常感觉、反射和思考，是人体精神活动的物质基础。正常情况下各种激素是保持平衡的，如因某种原因打破了这种平衡，造成某种激素过多或过少，就会导致内分泌失调。例如，内分泌系统功能的异常会影响人体美的展现。生长激素由脑垂体分泌，直接作用于全身的组织细胞，能增强新陈代谢，加速有用物质的合成和积累，有利于增加细胞的体积和重量，促进机体的生长，特别是能促进骨的生长。生长激素分泌不足，儿童起病表现为侏儒症，成人可有低血糖反应；分泌过多，可出现

“巨人症”“肢端肥大症”。肾上腺激素由肾上腺分泌，肾上腺产生的多种激素和青春期发育密切相关。肾上腺功能亢进时会出现满月脸、水牛背、腹围大、女性长胡须等。

传统中医认为气、血、津液是人体脏腑、经络等组织器官生理活动的产物，也是这些组织器官进行生理活动的物质基础。气，是不断运动着的具有很强活力的精微物质；血，基本上是指血液；津液，是机体一切正常水液的总称。从气、血、津液的相对属性来分阴阳，则气具有推动、温煦等作用，属于阳；血和津液，都是液态物质，具有濡养、滋润皮肤的作用，属于阴。中医认为津血同源，二者同属于阴。病理上，血液和津液互相影响。例如，失血过多，津液便渗入脉中补充血液之不足，由此也会造成津液的不足，出现口渴、尿少、皮肤干燥等症状。在人体美的体现上，皮肤水分的保持和改善与血和津液的关系非常密切。因此人的五脏健康、气血流动、筋脉充盈，间接反映在容貌上才能红润光泽、健康美丽。

（三）人体美的生物化学基础

生物化学是利用化学的原理与方法去探讨生命的一门科学，是介于化学、生物学及物理学之间的一门边缘学科。其主要研究物质的组成与代谢、细胞信号转导及大分子的结构与功能，包括糖、脂肪、蛋白质、水及各种无机盐、酶、维生素及激素等的物质。这些物质构成新陈代谢的基础，离不开人体美。在新陈代谢的过程中，各种物质都发挥着自己的作用，一旦失调则影响人体美。

碳水化合物在生命活动中的主要作用是提供能量。人体所需能量的50%～70%来自于碳水化合物。它也是构成组织和保护肝脏功能的重要物质，但过度摄入不仅不利于健康，还会引起肥胖、动脉硬化、高血压、糖尿病等疾病。

蛋白质存在于所有的生物细胞中，是构成生物体最基本的结构物质和功能物质。蛋白质是生命活动的物质基础，参与了几乎所有的生命活动过程。当蛋白质不足同时伴随能量缺乏时，表现为明显消瘦、生长迟缓、贫血、皮肤干燥及肌肉萎缩等。

维生素是维持人体正常生理功能所必需的营养物质。人体若长期缺乏维生素即可引起新陈代谢紊乱和出现病理状态，形成维生素缺乏症。例如，维生素A，具有维持视觉、促进生长发育、维持上皮结构的完整与健全和加强免疫力的功能，此外还与转铁蛋白合成、免疫、抗氧化等有关。维生素A缺乏时，可使泪腺上皮细胞受损分泌停止，使眼结膜、角膜干燥而引起干眼症，其表现为角膜、结膜干燥、发炎，严重时角膜软化、穿孔、失明。此外还可引起上皮组织萎缩、角化、皮肤干燥，呼吸道、尿道、腺体上皮病变，使机体抵抗力下降，易患感染疾病。维生素B_2，又名核黄素，是机体中许多重要辅酶的组成成分。它保证物质代谢正常进行，促进生长，维护皮肤和黏膜的完整性。人体缺少维生素B_2易患口腔炎、皮炎、微血管增生症等。

第二节　人体美的标准与评价

一、人体美生物医学条件

人的形态指标与遗传、地理环境、生活方式、年龄、疾病、心理都有十分密切的关系，影响体型美的因素有：

1. 遗传因素　遗传是一种生物现象，是影响人发展的主要因素之一。所有人的遗传素质有一定的共性和差异。例如，人们常说的“三翻、六坐、八爬、周岁走”就反映了人的遗传素质的发展过程中的共性。差异性不仅表现在人的能力上，也表现在高、矮、胖、瘦等人体型态上，还表现在感官和神经活动的类型上。有的人反应敏捷，有的人则迟缓，或喜静，或好动，或抑郁，或乐观等。这都反映了不同的人在高级神经活动类型上的个体差异性。眼球的黑色相对于浅颜色而言是显性遗传，孩子的眼球颜色会遗传父母偏向深色的一方。在身高方面，也体现了遗传的重要性。身高属于多基因遗传，而且决定身高的因素35%来自爸爸，35%来自妈妈，其余30%则与后天环境有关。肥胖体质也受遗传影响很大。有科学研究显示，单纯性肥胖具有遗传倾向，遗传因素对肥胖形成的作用占40%～80%，肥胖的父母常有肥胖的子女。近视与遗传有一定的关系，尤其是当爸妈均为高度近视时，宝宝近视的概率就会更大，即使不是一出生就近视，一旦受到环境的影响，就可能发展为近视。此外皮肤颜色、眼睛大小、体型等容貌受遗传概率较高。

2. 地理环境 是指与人类生活所处的地理位置相联系的各种自然物质条件的总和。它包括地理条件、气候条件、生态环境、自然资源等。人类在数万年的发展过程中，不同的地理环境，如阳光、气温、湿度和土壤等，不可能不对他们的体型、外貌产生一定的影响。从体型方面来看，我国北方人身材较高大魁梧，南方人身材较矮小。产生胖瘦差异的主要原因：其一是北方人的饮食中含脂肪、蛋白质等食物所占的比重比较大，尤其在牧区，牧民的饮食以奶制品、肉类等为主，使人容易发胖，而发胖又能更好地适应严寒的环境；南方人饮食以植物类为主，居民有喝茶喝粥的习惯，体内不容易积累脂肪，显得精瘦，瘦削的身体更有利于散热。其二是气候条件，北方气温比南方低，尤其是冬季，十分寒冷，加之白天时间短，风雪天气多，居民室外活动少，体力消耗不多，有利于积累脂肪；南方气候温暖，居民活动量大，消耗的热量多，不容易积累脂肪。

3. 生活方式 随着社会的发展，人们生活水平的提高，部分人形成了不良的饮食行为方式，例如，摄入过多的高热量、高脂肪、高蛋白食物导致肥胖，或在不当审美观念的影响下，过度节食导致神经性厌食症等，都会影响人体美。睡眠为生命所必需，关系到生长激素和松果体素的释放，此外睡眠时皮肤血管扩张，补充皮肤营养和氧气，带走各种排泄物，促进皮肤新生和修复，保持皮肤的细嫩和弹性；长期失眠则会加速细胞的衰老死亡。中医也认为“肝藏血”，即肝具有贮藏血液、调节血量的功能，并且认为人体血液循环与昼夜关系密切，在晚上11点到次日凌晨2点时如果能够获得充分的休息，就会气血畅通。如果生物钟紊乱，肝无法休息，就会“肝气郁结，血流不畅”，皮肤自然容易变得干涩、粗糙、晦暗。生活方式与健康关系十分密切，健康可以给人带来形态美、气质美和风度美，体现个体高质量的生命活力，从而来展现人体美。

4. 年龄因素 随着人体年龄的增长，肌肉组织形态结构和功能会出现一系列的退行性变化。从出生到老年，人们的皮肤发生着巨大的变化。皮肤的厚薄、角质层的功能、皮脂腺及汗腺的分泌情况都随着年龄的变化而不同。婴幼儿期皮肤网格状结构密度较成人高，细胞更新速度快，黑色素的生成少，抵御能力差，皮肤娇嫩细弱易损伤。进入青春期后，性激素分泌增多，人体第二性征开始发育，皮脂腺分泌旺盛，角质形成细胞增生活跃，真皮胶原纤维也增多，并由细弱变为致密，因此，这个时期的皮肤状况最好，皮肤显得坚固、柔韧、光滑和红润。但是由于青春期性激素分泌增加，皮脂腺分泌旺盛，所以易出现痤疮、粉刺、毛囊炎等皮肤病。到了中老年，皮肤含水量降低，皮肤变得干燥，真皮胶原蛋白减少，弹力蛋白变性，透明质酸减少，皮肤开始老化，在某些特定部位如眼角、前额等最先出现皱纹。脊柱在人体中的重要作用是不言而喻的，脊椎疾病影响着人们的健康和体型。随着年龄的增长，过度的活动和超负荷的承载，使腰椎加快出现老化，并在外力的作用下，继发病理性改变，使人体颈胸腰椎间盘出现不同程度的退行性变化，导致疼痛、弯曲，严重影响到人的形体美。

5. 疾病因素 某些疾病与体型有着密切的内在联系。例如，佝偻病引起的骨骼畸形在视觉上非常不美观。肝肾功能障碍时，机体会出现水、钠等离子代谢紊乱，水分滞留在体内，出现浮肿。骨折的患者若没有在骨折后及时采取措施，会导致关节无法恢复功能位，影响人体美。传统中医认为肾气盛则头发乌黑有光泽，肾气虚则头发干涩而枯黄。人类一切活动的基础是健康，人体美也是以健康为基础的。疾病给本应健美的人体带来了严重的后果，损害体型的匀称均衡，破坏了机体的和谐统一。

6. 心理因素 现代心理学研究认为，人的心理变化对机体健康、容貌美的影响是显著的。人在情绪忧郁、悲伤不安时，中枢神经系统受到抑制，对机体某些器官和腺体的功能失去调节作用，引起代谢紊乱，导致疾病发生，亦会损害人体美。而性格乐观、开朗的人，常常具有旺盛的生命力。

俗话说“笑口常开、青春永驻”就是这个道理。忧愁、烦恼、紧张的情绪也会引起毛发血管收缩，久而久之，使头发的营养供应发生障碍，影响头发的新陈代谢，造成脱发，影响美观。此外，医学研究还发现不良的情绪还会引发多种疾病，如颜面色斑、肥胖、面部神经性皮炎等疾病。即使一个拥有姣好容貌、匀称流畅形体的人，如果心理不健康，同样不能给人以美的感受，不能构成整体和谐的人体美。

二、人体美的标准和评价

在人类历史发展的过程中，人体美的评价标准多种多样。不同的学者受不同时代、不同地域、不同年龄和不同性别的影响而呈现各种不同的见解和尺度。本节对现代人体美的评价主要从体型与体重生物学标准、人体美的社会评价标准方面介绍。

（一）体型与体重生物学标准

体型是人体的外形特征和体格类型，是人体轮廓形态、姿势、左右度、弯曲度等要素的综合概括。骨骼、脂肪、肌肉构成体型的三大要素，骨骼决定了人的高矮，肌肉、脂肪决定了人的胖瘦。体型反映的是身体各部分的比例，如躯干上下之间的比例、身高与肩宽的比例、胸围腰围与臀围之间的比例等。男士理想体型为肩宽臀窄的倒梯形，女士理想体型为肩窄臀丰满的正梯形。体型的分类方法较多，本节主要从人体脂肪的蓄积量、肌肉的发达程度、体型指数、营养状态、体质指数和标准体重等方面介绍。

1. 以人体脂肪的蓄积量和肌肉的发达程度为标准 根据体型特征、肌肉与脂肪蓄积量多少可将人的体型分为瘦长型、中间型和肥胖型三类。

（1）瘦长型：其特征为骨骼细长，体重较轻，肌肉不发达，皮下脂肪少弹性差，头部小，面部瘦而窄，颈部细长，肩部尖而窄，胸廓狭长、扁平，胸围小，肋弓下缘为锐角，腹部短、扁平，四肢细长，骨盆扁薄，髂嵴明显。

（2）中间型：其特征为骨骼粗细适中、肌肉发达、皮下脂肪适量、身材匀称、比例恰当。此种类型介于瘦长型与肥胖型之间。

（3）肥胖型：其特征为身材胖、体重较重、骨骼粗大、肌肉发达、皮下脂肪组织丰厚、皮肤光滑润泽、头部较大、面部宽阔、颈部粗短、肩宽、胸部短宽而厚实、胸围大、肋弓下角大、腹部长、四肢粗短、骨盆圆润、髂嵴不明显。

2. 体型指数分类法 适用于15～60岁的成年人，根据身高、体重和胸围计算得出体型指数，见表6-1。本分类法有以下四种：

（1）皮-弗（Pignet-Vervaeck）氏指数：

$$皮\text{-}弗氏指数=\frac{[体重(kg)+胸围(cm)]\times100}{身高(cm)} \tag{6-1}$$

（2）罗（Rohrer）氏指数：

$$罗氏指数=\frac{体重(g)\times100}{身高(cm)^3} \tag{6-2}$$

（3）达（Davenport）氏指数：

$$达氏指数=\frac{体重(g)\times100}{身高(cm)^2} \tag{6-3}$$

（4）皮（Pignet）氏指数：

$$皮氏指数=身高(cm)-[胸围(cm)+体重(kg)] \tag{6-4}$$

表 6-1 体型指数分类法

指数	性别	瘦长型	中间型	肥胖型
皮-弗氏指数	男	≤81.9	82.0～94.2	≥94.3
	女	≤81.4	81.5～94.7	≥94.8
罗氏指数	男	≤1.28	1.29～1.49	≥1.50
	女	≤1.29	1.30～1.50	≥1.51
达氏指数	男、女	≤21	25～21	≥25
皮氏指数	男、女	≤50	51～55	≥56

3. 以营养状态为标准 营养状态包括了营养不良、营养正常和营养过剩三种状态。

（1）营养不良型：也称消瘦型。其表现为营养不良的体态，皮下脂肪较薄，皮褶厚度低于正常，肌肉松弛无力，肋间隙、锁骨上窝凹陷，肩、肋骨和髂骨窄薄突出，体重和体重指数明显低于正常。其主要通过体重、三头肌褶皱、上臂围等指标来测量。按照消瘦程度，营养不良又分为轻度、中度和重度。

（2）营养正常型：表现为营养状态及发育良好，实际体重与标准体重比值在正常范围，在−10%～10%。男性脂肪量为15%～25%，女性为22%～30%。

（3）营养过剩型：也称肥胖型。其构成身体成分中的脂肪组织量比率超过正常范围，表现为皮下脂肪丰满而有弹性，皮褶厚度增大，肋间隙及锁骨上窝变浅，肩胛部、腹部肌肉脂肪丰满，体重也超出正常范围。

4. 体重指数（body mass index，BMI） 由 19 世纪中期比利时的通才阿道夫·凯特勒（Lambert Adolphe Jacques Quetelet）提出，是国际上常用的一种衡量肥胖程度及是否健康的分级方法。通过把个体的身高及体重换算成BMI值，再与群体平均值对比，找出其与病发率的相关性。多项国内外研究显示，BMI值越高，患病风险与死亡率也相对增高。世界卫生组织（WHO）公布的BMI计算公式为体重指数（BMI）=体重（kg）/身高（m）^{2}（kg/m^2）。体重指数因年龄、地域不同，制订的标准也有差异，因此在 WHO 及亚洲人的 BMI 指数分级的基础上制订了我国的参考标准（表 6-2）。目前，国际上除了通用 BMI 来衡量肥胖外，腰围也是衡量腹部肥胖的一个重要指标，反映了腹部脂肪蓄积的程度。一般男性腰围≥85cm、女性腰围≥80cm 为腰部肥胖标准。

表 6-2 体重指数标准对照表

BMI 分类	WHO 标准	亚洲标准	中国参考标准	相关疾病发病的危险性
偏瘦	＜18.5	＜18.5	＜18.5	低（但其他疾病危险性增加）
正常	18.5～24.9	18.5～22.9	18.5～23.9	平均水平
超重	≥25	≥23	≥24	增加
偏胖	25.0～29.9	23～24.9	24～26.9	增加
肥胖	30.0～34.9	25～29.9	27～29.9	中度增加
重度肥胖	35.0～39.9	≥30	≥30	严重增加
极重度肥胖	≥40.0	≥40.0	≥40.0	非常严重增加

注：按照中国营养学会的标准，最理想的体质指数为 22，BMI≥28 为肥胖，28＞BMI≥24 为超重，BMI＜18.5 为消瘦。

5. 标准体重 体重是反映和衡量一个人健康状况的重要标志之一。过胖和过瘦都不利于健康，也不会给人以健美感。身高、体重是综合反映生长发育及营养状况的重要指标。身高、体重除受营养状况影响外，也受到遗传、种族等多方面影响。目前在我国尚没有统一的标准体重数据。我国常用的成人标准体重计算公式为 Broca 的改良公式：

男性：标准体重（kg）=身高（cm）–105（cm）　　(6-5)

女性：标准体重（kg）=身高（cm）–105–2.5（cm）

实测体重占标准体重的百分数计算公式：

$$\frac{\text{实测体重}-\text{标准体重}}{\text{标准体重}}\times 100\% \quad (6\text{-}6)$$

评价标准：实测体重占标准体重的百分数 ± 10%为正常范围，10%～20%为超重；超过 20%为肥胖；减少 10%～20%为消瘦；低于 20%为明显消瘦。

（二）人体美的社会评价标准

1. 以“健康”为美　人体审美观是人体文化的重要组成部分。现实的人体给人以美感，除其自身的形式美学规律外，广泛的人体文化背景是人体审美观形成的基础。医学技术的发展有效地提高了人们的生存质量，增强了人们健康意识。人们逐步认识到，只有健全的组织结构、功能、形态，良好的心理社会适应能力，机体才能更好地调节、代偿和适应体内外环境变化。这也就是说，只有健康的具有生命活力的人才能展现出人体美。因此，以健康为美的人体审美观逐步成为当今社会的时尚。

2. 以“生命”为美　以饱满的生命活力美为人体美的内涵是现代人对美所形成的共同审美观。所谓生命美是指人在生命发展过程中，包括在人的生理发展、心理发展、精神发展过程中，通过积极的自我意识，赋予自己生活丰富的意象并将自我的形象当作一个完整的人格反映出来，使审美主体在完整的生命形式中获得美的精神享受。随着社会发展及医学模式的转换，人们越来越认识到文化、审美对人体感官的重要作用，认识到人体审美源于生理本质却是文化问题，是人类审美实践中自觉组成部分，也是脱离自然状态、获得自我的重要标志。所以现代人除了注重形体美外，还注重人的形体中表现出来的精神特征和文化内涵，注重生活内容与个体功能活动相协调的合乎目的的和谐统一状态。例如，现代的各种选美竞赛已从传统的标准中走出来，认为只有将自身的修养、气质的蕴积、个性的发展、语言的表现力、心灵品质的开拓、形体和容貌这些因素有机融为一体的充满生命朝气的人，才能真正表现人体美。现代人体美已经涉及人的整体素质的提高，因此对人体美的重视已成为一个国家、一个民族审美意识提高的表现之一。

3. 以“个性”为美　随着科学文化的发展，人们对追求自身美的需求也越来越高。虽然大众对美的认识一般为五官端正，身体匀称，肌肉发达，脂肪厚薄适当，皮肤无色斑、白里透红、弹性良好，成人男性身高为 170～180cm，女性身高为 160～170cm。但是不同的人有不同的审美观，追求美不可能千篇一律、一个模式。现代科学的发展唤醒了现代人的自我意识，使其由单一向多元化发展。随着社会物质财富的增加、人们生活质量的提高，求美者力求以个性方式再现人体美已成为社会进步的重要表现。因此，追求个性美、创造个性美，是现代人在审美活动中孜孜不倦的目标。形体优美、动姿自然大方、气质风度雅而不俗，是当代人为自己设计的一个属于自我又取悦于社会的完美形象。生活中人们利用美容、化妆、发型、服饰来修饰自己的人体美已成为一门艺术。但是个性美不能脱离大众化的审美观，过度的崇尚个性，只会打破人体和谐统一的容貌与形体美。

第三节　人体美在护理审美中的地位

一、人体美是护理审美的核心

古希腊西塞罗曾经说道“优雅和美不可能与健康分开”。随着社会的进步及医学模式的转变，人们对健康的需求已从保障生命、保证生计、维持生长发展到享受生活、提高生活质量的高度。这就要求护士不仅要主动、系统、全面地了解患者的身心整体情况，遵循形式美的组合规律，努力地帮助患者恢复健康，最大限度地维护人体美；还要不断加强自身修养水平，提高个人整体素质，积极地为人群提供科学的健康指导，帮助其树立新的健康理念，认识到不良生活方式对健康的影响、对自身形体美与容貌美的影响，主动参与健康管理，最大限度地维护健康美。

护理活动是以人为中心的活动，而人具有生理的、心理的、社会的多层次的需要，这些需求的满足均会影响人体美的践行。对于健康或亚健康的人群，护理实践的任务就是协助服务对象满足他们对健康的需要，保持或促进人类健康；对处于健康危险中的人，护理的任务就是做好预防工作，将可能发生的医疗风险降到最低；对于患病者，护理的任务就是增强其自护的能力，协助患者康复；对于临终的患者，护理的任务就是减轻痛苦，使其有尊严平静安宁地走向人生的终点，并做好尸体护理。从美学角度来看，护理美学包含的护理美、护理审美及审美关系的美都是基于人体功能和精神状态及其所受的各种影响，并以对人体功能和精神态度所持的看法和态度为依据。当护士为肿瘤患者进行化疗时，护士不仅要考虑到药物外渗会使患者局部皮肤肿胀、疼痛及局部坏死，更要从审美的角度考虑患者对维持自身形象美的追求，因而在执行护理技术中要为患者做好心理疏导、选择合适静脉、熟练穿刺技术，才能减少护理操作带来的风险，维持人的健康与形体功能美。护理美学实践的任务就是维护与塑造人体美，以及有助于人体美的护理理论体系、护理环境、技术操作、护理人员的职业形象美的一种实践过程。它不仅是使疾病康复的过程，而且也是追求美、创造美的过程。

二、人体美是护理审美的目标

护理目标就是维护人的健康，而人体美是健康最直接、最感官动情的表现。人体美的维护必然成为护理实践的终极目标，并且贯穿于生命的整个过程。人体是一个复杂而协调统一的整体，人体的任何一个组织缺陷或功能障碍都是对人体美的损害。患者求医不仅希望能迅速消除疾病的症状，还有更高的要求，即从美学的角度来要求疾病的康复，希望能迅速消除损害人体的一切不良因素。患者由于疾病带来的不舒适状态，使其在穿衣、饮食、活动等方面都受到一定限制。但对美的追求是人的天性。护士应帮助患者处理日常个人卫生，包括整理穿衣、剃须、理发、梳头、洗脸等，使其保持整洁的外表，维持良好的自我形象，从而获得稳定的自信心。护士，作为患者健康的代言人，则有责任和义务尽自己最大的努力对患者进行诊断和护理，使之恢复功能的协调，使之成为身心完全健康、处于完美状态的健康人，以达到维护人体美的目的。

护理的目标除了恢复人生理上的健康外，还要致力于人的心理社会状态的完满与平衡。护理的目标是在尊重人的需要和权利的基础上，提高人的生命质量。它通过"促进健康，预防疾病，恢复健康，减轻痛苦"来体现。护理的目标不仅是维护和促进个体健康水平，更重要的是面向家庭、社区，为提高整个人类健康水平发挥应有的作用。从每一个患者的入院开始，人体美作为护理目标就出现了。一位刚刚分娩完的产妇，需要护士为其提供乳房的护理、会阴的护理及营养指导，以获得自身清洁的舒适、产后形体恢复及子宫的快速复原，从而更好地建立人体美的自信心。新生儿一出生，护士就要立即清除其口鼻腔中的分泌物，清洗身体除去胎脂，评估是否显现柔嫩红润的肤色，从而更好地评估新生儿的健康状况。因此护理实践的有效与否取决于人体美的恢复程度，护士的一切活动围绕着人体美展开，并以维持人体美为最终目标。

护士还应从心理上安慰、帮助护理对象正确对待疾病，以获得最佳康复效果，其目标就是保持人体美。例如，当护士需要给患者插胃管时，应向患者及家属讲清整个操作的目的和意义，消除患者的不安情绪并取得合作，使患者懂得暂时的人体美的损害是为了整体的、长久的人体美的恢复。护士工作中必须要考虑如何护理才能对服务对象的健康有利，选择与治疗、康复、保健有关的护理方案，从而获得最佳的护理效果，重现人体美，达到护理实践的目标。

三、人体美是护理审美的标准

随着医学护理模式的转变，护理领域可追求的美，不仅仅是外在形式的美，而是人在形体上、心理上和社会上对健康美的全面维护和塑造，这将在现代护理模式中逐渐得到充分的体现。现代护理的审美标准融人具体的护理实践活动之中，则是以恢复和增进健康为目标，以直接或间接的方式在护理理念、护理理论、护理方法、分级护理及护理质量标准等方面得以表现。在护理理论中，护士以人的整体健康为美，以实施有效的整体护理为美，以强调护理人员的自主性为美，以尊重护理对象的权利和义务为美，以高尚的护理职业道德和精湛的护理技术为美。其理念树立的标准有助于树立护士优质服务意识，避免和减少护理差错的发生，能在较高水平上维护患者和谐的身心健康。在临床实践中护士用爱心、耐心、细心和责任心照顾每一位患者，从生理上为患者清洗身体、沐浴更衣、处理伤口、维持体位；从心理上给予支持，让患者感到依靠。护士通过敏锐观察、缓解疼痛、维持舒适等表达对患者人体美的维护；护士通过安慰家属、最大化给予情感理解与精神支持，表达对患者生命及其家属的尊重。在护士的身上让人们体会到了生命的意义不在于对物质永存的执着，而精神的源远流长才具有真正的价值。

作为护理实践中的审美客体，护士的人体美不仅体现在准确、省力、高效、娴熟、优美的护理动姿，更体现在护士对患者的精心照顾、和谐融洽的人际关系、舒适整洁的护理环境。护士良好的仪表及精神面貌是患者心理舒适的基本条件，也是影响人的健康、展现美感的因素。患者从审美的角度观察操作中护士的姿态、面容仪表，以及对待患者的关爱和态度，从而与护理服务对象形成审美的主客体关系。

在特殊的医疗环境中，形体美不仅能使患者对护士产生良好的第一印象，也有助于护理人员个人能力的发挥，甚至直接影响医院的整体形象。护士应以人体美的规律为原则努力构建患者心目中举止文雅大方的形象，如衣着要整洁利落、步履要轻柔敏捷、不浓妆艳抹、不奇装异服，以维持良好的个人形象和医院形象的审美效果。护士注重人体美无论对于自身健康及职业发展，还是对于护理服务对象的影响都具有十分重要的意义。护理人员要进行适当形体训练和仪态培养，训练符合职业要求的行为规范是新时期医院管理对护理人员提出的更高要求。

要 点 提 示

1. 护理人体美作为医学人体美的重要组成部分，侧重于对护理人员、护理对象的形体美及健康之美的研究，促使人体的形态结构、生理功能、心理进程和社会适应等方面都处于健康状态下合乎目的地协调统一、匀称，从而使人的生命活力在形式与内容上达到高度的和谐统一之美。

2. 人体美是一种整体美，由多方面因素构成。一般认为人体线条美、人体色彩美、人体结构美和人体比例美是构成人体美的基本要素。

3. 健康是构成护理人体美的基础、条件及前提。健康的人体以正常的解剖学形态结构、各器官系统健全的生理调节、代偿和适应内外环境的变化及维持新陈代谢的物质间结构与功能作为人体美的医学基础，既反映了人体健康的指标，又构成人体美的外在表现形式。

4. 在人类历史发展的过程中，人体美的评价标准多种多样，不同的学者受不同文化的影响而呈现不同的见解和尺度。随着社会发展及医学模式的转换，人们越来越认识到健康、生命活力及个性特征对人体美的重要作用。

5. 在护理实践中的护士与患者形成了互为主客体的审美关系。护士的人体美不仅体现在准确、省力、高效、娴熟、优美的护理动姿，更体现在护士对患者的精心照顾、和谐融洽的人际关系、舒适整洁的护理环境。

思 考 题

1. 简述护理人体美的概念及特征。
2. 构成人体美的基本要素是什么？
3. 影响人体美的因素都有哪些？
4. 塑造自身的人体美，除了标准体重外还需要做哪些？
5. 测量自己的体重是否符合标准，如果不符合，请列出维持标准体重的月计划并连续进行测量评估。

（王　静）

第七章 护理环境美

学习目标

1. 知识与技能：熟悉环境、环境美的概念；掌握护理审美环境的概念；理解护理审美环境的内容及具体要求；理解特殊科室审美环境营造的具体要求。

2. 过程与方法：通过对护理审美环境要求的了解，掌握护理审美环境建设的方法。

3. 情感与态度：运用本章所学知识，阐述作为一名护理人员，应该怎样为患者提供美的休养环境。

案例 7-1：

"双蛋"快乐，医院送温情

如今，在节假日来临之际，人们相互间的祝福多了起来，街头的节日氛围也是比较浓重的，医院也融入了温情之中。

近日，记者发现海口市多家医院的门诊大厅摆放着大棵的圣诞树，医院住院部门前的告示牌上写着"祝病友元旦快乐"的字样。除了环境的布置以外，部分医院还给患者送上写着"新年快乐，万事如意！"的贺年卡。

问题：请结合本节的学习，思考医院心理性护理审美环境建设的内容及意义。

环境与人的健康有着密切的关系。环境质量好坏及如何更好地提高环境质量，使之有利于人类的生存和健康，是当今世界十分关注的问题。医院是一个特殊的环境，医院审美环境的研究是医学美学、护理美学、环境美学及医院建筑学等学科的共同任务。大量研究显示，美的环境能激发人的美感，保证心理情绪的良性发展，有利于人体的身心健康。医院是否能够为患者提供有益于治疗和康复的审美环境，既是关乎医院建设和发展的主要内容，也是全体医护人员所要重视的问题。

第一节 研究护理审美环境的意义

一、环境与环境美

（一）环境美的概念

环境（environment），是人类赖以生存和发展的各种自然条件与社会因素的总和，包括自然环境和社会环境两种形态。自然环境，是指由影响人类生存的各种因素如大气圈、岩石圈、水圈、土壤圈和生物圈所组成的彼此渗透、彼此制约和彼此作用的复杂的物质体系。社会环境，指人类创造出来的人文环境，由影响人类行为的因素如聚居环境、心理状态和社会过程等相互交织而形成的人工环境，主要包括家庭、同辈群体、工作单位、大众传播媒介、社区和文化等。

护理理论学家罗伊（Roy）把环境定义为"围绕和影响个人或集体行为与发展的所有外在因素的总和"。环境、人、健康和护理被公认为是影响护理实践的四个基本概念，环境与人相互作用、相互依存。一方面，人类通过自身的应对机制适应并改变环境；另一方面，环境的优劣也不断影响着人的健康。护理的环境不仅包括自然环境和社会环境，也包括与护理专业有关的治疗性环境。

环境美是人们赖以生存和发展的周围空间条件的美，是人对环境的审美功能做出的一种主观评价。广义的环境美包括山川河流、气候风光等自然环境的美和社会风俗习惯、道德法律及人与人的关系等社会环境的美。狭义的环境美即人们生活、学习、工作的具体环境场所的美。物质文明是环境美形成和发展的基础，精神文明则为环境美发展的灵魂。环境美不仅可以满足人的审美需要，使人得到愉快的精神享受；还是审美教育的一个重要手段，促进人“行为美”和“心灵美”和谐发展。

（二）环境美的分类

1. 自然美 大自然是美的源泉，大自然的色彩美、线条美、动态美、听觉美、嗅觉美等使人心旷神怡。起伏的山峦、茂密的森林、蜿蜒盘旋的山路、朦胧的夜色等自然美景，可以使人消除疲劳、神清气爽。相反，一个被污染破坏的伤痕累累的生态系统，则使人感到身心疲惫、情绪低落。

2. 人文景观美 包括农业景观美、园林景观美和城市景观美。

（1）农业景观美：作为人类对自然认知及审美的一部分，集中体现在农业生产劳动和农民的日常生活上，农业景观是人与自然共生共荣的生态景观，人在大地上耕种，以自然田野为背景，以绿色田畴、蓝天白云为衬托，伴之以大自然的流水声、风声、雨声，韵味无穷。如今，更有很多企业走农旅融合发展战略，把农业基地打造成旅游景点，把农产品转化成旅游地商品，将地方特色与文化禀赋、农业资源与旅游要素相结合，以生态农业为基，以农耕文化为魂，以美丽田园为韵，大力拓展农业休闲旅游发展空间，走出了一条乡村旅游发展新路子，将农业景观美淋漓尽致地展现给大家。

（2）园林景观美：是一种以模拟自然山水为目的，把自然的或经人工改造的山水、植物与建筑物按照一定的审美要求组成的建筑综合艺术的美。园林有着凝固于空间的节奏、旋律、音调和乐境，融入了人们包括美学追求在内的环境的再造。颐和园依山傍水、园中有园，错落有致的景物倒映在波光万顷的昆明湖上，玉带桥的优美曲线令人称赞不已，让中外游客叹为观止；苏州园林，富有浓厚的文化意味的匾额对联，园中植物的人格象征意义，空间布局的收放、虚实，都是园林美的典范。

（3）城市景观美：包括城市的物质文明和精神文明建设两个方面，也就是人们常说的市容、市貌和形象等。城市景观是指景观功能在人类聚居环境中固有的和所创造的自然景观美，可使城市具有自然景观艺术，使人们在城市生活中具有舒适感和愉快感。随着城市可持续发展、园林城市、生态城市理念不断深入人心，许多城市开始意识到建设生态基础设施的重要性，从早期的过分追求城市环境的美化与装饰等形式美，转化为以“足下文化与野草之美”为代表的生态城市建设。“闲花野草”是近些年我国城市园林建设选材的新方向，在体现景观的特色化、乡土化，构建节约型、生态型园林，营造自然野趣的意境等方面发挥着积极作用。

3. 社会美 即人类社会生活的美。它来源于人类的社会实践，是社会实践的直接体现。社会美首先体现于人类改造自然和社会的历史过程中，同时也体现在人类社会实践的成果中。在征服自然，改造自然和变革社会的实践中，人的本质力量不断得到发挥，人类主体实践的巨大力量，如人的智慧、品德、意志、性格、创造力等得以充分展现。在此过程中，人们认识到人类实践力量的崇高与伟大，由这种对自身才能与力量的积极肯定而产生的一种愉悦情感，人类的劳动活动本身获得了审美的价值。社会美还存在和表现于静态的人类劳动的产品上，在感性成果中，凝结了人的本质力量，物化了人的审美心理的因素。人按照美的规律创造着自身。人的美是社会美的核心，可分为外在美和内在美两个方面：内在美包括人生观、理想、修养等，需要通过外在的行为、语言、风度等形象表现出来；外在美主要是形式的美，显现着内在美，但又具有相当独立性。

（三）环境美的性质

1. 环境美的整体性 环境是一个有机的整体。一般来说，能唤起一个人的审美体验的，常常是视野和其他感官所及的环境整体。环境美不等于环境构成因素的简单相加，而是各种不同的元素相互作用的产物。各种构成环境的因素其相互作用产生的审美效应不等于它们的简单综合。整体性除了体现在相邻的物质性因素的相互作用上，还体现在人的活动与物质性环境的统一。

2. 环境美的生态性　从宏观来看，环境是地球生态系统的一个断面，纳入整个地球的生态网络之中。地球上的生态系统，分为地球与宇宙的关系与地球本身各种存在物之间的关系。生命是需要光能与热能的，这些能量来自太阳。地球成为最适合生命生存的环境不仅因为它与太阳恰到好处的关系，还与它的大气层有重要关系。地球的大气层不仅提供了地球生命必需的各种气体，还有效地阻挡了太阳对生命的有害辐射。从审美来说，正是因为有了大气层，天空才如此绚丽多姿、变化万千、美不胜收。更重要的是，从地球本身各种存在物间的关系来看，地球上生命的存在和发展与无机物有着密不可分的关系，人体的许多元素，就来自无机物。水不仅是生命之源，而且是地球环境美之源。正是因为有了水，地球才充满蓬勃的生机，充满丰富的色彩，充满魅力无穷的美。地球上的生物之间存在极为重要的食物链，任何一种物种的灭亡或过度发展，都会影响其他生物的生存。人类的过度繁衍、开采与污染，已经造成了生态的失衡，这种失衡反过来将会危及人类的生存。因此，环境美是整个生态系统的美，一个环境的生态平衡被破坏了，美就无所依附。

3. 环境美的文明性　环境中有人类物质性活动的痕迹，也有人类精神性活动的投射。所以，环境美不仅仅是自然的产物，也是社会文明的产物，是社会文明的体现，或者说它本身也是一种文明。例如，东岳泰山具有很高的审美价值。它的审美价值首先来自于它的观赏性，即雄伟险峻，景观奇特，包括它的山形、奇石、植被和云海。除此以外，泰山的美在更大程度上与它的精神意义有关系。首先，泰山是中国皇帝的封禅之地，自秦始皇起，历朝皇帝都将泰山封禅视为头等大事，用以祈祷国泰民安。其次，泰山是中国道教名山，在我国道教的发展中发挥了重要作用。再次，历代不少文人墨客登临过泰山，孔子的“登泰山而小天下”传为佳话，杜甫的“会当凌绝顶，一览众山小”成千古绝唱。历代赞颂泰山的诗词、歌赋多达1000首，都在很大程度上为泰山增添了美学意义。

4. 环境美的真实性与生活性　加拿大学者艾伦·卡尔松提出景观欣赏具有“如画性”，就是说景观具有艺术美的性质，但是环境构成的景观与艺术形象有很大的不同。艺术形象是虚拟的存在，是人们的一种精神性的享受。艺术的非实用性保障了它的纯精神性与非物质功利性。景观是真实的存在，环境美的真实性联系到它的生活性。在环境的诸多功能中，审美欣赏只是其中的一项，人们实际上是生活在环境中，而不是将环境单纯地当作一出戏或一幅画来欣赏。生活是第一位的，审美只是生活的派生物，如果要说欣赏，那也是在生活中欣赏。在一定的环境中生活，在生活中审美，而且审美性质与效果在很大程度上受限于生活质量。这是环境美重要的甚至于本质性的特征。

5. 环境美的宜人性　环境既然是人的生活场所，它的美必然具有宜人性。环境的宜人性体现为生理的、心理的、文化活动的宜人性。

生理的宜人性可以分为3个层面：首先指感官的宜人性。环境对人感官的满足是多元的，也就是说，人的所有感官都可以在与环境的接触中感到舒适。如环境中清新好闻的气味和清爽洁净的空气。其次是健康的宜人性。较感官宜人性更高的层面是有益于健康、有益于人类的生存与发展。如空气是否清洁、是否有噪声、饮用水质量等。最后是宜居性。比如沙漠，旅游者可能对它很感兴趣，摄影师也喜欢将它作为拍摄对象，但是它不适宜居住，不能说是优秀的环境。既适合于居住，又具观赏性的环境是理想的环境。

心理的宜人性主要是指情感上的愉悦。刘勰在《文心雕龙》中说的“登山则情满于山，观海则意溢于海”说的就是这种心理上的宜人性。心理上的宜人性既有群体性的，也有个体性的。环境对于人的心理上的宜人性更强调群体性。也许香烟的气味对某人有特殊的愉悦感觉，但是对于绝大多数人来说，有烟味的环境不能说是宜人的。

社会文化的宜人性主要是指人文社会环境，但是也与自然环境相关。社会文化的宜人性涉及的面非常广泛，其中最重要的是民族的生活习惯和宗教习俗。

二、护理环境美的概念及意义

（一）护理审美环境的概念

护理审美环境是直接或间接作用于护理系统的各种要素的总和，是指有助于增进人的美感、以维护个体或群体身心健美与健康为目的、优美、舒适、安全的护理环境，包括生理性审美环境、心理性审美环境与社会性审美环境。在当今医学模式已由生物医学模式转变为生物-心理-社会医学模式的前提下，护理审美环境应对患者的身心状态有积极的影响，并具有治疗作用，能满足患者的生理、心理及社会性需要。

（二）研究护理审美环境的意义

护理审美环境的建设和发展，是提高护理质量不可缺少的环节。随着护理质量的提高，势必会产生相应的价值。其主要包括护理效果价值、护理发展价值和社会效益价值。

1. 护理效果价值

（1）护理审美环境可以作为良好的精神调节方式，调节人的情绪，促进疾病的康复。审美环境具有审美的属性，能使人产生和丰富美的感受。美感的愉悦往往伴随着自主神经系统功能的平衡，有利于疾病康复。

（2）各种现代化诊断疗仪器不断推出，为争分夺秒抢救患者生命提供了有效保证，同时也给患者带来了种种不良的刺激。因此，要正确、合理、科学地安排室内环境，争取做到既符合审美要求，又减少对患者的不良刺激。这也是护理审美环境的临床价值所在。

（3）护理审美环境力求最大限度地给患者输入有利于身心健康的良性信息，避免各种恶性信息对患者的侵害，使患者处于清洁、幽静的环境中，有助于情绪稳定，避免急躁和片面性。同时，良好的心态有助于人际关系的融洽，对于护理工作的开展至关重要，也是提高护理质量的重要条件。

2. 护理发展价值 由于以人为中心护理模式的转变，护理的工作场所由医院向社区、家庭等场所延伸。这样便扩大了护理审美环境的范围和职能。同时护理审美环境的建设与完善，从理论上、实践上支持了护理模式的转变，也推动了现代护理学的发展。

医院开展医疗服务的目的是服务于人群、服务于社会，因此，医学审美环境的营造要考虑到不同人群的不同需要，以及特殊科室的特殊需要。这就为护理专业在医学审美环境中的营造提供新的研究方向与发展空间，从而体现了护理发展价值。

3. 社会效益价值 护理审美环境可以有效地促进患者康复，提高疾病的治愈率。这势必会从多方面给临床医疗护理工作带来直接的经济效益和社会效益。直接的经济效益，就是治愈率的提高可加快医院周转次数，增加医院的经济收入，促进医院的建设；社会效益，就是治愈率的提高使患者康复速度和康复质量随之提高，减轻了社会医疗资源的负担，同时又确保更多的健壮劳动力坚持在工作岗位上，为社会创造更多的财富。

第二节　护理审美环境的研究

医学的功能在于治病和保健，服务于健康和非健康的人群。所以，凡是有利于产生和丰富人类的医学审美感受、增进其身心健康的和谐客观环境，就是医学审美环境。医学审美环境脱离不了医学审美的范畴，通过心理的中介来营养和滋润主体人的生命系统，在宏观医学模式中，分为生理性医学审美环境、心理性医学审美环境和社会性医学审美环境三个基本类型，以分别满足人的五官感觉感觉的人性和自我实现三个方面的审美需求，从而达到身心健康的目的。作为医学审美环境的一个重要组成部分，护理审美环境也是从生理性护理审美环境、心理性护理审美环境和社会性护理审美环境三部分来阐述的。

一、生理性护理审美环境

生理性审美环境是患者对审美环境的基本需要，着重满足人的五官感觉方面的审美需要，在感官的宜人性得以满足时，才有对健康宜人性及生存与发展宜人性的更高追求。在生理性审美环境的欣赏中，人们往往通过视觉、听觉、嗅觉、触觉等感受到美好的世界，所以生理性护理审美环境主要包括色彩环境、光环境、音响环境、嗅觉环境及热环境等因素。

（一）色彩环境

我们生活在多彩的世界里，赤、橙、黄、绿、青、蓝、紫装点着我们的生活，美化着我们的环境。因此，只有多色彩的病房空间环境才能使患者消除对单一的“白色”病房所产生的恐惧、紧张等不良心理。在自然欣赏、社会活动方面，色彩在客观上是对人们的一种刺激和象征；在主观上又是一种反应与行为。色彩的直接心理效应来自于色彩的物理光刺激对人的生理发生的直接影响。美国色彩专家吉伯尔（W.Gerber）认为色彩是一种复杂的艺术手段，不同的色彩带来不同的感情反应。西欧学者将色彩分为三类：视觉上主要是生理的舒适与厌恶，情感上主要是高兴与悲伤，另外是色彩的民族习惯性，所有这些都说明色彩对人的重要性。护理环境中，利用色彩来调节人的情绪和心理，可给人以清新、宁静和干净的意境感受。病房色彩总的原则是在保证使用功能的同时，选用对患者康复有利和使人心情愉快的色调（表 7-1）。

表 7-1　色彩的辅助医疗功能

色彩名	色彩的辅助医疗功能
红色	能促进血液流通、加快呼吸，对麻痹、忧郁病患者有缓解作用
粉红色	给人以安抚和宽慰，激发活力、唤起希望
橙黄	促进血液循环、改善消化系统，对咽喉等病有疗效
黄色	能适度刺激神经系统、改善大脑功能，对神经系统疾病有疗效
绿色	安抚情绪、松弛神经，对高血压、烧伤、感冒的患者有益
蓝色	缓解肌肉紧张、降低血压，对肺炎、神经错乱的患者有效果
紫色	缓解疼痛，对失眠、神经紊乱可起一定的调适作用

护理环境色彩营造应注意以下问题：

（1）护理单元除有医疗功能的专用空间外，一般大面积的色彩宜淡雅，宜用高明度、低饱和度的调和色，建筑群的色彩应统一、协调以形成基调。

（2）小面积的标志物、诱导图标应色彩亮丽，对比鲜明；各类标志应按领域对色彩、字体、尺度、图案等要求综合设计，既要协调、统一，又要利于识别。

（3）住院期短的科室，北向或北方寒冷地区的医院多用暖色调；住院期长的科室，南方炎热地区或南、东、西向的房间，宜用冷色调。

（4）儿童的病室可用色彩亮丽、明快的饰物、玩具和家具，以活跃气氛。

（5）为使色调协调统一，在同一领域内的墙面、地面、顶棚、墙裙、踢脚等位置的做法、用料和色彩应尽量一致。不同领域可稍有变化。

（6）注意光色变化、视觉残像对医疗工作带来的负面影响。一般诊断治疗用房不用彩色玻璃窗和深色面砖，以免反射光改变患者皮肤和体内组织器官的颜色，而干扰医生的正确判断。

知识拓展

色彩的秘密

1. 色彩使时间变快或者变慢　色彩可以使人的时间感发生混淆。心理学实验发现人看着红色，会感觉时间比实际时间长；而看着蓝色则感觉时间比实际时间短。很多快餐店的装潢以橘黄色或红色为主，这两种颜色虽然有使人心情愉悦、增进食欲的作用，但也会使人感觉时间漫长，如果在这样的环境中等待，会越来越烦躁；而医院大厅一般为淡蓝色或其他冷色调，让人感觉舒缓镇静，减少等待中的焦虑不安。

2. 前进色与后退色　红色、橙色和黄色等颜色看起来向上凸出，使物体的视觉效果变大，为前进色；蓝色和蓝紫色等颜色看起来向下凹陷，使物体的视觉效果变小，为后退色。在医院合理搭配前进色与后退色则可以减轻给人的心理压迫感。

3. 色彩的重量　有人通过实验对颜色与重量感进行了研究，结果表明黑色的箱子与白色的箱子相比，前者看上去要重 1.8 倍。此外，即使是相同的颜色，明度低的颜色比明度高的颜色感觉要重。

在第二次世界大战后，美国的色彩专家率先将“色彩调节”技术应用于医院的手术室中，将白墙刷成绿色，不但能稳定医生的情绪，还能消除医务人员久视血红色引起的视觉疲劳。这一改进大大提高了医务人员的工作效率。

（二）光环境

光环境是由光（照度和布置）与色（光的饱和度、色调及显色性）在内部空间中建立的与空间环境有关的生理和心理环境。病房内光线的亮度和方向，应该根据患者的病种、病情、性格进行调整，并和医疗护理工作的需求保持一致。正确运用光线，不仅能够消除光线对眼睛的刺激，还能使医院环境舒适、温暖，给人带来心理上的放松、愉悦。医院的采光分为自然采光和人工采光两种。

1. 自然光　作为一种自然现象，利用光影的效果给人以强烈的视觉变化。柔和的自然光不仅给人一种恬静、悠闲、舒适、愉快的感觉，而且有益于健康。适度的光照可以有效改善皮肤和组织的营养状况，促进食欲。在冬日，温暖的阳光能促进血管扩张、加速血液循环，给人以身心放松、愉悦的感觉。同时，日光中的紫外线具有很强的杀菌作用，可以增强体质、预防疾病，还可以促进钙的吸收。因此在医院光环境设计中尽可能、最大限度地用自然光来满足患者心理及生理需求，同时达到节能的效果。但是要注意，过强的光线直射可能会造成患者眩晕。所以，在夏季或者午休的时候，应使用浅色的窗帘遮挡，使耀眼的光线变得柔和，给人以凉爽的感觉，以有利于患者休息。

2. 人工光　从人的心理习惯来说，自然采光是首选的采光方式，但是由于医院的特殊性，人工采光同样重要，尤其在满足夜间照明及特殊诊疗和操作的要求方面。对于畏光的患者、破伤风和先兆子痫等情况，应采取避光保护措施；为协调夜间治疗、护理与患者休息的关系，病房内除了常规吊灯外，还应该有地灯、床头灯装置，既可以保证夜间巡视和个别患者的治疗，也不打扰其他患者的休息。人工照明区别于自然照明主要是它可以随着人的意志变化而变化，通过照度值高低、色温冷暖的调节来创造或改变空间环境。要注意灯具色温和装配方式的选择，以避免眩光等现象的出现。

（三）音响环境

乐音或噪声能影响患者的情绪及其对客观事物的评价和态度。病房过分寂静，容易加重患者的孤寂感；过分喧闹会影响睡眠和健康。适度、悦耳的乐音，可以调节患者与环境的关系。研究表明，人的脑电波运动、肠胃蠕动、心脏搏动都有一定的节奏，当音乐的节奏与人的生理节奏合拍时，就会产生生理快感。生病时生理节律紊乱，选取适当的乐曲加以调节，使之恢复正常就可以达到治疗目的。因此，国外的医院病房普遍设有低音量的背景音乐，患者床头可设耳机装置，医护人员根据患者不同的心理状态及患者对音乐欣赏的要求，帮助患者选择最佳播送时间和内容，以调节患者的生活，提高治疗效果。

知识拓展

音 乐 疗 法

音乐治疗是新兴的边缘学科。它以心理治疗的理论和方法为基础，运用音乐特有的生理、心理效应，使求治者在音乐治疗师的共同参与下，通过各种专门设计的音乐行为，经历音乐体验，达到消除心理障碍、恢复或增进心身健康的目的。

在国外，音乐疗法的发展历史悠久。1890 年奥地利医生厉希腾达尔发表了“音乐医生”的观点。1944 年，美国密歇根州组织了第一个音乐治疗学会，1946 年又在堪萨斯州国立大学开设音乐疗法的专科。于是，世界各国纷纷仿效，澳大利亚 1959 年有了音乐疗法机构，1969～1970 年，德国、法国、丹麦、芬兰等国也相继成立了音乐疗法组织。音乐能够治疗多种疾病，这已是不争的事实。

我国的音乐治疗起步较晚。1979 年美国音乐治疗博士刘邦瑞教授应邀到中央音乐学院讲学，第一次把欧美音乐治疗学介绍到国内，才拉开了我国音乐治疗学科建设的帷幕。1997 年底，我国第一家独立的音乐治疗所在中央音乐学院创办。自 20 世纪 80 年代至今近 40 年的时间内，我国的音乐治疗取得了出人意料的发展，许多医疗机构也相继完成音乐治疗系统的安装使用，同时，许多音乐治疗方法也不断趋于成熟。如音乐电疗、疗养院精神院音乐疗法、对身心疾病的音乐疗法临床探索、对老年病的音乐治疗、对儿童智力障碍的音乐疗法等。

音乐疗法的疗程一般定为 1～2 月，也有以 3 个月为一个疗程，每周 5～6 次，每次 1～2 小时。在具体实施时，如何选择音乐或歌曲是一个亟待进一步解决的问题，原则上应适合患者的心理（尤其情绪方面）、更要适合患者的病情；然后编制设计，规定出一系列适用的音乐处方，故宜深入这方面的研究讨论，以促成相对统一的定式化、规范化。

医院噪声泛指人们所讨厌或对别人造成干扰的声音，主要包括各种医疗仪器使用过程中发出的机械摩擦音和人为的噪声，如大声喧哗、开关门窗、重步行走及车、椅、床轴处因为锈涩而发出的响声等。当患者需要睡眠休息时，超过一定音量的乐音也可以转化为噪声。噪声会引起神经衰弱、失眠、多梦、心跳加快、心律不齐、血压波动，导致肠胃功能紊乱，引起头晕、恶心、呕吐等不良反应而加重病情。世界卫生组织和我国制订的噪声标准见表 7-2、表 7-3。

表 7-2　世界卫生组织制定的噪声标准

场所	标准（dB）
寝室	20～25
生活区	30～60
办公区	25～60
工厂	70～75

表 7-3　我国指定的环境噪声试用标准

场所、场合	理想值（dB）	极限值（dB）
睡眠	35	50
交谈、思考	50	75
听力保护	75	90
特别安静区（医院、疗养院）	35	45
一般住宅	45	50
工业区	50	55～60

病房对噪声控制的要求比较高。为了保证患者能安稳入睡，病房应远离噪声源，对空调风口、电梯设备等噪声源应进行消声处理。研究表明，当噪声达到 45～50dB 时，患者的烦躁情绪明显增加；达到 60dB 时，会引起身体不适。建议病房内部噪声理想值控制在 40dB 以下。

护理环境音响调控主要包括以下方面：

（1）控制病房内部播放系统的音量和时间，让打鼾、梦呓、重症患者住单床间，以减轻干扰，尽量以少床病室代替多床病室。

（2）加强对声源的管理控制，对泵房、空调机房、精神病房、儿科治疗室、产科分娩区、待产区、婴儿室等重点区域加强隔离和屏蔽措施。

（3）采取防噪设施减轻外部环境噪声的干扰，限制车辆在住院区的通行范围和时间。

（4）注意门窗构造选型，减轻振动和碰撞，加强其气密隔声性能。桌椅等家具接地部位应加皮垫，进入病房的推车、餐车应配软胶轮。

（5）加强医辅、陪护人员的管理培训，禁止说笑打闹，提倡步履轻盈、轻声细语。

（6）护理工作中，提倡“四轻”，即走路轻盈、说话轻声、操作轻巧与开关门轻。

（四）嗅觉环境

医院是患者聚集的地方。一些患者长期卧床，吃、住全在病房内，加之各种疾病散发出的异味，如肝昏迷患者呼出的氨臭味，尿毒症患者呼出的酮臭味，患者的汗臭味，排泄物、分泌物的臭味等，都会使病房空气变得污浊、沉闷。长时间的异味刺激使患者难以适应，常引起厌烦、恶心、呕吐等反应，从而影响食欲和睡眠。改善嗅觉环境的首要问题是消除不良气味，净化病室空气。

改善嗅觉环境可从以下几点入手：

（1）做好患者生活护理，保持患者清洁与卫生，消除异味。

（2）病室内设独立卫生间代替公用卫生间。所有卫生间、污洗间和配餐间都应有良好的排气通风装置，使之处于负压状态。

（3）病室的废弃排泄物应及时处理、清洗，加强通风换气，改善空气质量，并喷洒适宜香味的空气清新剂。

（4）尽可能使用天然建筑材料制品，自然采光通风，使医院建筑本身成为无害的“绿色建筑”；慎用刺激性强的消毒灭菌药品，并严防气味外逸。

（5）有条件医院可以安装空气调节设备和净化设备，搞好室内环境，保证排污通畅。

（6）病房楼特别是高层病房楼提倡自然风，通过空气的自然流动排出室内污浊的空气与湿气，增加人的舒适感。病房要经常开窗通风，补充新鲜空气。

（五）热环境——温度、湿度环境

适宜的温度与湿度，能增加患者的舒适性，有利于患者休息、治疗与护理工作的进行；而通风换气，也可以改变室内的温度和湿度，刺激皮肤的血液循环，促进汗液蒸发及热的散失，增加患者的舒适感。

病室温度过高时，神经系统易受抑制，影响人体散热；室温过低，使机体肌肉紧张，冷气袭人导致患者在接受诊疗护理时受凉。病室适宜的温度一般冬季为18～22℃，夏季为19～24℃。儿科病室温度以22～24℃为宜。

湿度是指空气中含有水分的程度，病室相对湿度以50%～60%为宜。湿度过高，有利于细菌繁殖，且机体散热慢，患者感到湿闷不适；湿度过低，则空气干燥，人体水分蒸发快，热能散发易致呼吸道黏膜干燥，而口干、咽痛影响气管切开或呼吸道感染者的康复。因此，应根据季节和条件因地制宜地采用开窗通风、地面洒水、空气调节器等措施，调节室内温湿度，使患者感到心境愉悦，安泰处之。

二、心理性护理审美环境

心理性审美环境主要是指情感上的愉悦性，“春有百花秋望月，夏有凉风冬听雪”就表达了心理的宜人性。在当代，医学模式已转变为生理-心理-社会一体化的整体医学模式，人们关注生理健康的同时，对心理健康也日益关注。心理性审美环境着重满足“感觉的人性”方面的审美需求，即感性和伦理方面的美感需求。

患者住进医院，离开熟悉的家庭环境，放弃平时的生活习惯，中断工作，进到一个陌生的氛围，饱受病痛折磨，无人诉说，甚至面临死亡的威胁，常常出现焦虑、恐惧甚至绝望的心理。因此，在解决患者身体疾苦的同时，医护人员还要注意给予患者心理支持，尽可能消除患者的恐惧感、不安全感、孤独感和陌生感。同时其对保证医护人员保持自身的身心健康和提高工作效率也有重要的作用。

心理性护理审美环境应包括三个方面：一是护理服务对象自身的心理环境；二是护理服务对象周围的心理环境；三是护理工作人员自身的心理环境。

（一）护理服务对象自身与周围的心理环境

1. 安全感　安全是住院患者最根本的需求。要保障患者生命与心理的安全，既需要良好的医疗环境与医护技术保证，也需要良好的医疗人际关系与和谐的心理环境来促进。

患者的生理安全要求达到以下效果：

（1）避免机械性损伤：坠床、跌倒是最常见的威胁安全的现象，护士应充分评估患者的情况与潜在的环境危险因素，以便采取相应的防护措施。如保持病室地面干燥、整洁；洗手间等易湿滑的房间铺设防滑地板；通道、楼梯等进出口处避免堆放杂物，防止发生撞伤、跌倒；物品摆放应整齐、稳妥、便于患者拿取；对意识不清、躁动不安、偏瘫患者及婴幼儿使用床挡、约束带等保护器具进行保护，以防坠床。

（2）避免温度性损伤：医院内易燃、易爆物品较多，如乙醇、氧气、乙醚等，应加强安全管理，定期对患者进行安全知识宣教，防范事故的发生；对医院内各种电器设备应经常检查，及时维修，以防发生温度性损伤；护理人员在应用冷、热治疗时，鼓励患者及时反映不适，以免冻伤或烫伤。

（3）避免生物性损害：包括微生物及昆虫等损害。微生物可导致交叉感染，使疾病反复传播。护理工作人员在操作过程中应严格执行无菌技术及消毒隔离制度，预防感染；同时，应注意病房环境卫生，消灭蚊、蝇、蟑螂等害虫，避免它们通过叮咬传播疾病、危害健康。

满足患者心理安全的需要，主要是避免医源性损害及满足患者的各种心理需要。

（1）避免医源性损害：医源性损害是指由于护理工作人员语言、行为或操作上的不慎、不当或诊治失误造成患者心理或生理上的损害。因此，要注意加强护士的思想教育，培养良好的职业道德，提高职业素养与专业能力，同时严格执行医院各项规章制度及护理操作规程，保障患者的安全。

（2）满足患者的心理需要：首先，每个患者都有被关心与被尊重的需要，护理工作人员应对患者一视同仁地关心与爱护，尊重患者的不同性格与生活习惯，并为其提供适当的支持。其次，患者对病情有知情的需要，在充分了解其病情及治疗措施、护理方案的基础上，才能减轻对疾病的焦虑与恐惧，增加心理安全感，因此，护理工作人员应加强与患者的沟通，使患者充分了解情况，并促进患者参与治疗与护理的积极性。

（3）维持护患之间亲密的人际距离：护患之间亲密的人际距离能减轻患者不良情绪，增加心理安全感。在现代医院的设计中，密闭式的护士办公室已逐渐被开放式的护士工作站取代，因为后者开明之中更具亲近感，更有利于护理人员和患者之间的交流与互动。所有病床在护士工作站前呈扇形环绕，在缩短每个患者与护理人员之间的空间距离时也缩短了人际距离，这样既有利于护理人员观察病情与进行护理操作，也有利于增加患者的心理安全感。

2. 归属感　患者入院后，感受最深的就是归属感的丧失。归属感能够增加患者与患者之间、患者与医生之间的情感联结，凝聚对医院的共识，进而引发人们对医院环境的亲切感和依恋感，有利于患者提高对医院的信任度，缓解心理压力；很多患者认为最好能是同龄人住一个病房，这样交谈起来容易找到共同语言，自身的内心感受容易得到认同。同时，医护人员对医院空间环境产生归属感也有利于提高他们的主人翁意识，使其更加耐心地对待患者的各种需要。

3. 信息需要　患者所需的信息包括医院生活制度、检查和治疗的安排、疾病相关的健康知识及康复知识等。当患者对自己的病情充分了解之后，能主动地配合医生治疗，也有利于建立良好的医患关系，减少医疗纠纷的发生。同时，通过广播、报刊、电视等提供的外部消息有助于减少患者隔离感。

为增强患者归属感，满足信息需求，很多医院建立了人性化的患者活动室。活动室是患者活动、交往的空间，可供起居、阅读、文娱、用餐、观景、日光浴等行为的进行，是护理单元中设计得最为活跃的元素。患者在此可获取外界信息、交流康复经验和进行社交活动。活动室也是鼓励患者下床活动的康复性场所，还可以转移患者对疾病的注意力，缓解其孤独感和焦虑感。患者活动室的内部空间设计应丰富多彩，能够吸引患者活动，此外，也要注意这种多样性不是无限度的，要适可而止。患者活动室内部的各种设施应注意无障碍设计，室内配色、材料也要适当地与病房加以区别。活动室应注重绿色植物的布置，以激发患者战胜疾病的信心和勇气。

4. 尊重的需要 每一个患者，不管其病情严重与否、行动能力如何、有无语言交流的能力，都希望得到他人的尊重，希望医护人员把其当成一个实实在在的普通人，而不希望被当作一个“床号”或一个凡事都得听命于医护人员的人。有些年老体弱患者，户外活动受到限制，外出检查或者活动时需要借助轮椅或者平车，此时，他们对尊重的需求就更明显；医护人员在与患者的沟通交流中，尤其要注意避免言行不当对患者造成的心理创伤。另外，医院中无障碍电梯、无障碍卫生间等的设计，使患者可以不靠他人而通过自己的生理努力达到心理需求，体现了人性化医院的特色，也让患者切身体会到医院对他们的关怀，使患者感觉被尊重，增强了其生活的信心。

案例分析 7-1：

本案例中，医院加强了护理服务对象自身的心理环境及周围的心理环境的建设，在解决患者身体疾苦的同时，给予患者心理支持，有助于消除患者的恐惧感、不安全感、孤独感和陌生感。医院整体环境的布置，有助于消除患者的恐惧、不安全感，增加其归属感；而给患者分发贺卡，除了增加患者的安全感外，还有助于增强护患关系，利于医护工作的开展，提高工作效率。

（二）护理工作人员自身的心理环境

护理人员良好的心理素质是形成理想的护士自身心理环境的关键，也是形成整体良好的心理医学审美环境的关键。护理人员的心理品质是指护理人员在从事护理实践过程中的心理能力的综合及其稳定的心理特征。它包括护理人员的感知能力、注意力、记忆力、想象思维能力、创新能力、语言能力、人际沟通能力、专业特殊能力，以及意志、情感、性格、气质、兴趣等。护理人员良好的心理品质是护理工作的物质与精神基础，是创造心理医学审美环境的关键。护理人员主要从以下方面塑造自身心理，建立良好的医学审美环境。

1. 高尚的道德感和真挚的同情感 护理人员职业道德的核心是“利他”和“助人”。道德高尚有同情心的护理人员，会设身处地为患者着想，充分理解患者的痛苦、焦虑与孤独，尊重患者，爱护患者，为患者提供良好的医疗服务并从心理上支持患者，真正做到“以患者为中心”，忧患者之忧，乐患者之乐。

2. 敏锐的观察力与准确的记忆力 患者的病情是不断变化的，这就需要护理人员以敏锐的观察力密切观察患者的病情变化，从生命体征、神志变化等方面推测疾病过程，协助医生诊断病情，评估疾病的风险与患者的需要，并评价治疗和护理效果。同时，护理人员应具备准确的记忆力，病房患者众多，病情与诊疗方案、护理计划不断更新，需要发挥记忆的准确性以掌握患者的相关信息，安全、正确地执行医嘱，减少医疗差错或事故的发生。

3. 思维的主动性与注意力的灵活性 国外的护理专家认为，现代护理的独立功能占 70%左右，而依赖功能只有 30%左右。因护理工作对象是性格与病情各异的患者，病情又时刻处于动态的变化之中，护理人员应发挥思维的主动性与独立性，不能一味被动地、盲目地执行医嘱，而应根据患者的实际情况独立分析，与医生探讨，拟定全面的治疗与护理计划。临床护士的工作往往头绪繁杂。首先护士要充分发挥“注意”的灵活性，关注病房内患者的危急情况、突发情况，及时、有效地加以处理。其次护士要发挥“注意”的稳定性与广度，在护理操作时，注意力要稳定，以做到聚精会神、沉着稳重；在巡视时，注意力要宽广，将整个病房尽收眼底，对患者的情况了然于胸。

4. 稳定的情绪与良好的性格 护理人员的情绪变化，尤其是面部表情对患者及其家属都有直接的感染作用。护理人员微笑的表情、积极的情绪、和蔼可亲的举止，不仅能够调节病房与治疗环境的气氛，而且能唤起患者信心，增强患者安全感。因此，护理人员应加强对情绪、情感的调控能力，做到微笑待人、急事不慌、悲喜有节，对患者形成积极的影响。

性格是一个人对人、对事、对自己比较稳定的态度体系及与之相适应的习惯化的行为方式。护理人员应当具备的性格特征主要有对患者诚恳、正直、热情、有礼、乐于助人等；对工作满腔热情、认真负责、机智冷静、慎独、严谨等；对自己应当是稳重大方、自爱、自尊、自强等。

5. 美好的语言与娴熟的技术 语言是思想的物质外壳，要想做到语言美，首先要心灵美；同时，语言的表达是一种技巧，是一项艺术，需要在工作与生活中认真学习、加强锻炼。首先，谈话要态度自然、真诚、有礼貌，禁以床号代替患者姓名，禁对患者用命令式语气；其次，与患者交谈时，语言要通俗易懂，少用患者不明白的医学术语，以达到交流的目的。

对护理操作的要求：一要稳，即动作轻柔、协调、灵巧、稳妥、有条有理，这不仅能使患者获得安全感，而且带来了美的享受；二要准，即严格遵守护理规程，操作准确无误、恰到好处；三要快，即动作熟练、手疾眼快、干净利落，用较少的时间有效地完成操作任务；四要好，即质量高、效果好、患者满意、自己也满意。

6. 良好的人际交往 在社会上，人与人之间的交往，是礼尚往来的相互给予；在医院，医务人员和患者的交往，只有无私的奉献而别无他求。护理人员在整个医疗工作中处于人际交往的中心地位，扮演着特殊角色。因为护理人员与患者及其家属接触的时间最多，与其他医务人员在工作上又必须密切合作。所以护理人员既是患者利益的维护者、信息提供者、服务者，也是患者与其他医务人员关系的协调者、促进者。这些复杂的内在联系，突出了护理人员人际关系的重要性。护理人员与患者人际关系好，有利于增加患者的信赖与安全感，有助于医疗护理计划的顺利执行。护理人员与患者家属人际关系好，就能更深入地了解和掌握患者的情况，并可激发家属医护措施中的积极性，并增强对患者的情感支持。护理人员与其他医务人员人际关系好，有助于在医疗护理过程中有效沟通、配合默契，从而不断地提高医疗护理服务质量。

三、社会性护理审美环境

社会性审美环境着重满足人生高层次的需要——“自我实现”的需求。患者也需要健康和社会角色及自我价值实现。社会性护理审美环境的内容如下。

（一）医院文化建设

狭义的医院文化是指医院在长期医疗活动中逐渐形成的以人为核心的文化理论、价值观念、生活方式和行为准则等，并使之成为医护共同体，认同并自觉遵守和奉行的基本信念和行为准则，以形成合力，促进医院的竞争与发展。医院文化应该包括医院精神、医院管理风格、医院环境条件、医院形象等方面的内容。医院文化是医院发展的动力，反映和代表了医护共同体的思想、价值标准、合乎时代要求的伦理道德和行为准则及追求发展的文化素质。通过医院文化建设，可以提高医院的社会效益，增强医院的内在凝聚力，培养优良的医德医风。

医院文化建设的内容：“救死扶伤，服务社会”的医院价值观；“生命卫士”的医院形象；“团结、求实、创新、奉献”的医院精神；“患者至上，诚信优质”的医院服务理念；“精益求精，永无止境”“质量就是生命”的质量意识；“管理‘无缝隙’，操作‘严、精、细’，品质‘零缺陷’”的质量行为；“患者满意”的质量标准等。

（二）创造和谐的人际关系

医疗活动涉及的人际关系较为复杂，有医患关系、护患关系、医护关系、护护关系、上下级关系、医院和其他组织之间的关系等。管理者要积极主动地倡导和营造和谐的人际环境，使患者与患者之间能够友善相助，医生与护士之间能够密切合作，护士和护士之间能够相互配合，上下级之间能够同心同德，让这种互动的软环境体现出和谐的美感。

（三）增强患者重返社会的信心和自身的存在价值感

1. 满足患者人际交往的社会需求 此社会需求反映为患者入院后希望建立良好的人际关系，保持原有的社会交往；需要与周围的人保持友善关系，交流医院生活及养病的经验；希望得到别人的支持和帮助；需要有一定的集体活动空间，如在医院护理单元里安置咖啡厅、休息厅、活动室等，作为交往空间使用。

2. 满足患者延续社会关系的社会需求 即满足患者通过家属、陪护人、探望人保持与家庭和社会联系的社会需求。陪护对维护患者的心理平衡，加速康复进程均具积极意义。友人的探视慰问、亲属的陪护鼓舞，对老人和儿童尤为重要。

3. 满足患者重返社会的心理需求 对于正当创业期的知识分子更为重要。他们希望通过个人才能实现理想抱负，一旦这种需求因病受阻，情绪上会受到打击。为此，已有医院为患者设置图书资料室、计算机室，在儿童病室设置课桌、黑板等信息资源，也是为帮助患者重返社会创造条件。

第三节 护理审美环境的建设

一、护理环境美建设的原则

（一）整体美

1. 医院主体建筑的规划和设计 一切建筑都是为了满足社会实用需要而产生的。医院建筑不能脱离治病和休养的需要，要以有利于治病和休养为目的，来全面考虑房屋内部的结构安排。在条件许可的前提条件下，门诊部和住院部应该分开，还要考虑整体建筑及各部分房屋良好的通风和采光。同时，医院作为一个空间实体，应能使人赏心悦目，达到精神上的满足。因此应在实用的前提条件下力求美观。

2. 辅助环境的规划和设计 对于医院周围空地，应考虑植树、种花，宜选用四季常青的树种，花则四季各异，这对改善医院的医学审美环境是必要的。空地大的，还可以铺设草坪、安置座椅，便于住院患者散步和休息。当然，在某些人口密集地区，有的医院除了医疗用房和必要的办公用房外，几乎没有什么空地，这种情况可另当别论。但以医院的社会功能衡量，则是其不足之处。

（二）布局美

医疗护理环境的布局美包括医院选址，门诊部、住院部、后勤等各种建筑的空间层次的比例关系，建筑形态（长方形、正方形、多边形、圆形）的交叉、衬托、变化等。病房以朝南或东南向为宜。一般建筑用地占15%～20%，通道用地占20%，绿化用地占60%～65%。建筑物布局应以门诊大楼、病房大楼为主体来安排，应组合紧凑，尽量缩短各科室之间的距离，使各部分的位置符合医疗程序和医院内部工作流程的要求，以形成使用方便、高效能的建筑群。布局美从美的形式要求来讲，实际上是一种协调和节奏的美，包括序列安排和色调，都应从有利于治病出发。

1. 有序性 患者的就诊基本上是一种有序的空间和时间的移动，即按就医的功能空间层次有序地排列，有很强的序列性。在有序性的环境中，主体的行为也是有序性的，可有组织地引导人流到达各自的目的地，在人流转折的地方设置足够的缓冲空间。这与患者的就诊流程及对众多患者逐级分流而创造良好的内部环境相一致，体现了就诊各层级公共空间组合的有序性。若有任何一种重叠行为如往返、重复、交叉，就会造成人流混乱、环境无序，使患者产生不平衡的心理状态，如厌恶、烦躁甚至不能忍耐。

2. 直观性 主要是指让患者处于开敞、明亮、宽松的公共空间中进行医疗辅助活动时，可调动起患者的感官，使患者的脑中形成清晰的空间意象来认知地图，从而简捷到达目的地。这样能减轻患者及陪诊者的焦虑情绪，使其从容地开始就诊过程，增加对医院的信任感及安全感，这正是医疗建筑文化的深层内涵。

例如，门诊综合大厅是其公共空间的起点，是进行挂号、收费、取药等行为的人流集散所在地，还承担着联系各科室单间的交通枢纽作用。其三维尺度及大厅内诸多公共部门如挂号处、收费处的布置，都应当符合患者对门诊各功能部门位置一目了然的直观性要求。各种标记、指示应醒目、具体、简明、具有指引性。如急诊科应有灯箱装置，门诊候诊大厅应有电子简介牌，门诊走道地面可以用不同颜色的线条与各辅助检查科室相连，以方便患者。

3. 私密性 私密空间使护理对象能够保留个人的隐私，如足够的床间距、床与床之间应有隔帘等。为营造医院的双床病室灵活空间，可用灵活隔断调控私密度。门诊部更加强调医生和患者一对一的服务；诊室趋向小型化，增强私密性；候诊区域的设置趋向二次候诊，使患者具有安全、舒适的候诊环境。另外还可使用图标提示，如闲人止步、请勿打扰、请安静等，使相关人员能自觉控制避让，并采取耳语、手势、眼色等方式传递信息，以保持环境的相对私密性。

（三）服务美

服务美对医务人员来说，实际上就是医疗卫生职业道德美。医护人员具备的丰厚人文素养，正确的价值取向、人格模式和审美趣味是职业道德美的必要前提和保障。在做好专业技术工作的同时，医护人员还要成为一个专心的聆听者、仔细的观察者、敏锐的交谈者，在日趋复杂的执医环境中，可以恰到好处地服务于社会地位各异、生活方式多元、价值观悬殊、工作性质多样复杂的患者及家属，树立良好的职业形象，构建和谐的医患关系和就医环境。

（四）人文化

随着医学模式的转变及人文学科在医疗护理课程中的开设，人文化的服务理念正逐渐被医院引入和应用，医疗护理环境也越来越强调人文景观美。人文景观美是人类社会的各种文化现象的一种体现。医院建筑群体间应体现人文景观美，设置一些反映社会精神风貌、良好的医德医风、白衣天使精神及表现健康美的大型宣传画、名人名言摘录、雕像等，给患者营造美的享受和富有活力、充满朝气的精神风貌。医院文化建设是“以人为本”理念的最好表现形式。

在医院开设家庭式病房。病房内仿造家庭布置，可陈设家用电器，如电视机、冰箱、微波炉，墙壁装饰有精美图案，挂一些与健康相关的书画作品，房内摆设花卉、花瓶、镜子，给患者营造家庭氛围，消除患者紧张、焦虑、恐惧的情绪，同时也是一种艺术享受。

改变护士的工作环境。由封闭式护士办公室改为开放式护士工作站，工作站环境布置体现了“平等、关怀”等人文服务理念，以利于与患者沟通和交流，并方便护士进出护士站。

（五）艺术化

在医院的大厅、候诊室、诊疗及医技室甚至病房、室外环境里陈列或设置艺术品，如绘画、雕塑小品、建筑小品、书报服务点等，构造一个艺术化的环境，可以让患者不觉得时光难熬。在医院所构成的艺术宫殿里，他们自由欣赏、评论，进而迷恋、陶醉，以至忘却了自己是患者。

在室外空间设置艺术广场或雕塑壁画，也能给人以某种心理上的满足。在室内外空间环境的设计上，注重其色彩处理或引入音乐的因素，不但能给人以美的享受，而且还能达到辅助治疗的效果。医院环境中的雕塑主题选择应切合医院特殊的环境气氛，不应选择过于高深的雕塑作品。医院雕塑的感染力在于它与患者心理的沟通和对患者的暗示作用。雕塑和壁画的作用在于给人以美感，同时引起回忆，唤起遐想，激发情感，产生共鸣。

二、特殊科室审美环境的建设

（一）ICU的医学审美环境

重症监护病房（intensive care unit，ICU）是一种现代化的先进医疗护理组织形式。其主要作用是对危重患者集中救治，在人力、物力和技术上给予最佳保障，以期得到良好的救治效果。因此，护理工作人员创造安全、舒适的环境，对保障和促进患者的康复意义重大。

1. 营造充满生活气息的ICU环境 ICU对大多部患者而言意味着严重的疾病、死亡的阴影、冰冷的器械、沉重与恐怖的气氛，使其生理与心理感觉极不舒适。因此，使ICU病房充满生活气息更能解除患者的心理压力，有利于其在温馨、美好的环境中早日康复。理想的ICU病房应宽敞明亮，以利于减轻压抑感；湿度、温度、光线均可调控，以为患者提供舒适的物理环境；病房安静、隔音效果好，机械声、报警声、谈话声尽量降低，以利于患者的静养；墙壁可刷成粉蓝色，以镇定患者焦躁不安的情绪；另外，可适当摆放艺术画、花草以增加美感与温馨感。

2. 建立良好的患者支持系统 ICU的患者大都病情危重，需要医护人员及家属共同努力并给予有效的情感支持。护士应多观察、多关心患者，为患者提供细致入微的生活护理，并根据情况给予适宜的心理护理。医院应合理设立探视制度，便于家属和亲友与患者之间保持相对密切的联系，从而给予患者心理安慰及情感支持；必要时在病室附近设家属休息室，以利于患者能及时与家属取得联系。

3. 重视ICU环境与医疗用品的消毒 ICU患者因病情危重、免疫力低下，对环境危害因素抵抗力下降。因此，要加强空气与物品的消毒，以保证医疗环境的清洁无害。条件好的医院可应用层流设备，一般医院可以应用空气净化机、紫外线循环风等；物品可以用消毒液擦拭、浸泡消毒等。同时，要加强管理，严格限制无关人员进入，以免空气中细菌数量增加。

（二）手术室的医学审美环境

手术室是患者接受手术治疗的场所，关系到医院的诊疗水平和医疗质量，是评价医疗质量和社会效益的灵敏指标。护理工作人员应从以下方面努力营造手术室的审美环境。

1. 营造安静、愉悦的手术环境 一个优雅、明亮富有生机的手术环境，既有利于医护人员激发主观能动性，发挥更好的工作效能；也有利于患者消除紧张、恐惧的情绪，增加手术成功的信心。手术室可利用色彩的心理因素，在手术床、手术用被等上面套上浅蓝色的布罩，手术间窗帘用淡雅的花色，以增加温馨感，带来平静、安宁的心情；手术室可以播放悦耳的轻音乐，以减轻医护人员与患者的焦虑与紧张；同时，尽量减少噪声，如降低监测仪的声音、建立闭路电视以减少参观人员等。

2. 营造亲切、温暖的手术氛围 手术室医务人员的形象、言谈、举止对手术患者的心理都可以产生直接或间接的影响，因此，护理工作人员只有做到良好的礼仪规范与行为举止才能唤起患者的美感，令其暂时淡忘对手术的恐惧心理。在术前、术中、术后应注意患者的年龄、教育背景等，了解其心理状态与需要，及时沟通，随时解决患者的各种问题，让患者在陌生的环境中感觉亲切温暖。同时，还可设置患者家属休息室，让其家属在休息室通过闭路电视了解手术进展情况，减轻紧张与担忧。

3. 建立清洁、安全的手术场所 清洁与安全是手术室环境美至关重要的因素，手术室环境的清洁安全有着预防感染、提高手术成功率、减轻术后并发症的重要意义。因此，护理工作人员要：

（1）保证手术室的环境清洁，控制手术间合适的温湿度，每天定时对空气、地面、墙壁及其他所有物体表面进行消毒，合理安排接台手术。进入手术室的人员严格遵守更衣、洗手等制度。

（2）注意手术间的合理布局与使用。手术间的物品规范放置，定位定量。手术室在使用时保持关闭状态，避免频繁打开，控制手术间人员的流动。手术室医用废弃物品科学分类、无害处理。

（3）加强医务人员的无菌观念，不断完善质量管理与监控体系。

（三）儿科的医学审美环境

儿童的特点是天真、活泼、好动，生活自理能力差，需要家长的陪护。儿童心理学研究表明，儿童普遍喜欢充满激情与欢乐的鲜明色调。国内外许多儿童医院在走廊、病室内都挂有色彩艳丽的卡通形象画片，病房内选用儿童喜欢的明黄、果绿、天蓝等明度较高的色调，并且在医院内部开设了儿童游戏室，布置了各种儿童熟悉的玩具、游戏设施，大大缓解了医院陌生的环境带来的紧张心理。此外，儿童住院区护士站的环境设计也应突出儿童的特点，要色彩鲜明、形式活泼可爱。

儿科审美环境的营造主要有以下内容：病房内布置充满童趣，如墙壁色彩丰富，走廊贴、绘卡通图案；病房设有娱乐活动室，放置已消毒、易清洁的玩具，有条件者可放置电视机；地面采用木板或塑料等防滑材料，病床不宜过高，周围有安全栏以满足安全需要；室内阳光充足，温湿度适宜，无锐利器械等危险物品；厕所的便池应适合儿童的特点，幼儿专用厕所可不设门，儿童浴池宜浅、稍宽。此外，医护人员的工作服也可由单调的白色变为粉红、浅蓝等彩色，患儿的口服药物也可以用不同颜色的服药碗，如早晨用黄色，中午用绿色，晚上用红色，使患儿有种新鲜感，增加对服药的依从性。

（四）产科的医学审美环境

为适应医学模式的转变，以及社会发展中人们对生育及医疗保健需求的变化，现代产科护理模式也逐渐扩大到提供整体护理与开展“以家庭为中心”的产科护理。欧美一些国家早在20世纪80年代就开始推广普及“家庭式产科服务”，他们认为分娩不是病患，而是家庭生活中的一部分，产妇需要的是家庭的温暖和亲人的关怀、爱护，不能将它过分地医疗化。因此，产科护理环境的设置应该在满足产妇生理需要的同时，注重心理需要与人文关怀，从而既能满足产妇分娩的医疗需求，又能让产妇享受家的温馨。

1. 强调家庭成员积极参与 鼓励孕妇的亲人，如配偶、公婆、父母，甚至朋友积极参与孕妇的生育过程，包括自然分娩，甚至剖宫产的全过程，全程为其提供心理支持。

2. 设立个性化的分娩环境 为加强家庭成员对分娩过程的直接参与，降低产妇与家庭成员的焦虑和恐惧，减轻家庭成员间的“分离性焦虑”，需营造与家庭环境相仿的待产、分娩单位，以满足其个性化需求。

3. 强调“母婴同室” 产后父母和新生儿的早期接触与“母婴同室”，有利于产妇的产后康复，并增进母婴之间的感情，促进婴儿的生长发育。

4. 体现人文精神 以母婴安全为核心，注重细节，推出人文关怀服务。如卫生间里的淋浴器下面设一张可翻动的小凳子，旁边安装扶手，以便虚弱的产妇可以坐着洗澡；镜子设成椭圆形，边角可用桃红色的瓷砖包起来，以防止有产后忧郁症的产妇做出过激行为；盥洗间提供全能化的自动调温和喷水坐便，以便于清洗产妇自然分娩后的伤口。

5. 病区的色彩 摒弃传统的白色，采用粉色系列，护理人员服饰也最好以粉色或小碎花为主，以为患者创造温馨的视觉效应，消除待产孕妇的紧张心理，并增加病区的喜庆气氛，带给产妇及家属心理上的美感。

（五）急诊科的医学审美环境

急诊科接治的多是突发性急、重症患者，一切医疗护理过程均以“急”为中心。所以急诊科的护理审美环境要从应急出发，保证流程最优，满足急诊服务“快”“急”的特点，力求便捷、实用。

1. 位置 急诊科通常位于医院的一侧或前部，直接临街，门前应宽敞，交通保持顺畅，以便于救护车的顺利通行；与其他科室入口不重叠，使急救车可直接到达急诊科入口。急诊科标识必须醒目、突出，以便于就诊患者寻找；白天应有指路标志，夜间有指路灯标明急诊科位置，以便于患者迅速到达；与手术室、重症医学科室等相连接的院内紧急救治绿色通道标识也应当清楚、一目了然。

2. 空间与布局 急诊科的门应足够大，门内大厅宽敞，以利担架、车辆的进出及便于较多的患者和家属作短暂候诊时停留；走廊须足够宽，一般以两边有候诊人员的情况下担架能顺利通过为宜。急诊科医疗急救应与院前急救有效衔接，并与紧急诊疗相关科室的服务保持连续与畅通，以保障患者获得连贯医疗的可及性。此外，急诊科应邻近CT室、B超室等部门。

急诊科室内应采光明亮，空气流通，温湿度适宜，有中心吸氧和吸引管道系统，各种监护设备和急救设备齐全。预检分诊台设在大厅的醒目位置，分级、分区接诊有利于简化急诊抢救流程、完善急诊管理制度，进一步提高了急危重症的抢救成功率。

3. 人文关怀 急诊科接诊区设有独立的急诊化验室、急诊收款处、急诊药房。除儿科、产科外，其他临床科室在急诊科内均设有诊室，有值班医师应诊，以便患者节约时间，获得更有效的救治。在医院挂号、化验、药房、收费等窗口应当有抢救患者优先的措施。医务工作者应沉着冷静，以高度的责任心有条不紊地工作，以增加患者的安全感，并适时对患者进行心理护理，给予家属恰当的安慰。

要 点 提 示

1. 环境，是人类赖以生存和发展的各种自然条件与社会因素的总和，包括自然环境和社会环境两种形态。环境美是人们赖以生存和发展的周围空间条件的美，是人对环境的审美功能做出的一种主观评价。广义的环境美包括山川河流、气候风光等自然环境的美和社会风俗习惯、道德法律及人与人的关系等社会环境的美。狭义的环境美即人们生活、学习、工作的具体环境场所的美。

2. 护理审美环境是直接或间接作用于护理系统的各种要素的总和，是指有助于增进人的美感、以维护个体或群体身心健美与健康为目的、优美、舒适、安全的护理环境，包括生理性审美环境、心理性审美环境与社会性审美环境。

3. 护理环境美建设的原则包括整体美、布局美、服务美、人文化、艺术化。

4. 特殊科室审美环境的营造主要包括ICU、手术室、儿科、产科及急诊科的审美环境营造。

思 考 题

1. 某患者，男，65岁，患十二指肠溃疡穿孔，从急诊入院、手术治疗到术后返病房休养，护理工作人员应从哪些方面着手为其营造一个良好的护理环境？

2. 生理性医学审美环境包括哪些内容？如何营造？

3. 为创造良好的心理性医学审美环境，护理工作人员应如何塑造自身心理环境？

（于海静）

第八章　护理职业形象美

学习目标

1. 知识与技能：说出护理职业形象的发展过程；掌握护理职业形象美的基本内容及要求并在工作中可以灵活运用。

2. 过程与方法：通过对职业形象重要性的了解，培养良好的职业素质和行为习惯，逐步养成良好的职业修养。

3. 情感与态度：进一步培养护生的职业自豪感和整体护理观念。

案例 8-1：

护士小刘是一位工作不到两年的年轻护士，身高 175cm，性格开朗，活泼好动。因为身高原因，其和同伴在一起时，总是弯腰驼背，以免高于他人；交班时总习惯性地把手搭在同事肩膀上；查房时总是不拘小节、大大咧咧，病区也常能听见其爽朗的笑声。其在病区内经常遭到旁人议论，被认为有失护士职业形象。

问题：

1. 为什么说护士小刘不符合护理职业形象？
2. 小刘应该从哪些方面进行改进？

案例 8-1 分析讨论：

小刘的行为举止不符合社会对护理人员形象的期望。护士在工作中必须注意自己的姿态美，要做到举止大方、站姿挺拔、坐姿端庄、走姿平稳、蹲姿幽雅、手姿得体。护士工作时应注意动作优美，给人以动态的美感，要做到动作轻、说话轻、走路轻、关门轻，动作应轻、柔、稳、准、快慢适当且有条理，注重自身职业形象应与客观的审美评价保持一致。树立护理职业形象美是护士不断提高个人修养的过程，是护士良好的职业素质的一种自然的表露，而非做作和模仿所能达到的。护士要塑造护理职业形象美，就要不断加强职业道德修养，塑造美的心灵，拥有美的情感、情操及健康的人格，确立对人、特别是对患者的正确态度，使自己的内在美与外在美有机地结合起来，以塑造出最佳的护理职业形象美。

随着健康概念的拓展、科学及社会的不断进步，护理领域得以进一步发展，人们对护理工作也提出了越来越高的要求。塑造护理职业形象美是护理美学研究的重要课题和主要目的之一。护理职业形象美是护士的内在美与外在美交相辉映的整体美，是护士良好职业素质的一种自然表露，对护理职业具有很重要的意义。护士群体应当以符合专业及社会和公众期望的角色形象为准则，自觉创造和维护护理职业形象美。

第一节　护理职业形象美的概述

一、护理职业形象的形成

护理职业形象（nursing professional image）指护士群体或个人在护理实践中的外表、思想、语言、行为、知识等的外在体现，包括有形的外在形象和无形的内在形象。它不仅体现在护士的仪表、风度、行为举止和姿态等外在形象中，而且反映了护士的职业道德品质、知识、心理状态等内在素质。

护理职业形象的形成，主要经历了三个历史时期，即最初的早期护理阶段、南丁格尔时代和当代护理专业学科体系的确立时期。

（一）早期护理阶段

"护理"一词来源于拉丁文"nutricius"，其原意是养育、保护、营养、维持生命和对老弱病残的照顾等行为。

护理行为是随着人类的繁衍生息而产生的。它最先表现是为生存而自卫，为人类的延续而养育，为保存生命而维护健康。

在早期社会，护理行为的承担者多是妇女。妇女有保护整个家族健康的责任，她们在家族中哺育孩子，照顾老人和患者。这就是人类最初、最朴素的护理行为。

古代中国、印度、埃及等早期文化生活中，就有各种关于泥湿敷、包扎、固定骨折等的记载。1576年，法国的天主教神父圣·文森保罗（St.Vincent De Paul）在巴黎成立慈善会。其成员经过培训后，为病弱者提供护理服务，深受人们的欢迎，逐渐成为一种职业。

（二）南丁格尔时代

到了19世纪中叶，英国的南丁格尔作为先驱开创了护理事业，她把自己所学的知识应用于护理实践，使护理行为发展为一门系统的学科和专业。从此，护理才被确立为一种专业来发展，国际上称这个时期为"南丁格尔时代"。这是护理专业划时代的转折，也是护理专业发展的开始。

佛罗伦斯·南丁格尔出身于英国上层社会的贵族家庭，受过高等教育。南丁格尔为护理向正规的科学化方向发展提供了基础。她著书立说，在1858年及1859年分别写了《医院札记》和《护理札记》，阐述了自己对改革医院管理和建筑的构思意见并阐明了自己的护理思想。这两本书多年来被视为各国护士必读的经典护理著作。南丁格尔致力于创办护士学校，为护理教育的迅速发展奠定了基础。她要求护理人员必须受过专门的培训，护理要采用系统化的管理方式提高护理工作效率及护理质量。南丁格尔强调护理伦理及人道主义护理观念，要求平等对待每位患者，不分信仰、种族、贫富，给患者平等的护理。南丁格尔所主张的"护士必须具备一颗同情的心和一双愿意工作的手"及护士必须具备"精湛的护理技能和献身精神"也成为这一时期护士职业形象的内涵。

（三）当代护理专业学科体系的确立时期

自南丁格尔创立护理专业以来，欧美许多国家的南丁格尔式的护士学校如雨后春笋般地出现。护理教育不断完善，护理科研的投入不断增加，世界各国都相继应用南丁格尔的护理管理模式，护理工作逐步走向科学发展的轨道和正规的教育渠道。南丁格尔是护理发展史上的里程碑，自她以后的一百多年里，又经后人的不断努力、发展、充实和提高，护理学已成为一门专业，并形成了自己的科学体系，而护士职业形象也越来越清晰、明确。

二、护理职业形象的发展

随着科学的发展、社会的进步，护理领域也发生了日新月异的变化，特别是随着健康概念的拓展，护士工作的对象及范围都在不断地扩大，要求护理职业形象美的塑造要与社会的发展同步前行。一方面，对有利于树立良好的护理职业形象的内容和方式要努力继续保持并发扬，例如，护士的爱心和诚意、护士的细心和耐心、护士的善良和诚实、护士的行为和举止等良好的职业素质，是永远都需要保持的。另一方面，护士的职业形象从表现形式上应赋予更多的时代特征，以体现出护士良好的精神风貌，例如，护士的仪表和仪态、护士的表情和表现、护士的语言和动作、护士的知识和技能等，都需要随着时代的发展和进步不断地进行调整和创新。只有这样，才能不断满足患者对护理职业形象美的需求，从护士身上感受到生活的美好和对健康的渴望。

目前，我国护理教育不断深入提高，护理事业得到了迅速发展。许多医学院校在护理专业课程设置中，增加了人文科学的课程。这为进一步培养护士的交往能力、语言能力、职业工作能力、护理教学能力、科研能力奠定了基础，同时也大大丰富了护理职业形象美的内涵。随着国际交流的进一步深入，护士职业形象还会具有国际化的烙印，相信21世纪护理职业形象美将会展现得更加充分。

三、塑造护理职业形象的意义

形象是当今社会文化的核心概念之一，职业形象可以决定其在社会中的发展，可以作为某一专业时代的特征。在众多社会形象中，社会及公众对护士的形象给予了很高的期望。这些期望，既赋予了护士职业形象美的的要求，又寄托了人在身患疾病之时仍然对生活的热爱，对美的向往与追求。由此可见，美好的护士职业形象不仅对患者的身心健康有积极的影响，而且对护理专业的生存与发展产生着至关重要的作用。

护理职业形象的确立和提升，必须定位于社会需求上，通过其服务满足于社会的需要。通过其专业的专精度提供其他专业无以取代的服务质量，使护理专业充分展示其科学之美，依其专、精技术和学术权威性立足于社会。作为护理专业群体中的个体——护士，应不断加强素质修养，注重内在心灵美与外在行为美的完美结合，开辟美的精神境界，让护理事业在高层次服务上得以拓展和发展。这不仅是满足护士人生最高美感实现的需要，也是护理事业发展的需要。

第二节　护士的外在形象

一、护士的仪容形象

容貌是人体审美的核心部分。在人际交往中，容貌会引起交往对象的特别关注，在任何情况下，人们必须时刻不忘对自己的仪容进行必要的修饰和整理，做到“内正其心，外正其容”。护士仪容美的真谛是自然和谐，即护士的容貌应与自身的年龄、身份、职业及所处的环境相协调，在展现个体自然特征的同时达到锦上添花的目的。

在护理工作中，人们希望在护士的容貌中感受出端庄、优雅、恬淡与温和。因此，护士的容貌应以清新洒脱的自然美为主，应体现简洁、文雅、舒展、大方与平和的视觉享受，突出气质和自然美，展现人格魅力。由于护士职业的特殊性，工作紧张且生活不规律，长此以往会使原本容光焕发的面容渐渐变得暗淡、憔悴。因此，需要适当的修饰。得体的淡妆能增加神采，但修饰不能过分，浓妆艳抹与自身的工作性质和医院的环境不协调。护士的职业淡妆要与生活淡妆相区别，主要以表现健康的肤色为主，眉形平整开阔、不宜过细，口红以浅粉、自然唇红为最佳选择，以改善精神面貌，而不强调具体细节。护士的职业淡妆应从护理对象的需要出发，与医院整体环境色调浅淡、素雅的主旋律和谐统一，以展现护士职业的整体素质与美感。

二、护士的服饰形象

护士端庄的仪表是通过服装的整洁与得体来体现的。护士服装应当具有三种功能：第一，实用，服装款式、版型应力求轻便、简洁，便于护士工作；第二，美学欣赏功能，以护理对象的美感需要为出发点；第三，表达内涵功能，护士服装代表护理专业的特征，具有表现护士的纯洁、高雅、轻盈、严谨、干练的特征。目前，世界各国较认可的护士服颜色是白色，白色象征着纯洁、高雅，给人以端庄、神圣之感。但随着人们对色彩对人心理影响的认识深入，目前，许多医院以美学理论为指导，以心理学研究结果为依据，将服装中的多元文化与色彩的心理效应引入医院，根据不同的工作环境和服务对象选择不同颜色和样式的护士服装，如儿科、妇产科的护士服改为淡粉色或小碎花工作服，急诊、手术室的护士服为绿色，血液科的护士服为淡蓝色以利于缓解医护人员的视觉疲劳，并使护理对象联想到生命、青春和希望。

图 8-1 护士服

a. 上下套装；b. 连衣裙装

（一）护士着装的要求

对于服务对象来说，护士的工作服装应为治疗护理患者中一个重要的组成部分及一项重要的护理措施。护士服装的穿着须结合审美和护理操作的需要，保持洁白、干净、平整、合体、不缺扣、无污渍、无血渍。护士服有连衣裙装和衣裤上、下装两种，衣领多采用小立领或小翻领，收腰并配以宽窄适度的腰带，袖口收紧，腰带平整，松紧适度，表达出护士的严谨、干练与整洁。以袖长到腕部、身长刚好过膝为宜，衣领、袖口、裙边不宜外露。夏季穿裙装时要注意衬裙的颜色和长短，一般应选择白色或浅色，袜口不宜外露，即应选择连裤袜或长筒袜，否则给人以不良的视觉感受。冬季下装应着相应颜色的工作裤，穿白色或肉色的袜子，见图 8-1。

（二）护士帽的要求

护士工作帽分燕帽和圆帽。燕帽是护士职业的标志和象征，用于普通工作区。圆帽则适用于某些严格无菌操作或隔离技术时，比如手术室与隔离病区等。燕帽应保持洁白无皱褶、佩戴端正、高低适中、前发不遮眉、后发不过领、两侧头发不掩耳；头发梳理整齐、清洁无味，发饰素雅与整体服装统一和谐。燕帽位置的高低应根据个人脸型进行适当调整，为保证燕帽佩戴端正，可在燕帽后用白色小发卡固定，以反映护士端庄、典雅的气质。佩戴圆帽时要求把头发全部罩住，不露发际，不戴发饰，这是保障严格无菌和防止污染的基本要求，护理工作者在特殊环境工作时应严格自觉遵守。

（三）护士鞋袜的要求

护士工作鞋为白色，无论穿哪种材质的鞋，都应以鞋底柔软防滑、鞋跟不超过 3cm，穿着舒适、走路无声和方便工作为原则。袜子颜色应为纯色，以肉色最为适宜。必须保持鞋袜的清洁，切忌光脚穿鞋。夏季穿凉鞋者，应选择前后包脚的款式并穿袜子。

（四）护士佩戴饰物的要求

由于无菌技术和洗手等护理操作的需要，护士应经常修剪指甲，保持一双清洁、灵巧、滋润的手。指甲不宜过长，防止在护理操作时抓伤患者，而且长指甲内易藏垢还会刺破无菌手套造成污染，给患者带来不应有的痛苦。为了方便工作，树立护士端庄大方的仪表美，护士工作时不主张佩戴任何饰物，如戒指、手链、粗长的项链及花哨夸张的耳饰等不宜佩戴。此外，护士工作时不能喷涂过浓的香水，以免引起服务对象的不适，甚至导致患者过敏或贻误诊断。

随着护理观念的转变，临床护理工作的需求，越来越多的男护士加入护理队伍。男护士的仪表应当既体现男性刚毅、坚强、勇敢、潇洒的一面，也同样应当表达护理专业特有的爱心、严谨、善良的职业情感。男护士服装应以简洁大方、庄重、稳健、令人信赖为特征，不宜剃光头、蓄胡须、留长发等。

三、护士的语言形象

语言是人与人之间进行情感和信息交流的工具，是一种重要的行为表达方式。同时，语言也是能力的一部分，是知识结构和心理修养的重要组成部分，同样是现代医护人员必备的能力之一。护理人员在工作过程中，与患者及其家属之间的沟通与交流非常频繁，因此，护理人员不仅要有较强的业务能力，而且还要有较好的语言技巧，从而能够顺畅地与患者进行思想、情感的交流，给服务对象以安慰、启迪、教育等沟通。在现代护理模式中，护士良好的语言能使患者树立战胜疾病的信心，进行有效的护患沟通，建立良好的人际关系，展现出护士职业道德素养。良好的语言修养是护士必备的基本素质。护士加强语言修养要做到表达准确恰当、生动，使内容条理清晰，重视礼貌谦虚的交际语言。

案例 8-2：

罗某，女，54 岁，某公司总经理，因“发热、头痛”收入院。患者拿着入院证来到病房时，值班护士小何正在护士站处理医嘱，见新患者到来，便抬头说：“哦，新入院的吧，收到 28 床。”患者及家属来到 28 床坐下，约 10 分钟后小何推着护理车来为患者测量生命体征并做入院评估。“你是罗某吗？我现在给你测量生命体征。”小何说道。患者皱着眉头配合小何的要求，没说什么。第二天，罗某在意见簿上写道：“护士是天使，应使人感到温暖和舒适，怎么我遇见的就是这么冰冷冷的呢？”

问题：

1. 为什么罗某会感觉到“冷冰冰”呢？
2. 小何应该怎么做？
3. 在今后的职业生涯中，为避免和防范出现这类事情，护士应如何做？

案例 8-2 分析讨论：

罗某会感觉到“冷冰冰”是因为患者的期望值和护士所提供的服务发生了冲突。患者在求医过程中希望医护人员能够尊重他们的感受，不仅仅只是为他们完成治疗和护理。案例中护士小何的语言显得生硬，且在交流时过于使用专业术语，使患者不易理解。罗某作为公司总经理，其下属平常一般都对她毕恭毕敬，而在医院却没有受到医护人员的重视，心理上便产生了很大的落差，从而引起不满。

在罗某刚入院时，如果护士小何立即起身迎接，即使当时正处理其他紧急事情，也应向患者及家属说明并致歉，则可让患者感觉受到尊重和关注。进行入院评估时，护士首先应在简要自我介绍后，亲切询问患者的感受，以获得患者的信任；与患者沟通时应尽量使用通俗易懂的语言，不要使用专业术语。小何可以这样说：“不好意思，刚才没法亲自带您到病房。我是值班护士小何，您现在感觉怎样？我现在为您测量体温和血压好吗？”

应加强护士人文知识学习，在工作中能根据患者不同的文化背景和风俗习惯，提供合适的人性化服务。护士在接待患者和提供护理技术时，应首先倾听患者的感受和要求，了解患者的主要问题和相关背景，从而提供恰当的人性化护理。同时，护士在与患者交流中应避免使用专业术语，以免使患者难于理解而影响交流效果。

（一）护理语言的种类

护士应用的语言大体分为四类：安慰性语言、解释性语言、鼓励性语言和告知性语言。工作时，应根据患者的特点和不同要求采取不同的交流技巧与患者沟通。

1. 安慰性语言　患者由于饱受疾病折磨，往往精神负担重，迫切希望医务人员能帮助其解除病痛，同时得到护理人员的同情和安慰。应用安慰性语言可以体现护理人员对患者的亲切关怀，给患者以心灵上的慰藉。一般来说，安慰性语言对大多数患者都是适用的。使用安慰性语言时，说话应声调平和、态度和蔼、表情温柔，从而通过聊天取得患者的信任。例如，在给某妊娠高血压综合征患者静脉注射硫酸镁时，护士要解释注射药物时会引起局部疼痛和全身发热，一边操作一边用温柔的语气与患者交谈，分散患者注意力，避免中断治疗。

2. 解释性语言　当患者提出与疾病有关的各种问题时，护理人员要根据患者的职业、文化程度、社会背景，针对具体情况掌握好时间与场合，做耐心的解释工作。避免对病情做模棱两可的解释，导致患者胡思乱想。要达到科学解释的目的，护理人员应具备丰富的临床基础知识与专业理论知识，运用理论知识和技能帮助患者更好地认识疾病、更好地配合治疗和护理。

3. 鼓励性语言 鼓励性语言既是一种技术，更是一种艺术；既是一种知识，更是一种思想；既是一种功力，更是一种品味。鼓励性语言对神志清醒的危重患者及患顽固性疾病的患者最为重要。如对患者说"您今天气色好多了，有些化验结果恢复正常水平了"，会激发患者增强战胜疾病的信心。又如，当为外科肠梗阻患者插胃管时，轻声说"别怕，只要您配合操作，插胃管会很顺利的"，可以极大程度上缓解患者的恐惧情绪。

4. 告知性语言 根据《医疗事故处理条例》规定，患者的知情权包括三项基本内容：

（1）真实病情了解权：即患者有权了解自身所患疾病的真实情况和发展趋势。

（2）治疗措施知悉权：即患者为了避免或降低就医风险，有权选择医方拟将采取的治疗方案和治疗措施。

（3）医疗费用知晓权：即患者有权掌握自己就医所应承担的各种医疗费用的数额、用途和支出进度等。护理人员在履行告知义务时，应选择适当的对象、时机和方式。在适当的时候，告知患者有关病情的真实情况，如诊断、治疗过程、起因、预后，以及与疾病发展有关的生活事项等，使患者对治疗、用药等能够全面了解。

（二）护士塑造语言形象的注意事项

1. 真诚对待患者 护士应急患者之所急，想患者之所想，从患者的角度感受和理解，使患者消除顾虑，主动交谈，以便于获得较全面的第一手资料。同时，护士应有针对性地做好护理工作，以减轻患者的心理负担。

2. 使用科学准确的语言 护士作为患者的主要交流对象，首先要注意语言的规范性、逻辑性；其次要注意患者的表达能力，以及把握语言的深浅度等。护士不应对患者的病情妄加评论，应尽量避开一些敏感话题，以免增加其心理负担。

3. 避开晦涩难懂的医学术语 护士在进行健康教育和收集资料时，应采取通俗易懂的日常用语或亲自示范的方式和患者沟通，以提高工作效率。

4. 避免使用刺激性语言 人生病后，精神状态、心理状态、生活方式、社会适应能力等都会随之改变，常表现出对语言的刺激异常敏感。一句刺激性语言可以给患者在精神上造成伤害性刺激，并通过大脑皮层与内脏的联系，扰乱生理平衡，不利于疾病的康复。对易怒的患者，专注倾听会使暴怒的情绪安静下来，给患者压抑的心情寻找一个出口。同时注意谨言慎行，不要给患者增添无谓的烦恼。

5. 正确运用语言技巧 在临床工作中，护士与患者交谈应讲究技巧，以融洽交谈气氛、放松患者情绪，针对患者的不同职业、年龄、性格、病情、心理等使用不同的交谈技巧，如与老年患者交谈应尊敬、耐心；与重病患者交谈，语言要少而精。护士应把理解、尊重、关心患者作为心理护理的准绳，对待患者的提问应耐心解答，实事求是。但由于患者对有关问题较正常人敏感，护士可视不同情况分别对待，有的可直言，有的需委婉含蓄，从心理角度出发，满足患者身心两方面的需要。

6. 善于倾听 倾听是医学实践中最基本成分，而许多护士难以倾听患者的陈述。患者的陈述往往能暴露出患者的一些问题，注意倾听可对症施护。倾听也是语言交流中的重要技巧，护士在临床工作中不仅应正确运用语言以发挥其重要作用，而且应善于倾听。

7. 讲究语言的艺术性 为促进患者恢复健康，保持心情愉快，护士应掌握患者心理，与患者说话应生动、形象、风趣、幽默、不单调、不枯燥、不做作，从而不让患者感到沉闷或者厌倦，应活跃病房气氛，以促进患者心理健康、心理沟通。护士应该塑造自己的语言形象，使之清晰、生动、优美、幽默，给别人、也给自己带来美的享受。

四、护士的举止形象

（一）站姿挺拔

护士应力求形体发育健美，站姿挺拔、自然，显示出稳重又充满朝气与自信。

正确的站姿不仅可给人以美感，而且有助于人体内脏器官发挥正常的生理功能。站立时要做到：头正，肩平，身体正直，挺胸收腹，两腿绷直靠拢，两臂自然下垂于体侧，或两手相握置于腹前。

由于性别差异，男女基本站姿又有一些不同的要求，对男护士的要求是稳健挺拔。男子站立时，一般应双脚平行，大致与肩同宽。全身正直，双肩稍向后展，双臂自然下垂，双手贴放于身体两侧。双腿切勿叉开过宽。

禁忌站姿：体态不端，如站立时东倒西歪，斜肩，耸肩，弯腰，驼背，含胸，撅臀，双手插兜或双臂交叉抱于胸前，懒洋洋地依靠在病榻、床柜、墙壁等支撑物上，往往给人一种敷衍、傲慢、漫不经心、懒散懈怠的感觉。站立时，双手摆弄衣角辫梢、咬指甲、抓耳挠腮、双脚乱动等各种小动作，会给人以缺乏信心之感。

（二）坐姿端庄

护士在处理日常工作时，许多情况都处于坐姿，如听电话、看病案、书写护理记录等。护士的坐姿应体现端庄、稳重、自然、舒适的感觉。

正确的坐姿，坐定后上身与大腿、大腿与小腿所形成的角度有大小之分，极正规的场合，上身与大腿、大腿与小腿均应为直角，上身端正，腰部挺直。一般情况下，男士略张开双腿而坐，但不应宽于其肩宽，双手放在大腿上或交握于两腿中前部，体现出男子的自信与豁达；女护士就座则务必双腿并拢，两脚平列或稍稍前后错开，双手自然搭放在大腿上或座椅扶手上。通常在入座后，只落座椅面的 1/2～2/3，避免倚靠椅背。

禁忌坐姿：在护理工作中，可以根据工作的需要采用不同坐姿，以展现优美的形象，良好的素养。切忌半躺半坐、闭目养神、摇头晃脑、将手夹在大腿中间或压在大腿下，两膝分开或跷着二郎腿、脚尖对着他人不停抖动，这些都会给人以轻佻之感。还应避免出现其他整体姿态不雅、手的位置不妥、腿脚位置不当等形象。

（三）行姿平稳

护士在接送患者、巡回病房及为患者做各种治疗和护理时，都离不开行走。

正确而优美的行姿，如风行水上，轻快自如，给人一种干练愉快的感受。要求上身在站立的基础上，在行进中表现出动态的美感，如在行走时，头正颈直，双目平视前方，下颌微收，面容平和，挺胸收腹，双臂有节奏的自然摆动。女士步伐应轻盈、稳健，以显示出阴柔之美。男士步伐应雄健、有力，以展现刚健、英武的阳刚之美。

禁忌行姿：护士在工作中应保持良好的行姿，以体现动态美感，避免出现瞻前顾后、声响过大、忽左忽右、步位不端、体态不端等情况。

（四）蹲姿优雅

蹲姿的运用要优美、典雅。其基本要求：一脚在前，一脚在后，两腿紧靠下蹲，前脚全脚掌着地，后脚脚跟抬起，重心落在后面的脚上。

禁忌蹲姿：护士在工作中应根据不同的场合需要采用得体优美的蹲姿，要注意以下情况：在公共场合下蹲，女性需注意防止大腿叉开、翘臀部；要注意与身边的人保持一定的距离，以免碰撞；在他人身边下蹲时，要注意方位，应向着他人，侧身下蹲，正面面对他人或者背对着他人下蹲则有失礼貌；在正式场合，下蹲着休息不符合礼仪规范。

（五）手姿得体

手姿是身体语言中最富表现力的举止，正如法国画家德拉克洛瓦所说：“手应当像脸一样富有表情。”

护士持物时，应五指并拢，用力均匀。端治疗盘时，护士应掌指托盘，双手握于盘的两侧，双肘靠近腰部，曲肘90°，端盘平稳，使盘不触及工作服，用背或肩部推门。持病历夹时，护士应掌握病历夹边缘中部，将其放于前臂内侧，持物手靠近腰部。推车时，护士立于车后，双手扶把，前臂用力均匀，平稳行进。引导患者或指示方向时，护士应手臂抬至一定高度，五指并拢，掌心向上，以肘为轴，指向一定方向。

禁忌手姿：用手势帮助说话时，护士应动作适度、自然大方，切忌指指点点、双手乱摸乱放、边谈话边用手挖耳朵、抓头皮、捋头发或挖鼻孔等。这样不仅失礼而且会使患者失去对护士的信任感。

第三节 护士的内在形象

内在美是美的本质与核心，人的内在美是人的精神、道德、情操、性格、文化等内在素质的具体体现。内在美是外在美的灵魂，是做好护理工作的前提。护士的内在形象美是塑造护士专业形象美的基础。正如南丁格尔所说：“护士其实就是没有翅膀的天使，是真善美的化身。”在塑造护理职业形象的过程中，护士应不断提高内在美，不断提高发现美、欣赏美和创造美的能力，将内在美充分地表现出来，使护理职业形象更为完善。

一、品德高尚

护理工作需要尊重人的生命、尊严和权利，关系到千千万万人的生命安危。从事这项工作的人必须满怀对生命的崇敬，恪尽职守，无私奉献。南丁格尔十分重视护士的品德教育，她说：“我们要求妇女正直、诚实、庄重，没有这三条，就没有基础，则将一事无成。”护理工作要求护士必须具备高尚的道德修养、道德意识、道德情操。护士要树立良好的职业道德，确立正确的世界观和价值观，培养高尚的情操、无私奉献的精神，才能忠实于护理对象和护理事业。不论护理对象的出身、职业、地位、性别、外貌如何，护士都应一视同仁地给予同情和帮助，使他们在痛苦中得到安慰，在失望中得到鼓励。

护士应以真诚善良去面对遭受病痛折磨的人们，理解他们的心情，感受他们的痛苦，祝福他们的康复，发自内心的爱患者。真诚善良是“人生的雨露甘霖，是温暖人类心灵的火焰，是心与心的和谐与信赖，是爱与爱的共振与交融”。真诚善良就是真实地做人，明白地做事，善待自己，善待他人，才能具有宽容、大度的胸怀。真诚善良是做人的根本，是塑造人格魅力的基础。

二、心灵诚实

诚实是一种美德。护理工作要求护士具备高度的工作自觉性和责任感，具备诚实的心灵，诚实地对待工作和服务对象。护士诚实的美德体现为“慎独”。对护士而言，慎独不是一个空洞的概念，而是其应具有的最基本的一项素质。无论人前还是人后；无论领导在与不在；无论面对的患者是年长还是年幼，是昏迷还是清醒，护士都要时时刻刻想到患者的利益，一如既往地按照操作规程与要求完成各项护理工作。否则，不仅会造成护士工作上的失误，甚至会造成不可挽回的差错事故，并给护理对象带来痛苦和损失，还要面对自己内心的愧疚。所以，护士要诚实地对待工作与患者，自觉地为患者提供优质的服务。

三、心理稳定

心理素质是一个人在认识过程、情绪过程、意志过程和个性心理特征等方面所具备的心理品质，也是一个人行为的内在驱动力。现代护理不仅要求护士能够做好患者的心理护理工作，而且要求护士自己必须具备健康的心理素质。这是做好护理工作的前提。

护理工作是一项艰辛的工作，护士在工作中经常会碰到许多来自患者、社会等各方面的压力和困难。因此，护士要能适应并胜任护理工作，为护理对象提供高质量护理服务，自身首先就要具备健康的心理素质、良好的职业性格、稳定的情绪。护士应学会转移和消除来自社会、家庭、单位、工作中各方面的心理刺激并控制和疏导自己的不良情绪，善于调整心态，耐心倾听患者主诉并做好身心整体护理。当有负面情绪时，护士可以通过一些途径以释放和调节情绪。护士应培养积极情感，加强意志锻炼，经常保持热情、愉快、稳健的情绪，通过自己积极乐观的情绪感染护理对象，帮助服务对象乐观向上，以增强其战胜疾病的信心。

四、知识全面

自南丁格尔创立了科学的护理事业以来，护理学科得到了社会的高度重视和迅速发展。随着新的医学模式的转变，护理工作的作用与范围也随之发生了变化。护理学已经不只属于治疗学的一部分，而是指从健康的要求出发，对人的生命过程中不同阶段的健康给予护理学方面的关怀和照顾。护理工作的任务已由单纯执行医嘱转移到“以人为中心”，为护理对象提供生理、心理、社会和文化等全方位的照顾。这就对每一位护士的知识水平和知识面提出了更高的要求。护理人员除了要掌握医学知识与技能外，还要广泛地学习各方面的知识，如社会科学、人文科学等，并把所学的知识与护理实践相结合。

当今是信息资源社会，医学科学发展迅猛。未来的护理事业是以现代化、自动化、信息化来体现其作为人类生命科学的价值。因此，护士要树立终生学习的理念，用不断探索和创新的成果来推动护理科学的进步和发展。只有博览群书，才能开阔视野，得到更多的启发和收益，才能站在飞速发展的护理前沿，多角度、全方位地帮助护理对象恢复健康，提高生命质量，显示出现代护士聪慧、稳重、审慎、能干、优雅的气质与形象。

第四节　护士群体形象

护士的群体形象需要通过每位护士的言行举止、工作态度、服务质量等共同塑造。护士应处理好护士群体内部之间的关系，护士群体与医疗机构中其他群体包括医师群体、行政管理及后勤人员群体之间的关系，要互相尊重、互相爱护，本着“患者第一”的原则，明确分工而又协调一致，团结协作，密切配合，通过展示自己各方面的才能，来体现出护士良好的职业素养和修养，展示护理专业美好的职业形象，使整个护理工作处于和谐有序状态，从而不断地提高护理质量。

护士的群体形象应符合社会对理想护士角色行为的期待，而每一位护士又应在日常工作、学习中，不断向这一理想角色的行为规范靠拢。如此，这一群体的形象才能适应社会的价值观、需要和情感，才能获得全社会的肯定与认可。人们称护士是“白衣天使”，以及赋予护士美丽、温柔、善良的专业形象的期望。

国内学者对“什么是现代社会所期望的理想护士形象”展开了一系列研究。调查显示，护理对象对护士仪表美的满意率最高，而对护士的人文关怀满意率最低。这说明近年国内许多医院在护士外在形象方面进行了积极改革并取得较好的成效，而护理对象对护士内在美的需求和期望仍较高。因此，当代护士应着重培养自身的人文素质，争取达到内在美与外在美的统一，从而提高“以人为本”的服务质量。另有调查显示，护理对象所期望的理想护士形象是性格温柔、情绪稳定、善于忍耐、技术精良、工作负责。可见，传统的职业形象如护士的爱心、温柔、耐心、责任心等，应该继续保持并发扬光大。

要点提示

1. 护理职业形象指护士群体或个人在护理实践中的外表、思想、语言、行为、知识等的外在体现，包括有形的外在形象和无形的内在形象。它不仅体现在护士的仪表、风度、行为举止和姿态等外在形象中，而且反映了护士的职业道德品质、知识、心理状态等内在素质。

2. 南丁格尔为护理教育的迅速发展奠定了基础。她强调护理伦理及人道主义护理观念，要求平等对待每位患者，不分信仰、种族、贫富，给患者平等的护理。南丁格尔所主张的“护士必须具备一颗同情心和一双愿意工作的手”及护士必须具备“精湛的护理技能和献身精神”成为当时护士职业形象的内涵。

3. 一位行为举止得体规范的护士，应具备端庄整洁大方的仪表、训练有素的举止、恰当的言语技巧，以及真诚的微笑、亲和的眼神。这些不仅能提高护士的自身修养与职业素质；还能提高患者对护理工作的满意程度，增加护患之间的信任感；并能给患者及家属良好的心理感受，唤起患者对健康和生命的美好向往，使其树立战胜疾病的信心，以传递正面能量。

4. 护士的群体形象应符合社会对理想护士角色行为的期待，而每一位护士应在日常工作、学习中，不断向这一理想角色的行为规范靠拢。如此，这一群体的形象才能适应社会的价值观、需要和情感，才能获得全社会的肯定与认可。

思考题

1. 简述南丁格尔塑造的护理职业形象。
2. 论述护士外在形象美的内容。
3. 为什么说外在美和内在美的有机结合是护理职业形象美的最佳体现？
4. 结合临床工作，举例说明提高护理职业形象对于护患沟通的作用是什么？

（李　欣）

第九章 护理礼仪美

学习目标

1. 知识与技能：能正确简述礼仪的概念、礼仪的内容和礼仪的分类。
2. 过程与方法：通过护理礼仪的实践活动，塑造良好的护士形象。
3. 情感与态度：能领会护理礼仪美的学习内容，规范自己的行为举止。

案例 9-1：

某病房护士小王，护理技术操作熟练，口头表达能力不错，人也朴实勤快。可每月的患者反馈统计中，小王的得分却并不高，问题出在哪儿呢?护士长经过一段时间的观察，终于发现了缘由。原来，小王是个不爱修边幅的人，上班时头发经常会不经意地垂下一两绺；指甲长度虽然在规定范围内，但里面却经常藏着很多“东西”；工作服上常常有许多污渍；有时候没拿病历，就在手上记录各项观察值。小王喜欢吃葱和蒜，吃完后也不及时去除异味，经常让人感到“口味大”。还有患者反映，小王说话太快，健康宣教时经常没等患者听懂就已经结束，有时说话急促，风风火火的，好像总是忙忙碌碌，没有与患者交流的时间。

问题：小王的问题出在哪里?

案例 9-1 分析讨论：

护士的个人容貌服饰、行为举止、语言交流无不在护理工作的细节中反映出来，不仅直接影响到个人形象，还会影响到护理质量的考核评定。因此，通过小王的个案，提醒护士在护理工作中要注重仪容仪表礼仪，塑造护士良好的形象。

随着医学模式的转变，整体护理已成为当今护理的新理念。作为一名新时代的护理工作者，不仅需要拥有丰富的医学理论知识和熟练的操作技能，还要不断提高自身素质，具备良好的职业礼仪修养。护士礼仪（nurses etiquette）是一种职业礼仪，是护士在职业活动中所遵循的行为标准，是护士行为、修养、气质等职业素质的综合反映。良好的礼仪可以体现出护士的文化修养、审美情趣及知识涵养，是个人自尊自爱的表现。护士在工作中注重自己的仪表也反映出其对工作的高度责任心和事业心。护士礼仪包括职业形象塑造、语言的艺术、人际沟通技巧及护士行为规范。

第一节 礼仪概述

礼仪（etiquette）是由社会发展形成的约定俗成的交往规范，是社会生活中人们共同遵守的健康礼节和仪式，是文明社会人们彼此交往的基本修养，是人类文明的表现形式之一，是人类不断摆脱愚昧、野蛮，逐渐走向开化、文明的标志，指导和协调着个人或团体在社会交往中的行为举止。礼仪不是抽象的概念，不是深奥的理论知识，礼仪体现在每个人的语言和行为中。即使是很简单的一句话，很细小的一个动作，也能反映一个人的礼仪修养。就个人来说，礼仪修养是一个人的思想道德水平、文化修养、交际能力的外在表现；对社会来说，礼仪修养是一个国家社会文明程度、道德风尚和生活习惯的反映。

一、礼仪的起源与历史演变

我国自古就以“文明古国”“礼仪之邦”著称于世，礼尚往来、以礼相待等文明礼教，传承千年。揭示礼仪的起源及其历史演变，有助于护士更深入地了解礼仪文化，以更好地指导礼仪实践。

（一）礼仪的起源

自从有了人，有了人与自然的关系，有了人与人之间的交往，“礼”便产生和发展起来，而促成礼仪产生的因素是多种多样的。

从理论上讲，“礼”起源于人类对协调主观、客观矛盾的需要，并非一开始就作为行为规范为人们所自觉遵守，最初只是一种习惯、一种意向。原始社会人类处于愚昧状态，认识世界的能力极为有限，生产力非常落后，人们的生理需要得不到满足，安全得不到保障，为了生存，人们常常会有意无意地用一些象征性动作向同类表示自己的意向和情感。比如当不同部落的人相遇时，如果双方都怀有善意，便伸出一只手，手心朝前，向对方表示自己没有武器，并让对方抚摸掌心以表示亲近、问候之意。这些动作从偶然地表示某种意向，到成为习惯为社会所认可，进而自然地成为人们的行为规范，就是最初的“礼”。不过这种“礼”与现代礼仪是有区别的。古代的礼仪是无意识的；现代的礼仪是有意识的，已经成为人们日常生活中的润滑剂，并且渗透到社会生活的各个方面。

从仪式上讲，“礼”起源于原始的宗教祭祀活动。在人类的早期，生产力低下，人类认识自然、改造自然的能力很差，对大自然中的许多现象如刮风下雨、开花结果等都无法做出科学的解释，更谈不上掌握和利用自然规律；许多自然灾害，如地震、火山喷发、洪水，甚至山崩、海啸等都无法避免，无法克服。在人类面对自然力量的肆虐而感到无法认识与控制的时代，人类便认为“万物皆有灵”，相信天地之间有神灵的存在。从而产生了对自然界和自然力量的敬畏与崇拜，于是人们开始祭祀、崇拜、赞颂神灵，期待以人们的虔诚感动神灵，为人类赐福，消灾解难。逐渐开始有了祭祀等形式，原始的礼便产生了，后来发展为宗教仪式。而这些仪式被固定下来，形成了“礼”。

随着社会的发展和进步，人类对自然现象和各种社会关系的认识不断加深和丰富，最初的敬畏心理逐渐转化为对社会的控制、利用和改造的意识，原先所创立的礼仪，远不能适应各种复杂的现实关系。于是“礼”的内容便开始发生本质的变化，逐渐扩展到社会生活的各个方面，除了使人类在天地之间追求平衡与和谐外，还开始和人际关系的平衡与调整相结合，通过衍化、发展，进而渗透到社会政治领域，形成一套具有普遍参照意义的程式与规范。于是“礼”就确立了。

（二）礼仪的历史演变

1. 从历史发展的脉络看，中国古代礼仪演变的过程大致可分为以下几个阶段。

（1）礼仪的起源阶段：礼仪起源于原始社会，即公元前 21 世纪的夏朝产生之前。据考古学、民俗学等方面的材料证明，我国原始社会的社会生活中已经形成了颇具影响的礼仪规范。原始的宗教礼仪、婚姻礼仪等已具雏形。到了新石器时代晚期，人际交往礼仪也初步形成。炎黄五帝时期，礼仪的内容日渐丰富。尧舜时代，国家已具雏形，同时民间交往礼仪进一步发展，延续几千年的拜、揖、拱手等礼仪，此时已广泛运用于社交活动之中。

（2）古代礼仪的成熟阶段：大约在夏商周三代，我国传统礼仪进入了一个飞速发展以至成熟的时期。在这一时期礼仪被典制化，礼仪内容涵盖政治、宗教、婚姻、家庭等各方面，奠定了华夏传统礼仪的基础。由于已经进入阶级社会，所以更加突出了君臣、父子、兄弟、亲疏、尊卑、贵贱等等级关系，从婚姻家庭到政治、社会交往，无处不体现等级特点。我国历史上第一部记载“礼”的书籍——《周礼》出现于西周时期。《周礼》《仪礼》和《礼记》是我国最早的礼制百科全书，称为“三礼”。这“三礼”的出现标志着中国古代礼仪进入了一个成熟的时期，中国后世的礼仪深受“三礼”的影响。

（3）古代礼仪的变革阶段：春秋战国时期，社会经历了深刻的变革，奴隶制度逐渐走向崩溃，封建制度代之而起。孔子、孟子、荀子等思想家在理论上阐述了礼的起源、本质、功能等问题，第一次全面而深刻地阐述了社会等级秩序的划分及其意义，以及与之相适应的礼仪规范、道德义务。孔孟等思想家的礼仪思想构成了中国传统礼仪文化的基本精神，对古代中国礼仪的发展产生了重要而深远的影响，奠定了古代礼仪文化的基础。

（4）封建礼仪的形成、强化和衰落阶段：封建礼仪形成于秦汉时期，以后各朝代均有发展，特别是在唐朝得到了进一步强化，到清末封建礼仪日渐衰落。清朝末期，尤其民国时期，西方文化大量涌入中国，传统礼仪文化和规范逐渐被时代所抛弃，科学、民主、自由、平等等观念和与之相适应的礼仪标准得到传播和推广。

（5）现代礼仪阶段：中国的现代礼仪始于五四运动，延至今日。我国现代礼仪对传统礼仪进行了猛烈的抨击，特别是新文化运动的兴起，直接为现代礼仪的产生创造了条件。我国现代礼仪将一些落后的传统礼仪抛弃，将一些优秀的传统礼仪保留，并增添了许多新的内容，成为避免冲突、维护社会秩序的行为规范，成为精神文明的重要组成部分，使尊老爱幼、以诚待人、先人后己、礼尚往来等我国传统礼仪中的精华得到继承和发扬。

礼仪作为一种意识形态的具体表现形式，也在适应人类文明的步伐中不断变革、不断更新和不断发展。加之与国际的接轨，礼仪的形式和要求也呈现多元化趋势，逐渐朝着提高人们的整体素质，促进社会精神文明建设的方向变化和发展。

2. 西方礼仪文化也有一个产生和发展的过程 西方的文明史在很大程度上表现了人类对礼仪的追求与礼仪演变的历史。在古希腊、古罗马时代的诗歌典籍、荷马史诗，以及苏格拉底、柏拉图、亚里士多德等的著述中，都有关于礼仪的论述。产生于斯堪德纳维亚地区的古代史诗《伊达》，对于社交场合的礼宾次序、餐桌上的用餐规矩、酒席的持杯祝酒、交谈中的辞令修辞等已有较详尽的说明，同时，对不能遵守各种礼仪规范者，还规定了一定的处罚规则。中世纪教会礼仪盛行，教会经典一方面束缚着人们的人际交往，另一方面又对人们的为人处世提出礼仪要求。文艺复兴运动使人们从封建的枷锁中解放出来，神权受到冲击，宗教礼仪逐渐失去主导地位，自由、平等、博爱等思想观念渗入到礼仪文化中，使人类历史上的传统礼仪发生了重大变化。

礼仪的起源与发展是与社会的进步和发展紧密结合在一起的，历史发展到今天，礼仪在继承传统礼仪文化精髓的基础上，不断增添新的内容，各个国家和民族都形成了自己独具特色的礼仪文化和礼仪规范。国家有国家的礼制，民族有民族的礼仪习俗，行业有行业的礼仪规范。当今世界已形成了一些被普遍认可和接受的礼仪惯例，个性与共性共存是当今世界礼仪的特点。

二、礼仪的基本概念

（一）“礼仪”的演变

中国是一个历史悠久的文明古国，“礼仪”一词很早就被作为典章制度和道德教化来使用。通常讲的“礼仪”是“礼”和“仪”两个词的合成词，但最早的“礼”和“仪”常常是分开使用的。在古代典籍中，“礼”主要有三层含义，一是等级制度及与其相适应的礼节，二是尊敬和礼貌，三是礼物。“仪”在古代汉语中也有三层意思，一是指容貌和外表，二是指礼节和仪式，三是指准则和法度。将“礼”与“仪”连用始于《诗经·小雅·楚茨》，此外，《周礼》中也有关于礼仪的说法。中国古代的“礼仪”从本质上讲是道德教化，它不仅仅是指表面的形式，更主要的是指道德的内涵。礼仪是道德的重要内容，又是道德的重要表现形式。

西方国家的“礼仪”一词始于法语，原意是“法庭上的通行证”。在古代法国，法庭规则通常被写在进入法庭的通行证上，发给进入法庭的每个人，让他们了解并在进入法庭后严格遵守。后来“礼仪”一词进入英语，演变成“人际交往的通行证”，有三层含义，一是指谦恭有礼的言辞和举动，二是指教养、规矩和礼节，三是指仪式、典礼、习俗等。

（二）礼仪的定义

古人讲"礼者敬人也"，礼仪是一种待人接物的行为规范，也是交往的艺术。它是人们在社会交往中由于受历史传统、风俗习惯、宗教信仰、时代潮流等因素的影响而形成的，既为人们所认同，又为人们所遵守，是以建立和谐关系为目的的各种符合交往要求的行为准则和规范的总和。对一个人来说，礼仪是一个人的思想道德水平、文化修养、交际能力的外在表现；对一个社会来说，礼仪是一个国家社会文明程序、道德风尚和生活习惯的反映。

三、礼仪的内容

随着时代的变迁、社会的进步和人类文明程度的不断提高，礼仪的内涵在对古代礼仪扬弃的基础上，与时俱进，不断推陈出新，内容更完善、更合理、更加丰富多彩。

礼貌、礼节、礼仪、仪表、仪式

在一般人的表述之中，与"礼仪"相关的词最常见的有礼仪、礼貌、礼节、仪表、仪式。在大多数情况下，它们是被混用的；从内涵上来看，它们又不可简单地混为一谈。它们之间既有区别，又有联系。

礼仪是对礼貌、礼节、仪表、仪式等的统称，是社会文明程度、道德修养和生活习俗的反映。

1. 礼貌（polite） 是指人们在交往过程中为表示尊重和友好，通过语言和动作向交往对象表示谦虚和恭敬的行为规范，如尊称、主动打招呼、道谢等。礼貌是通过身边的小事体现出来的，侧重于表现人的品质与素养，是人类文明行为最基本的要求。在现代社会，使用礼貌用语、对他人态度和蔼、举止适度、彬彬有礼、尊重他人，已成为日常的行为规范。

2. 礼节（ceremony） 是指人们在交际场合，相互表示尊重、祝贺、问候致意、迎来送往、慰问或哀悼等的惯用形式。社交上，礼节是礼貌在语言、行为、仪态等方面的具体表现形式。如接待来宾时许多国家通常见面握手、献花，还有一些国家采用拥抱、亲吻等，都属于礼节的具体形式。它与礼貌之间的相互关系是没有礼节，就无所谓礼貌；有了礼貌，就必然伴有具体的礼节。

3. 仪表（instrument） 是指人的外在表现，包括容貌、服饰、姿态、风度和个人卫生等，是人的精神面貌的外观。端庄的仪表既是对他人的一种尊重，也是自尊、自重、自爱的一种表现。在人际交往中，每个人的仪表都会引起交往对象的特别关注，并将影响着他人对自己的整体评价。

4. 仪式（ceremony） 是在较为庄重的场合为了表示敬意或隆重，举行的具有专门程序的规范化的活动，是一种比较正规、隆重的礼仪形式。人们在社会交往过程中或组织各项专题活动中，常常要举行各种仪式，以体现出对某人或某事的重视，如各种会议、项目的开幕式或闭幕式、颁奖仪式、签字仪式、结婚仪式、欢迎仪式等。

显而易见，礼貌是礼仪的基础，礼节、仪表、仪式是礼仪的基本组成部分；礼仪在层次上高于礼貌、礼节、仪表、仪式，其内涵更深、更广。礼仪的完整含义应该包括四个方面：第一，礼仪是一种行为准则或规范；第二，礼仪受文化传统、风俗习惯、宗教信仰及时代潮流的直接影响；第三，礼仪是个人学识修养、品质的外在表现；第四，礼仪的目的是通过社交各方的相互尊重，达到人际关系的和谐状态。

四、礼仪的分类

礼仪依据其适用对象，适用范围的不同，大致上可以分为政务礼仪、商务礼仪、服务礼仪、社交礼仪和国际礼仪五个主要分支。

1. 政务礼仪　也称国家公务员礼仪，是国家公务员在执行国家公务时所应当遵守的行为规范。

2. 商务礼仪　是公司、企业的从业人员及其他一切从事经济活动的人士在经济来往中所应当遵守的行为规范。

3. 服务礼仪　是各类服务行业的从业人员在自己的工作岗位上所应当遵守的行为规范。

4. 社交礼仪　也称交际礼仪，是社会各界人士在一般性交际应酬之中所应当遵守的行为规范。

5. 国际礼仪　也称涉外礼仪，是人们在国际交往中，同外国人打交道时所应当遵守的行为规范。

政务礼仪、商务礼仪、服务礼仪是按照行业划分的，也称行业礼仪或职业礼仪；社交礼仪和国际礼仪是按照交往范围进行划分的，也称交往礼仪。

职业礼仪是指从事一定职业的人们在职业生活中所应当遵守的行为规范。护理礼仪属于行业礼仪，是一种特定职业的职业礼仪，指的是护士在工作岗位上所应当遵守的行为规范。行为规范是一个人的举止、仪表、谈吐等方面所应当遵循的具体要求，护士行为规范是护士在工作岗位上为了能更好地完成本职工作、为了能更好地为患者服务所应当遵循的具体要求。护理礼仪不仅是护士素质的体现，也是增进护患关系、促进患者康复的有效途径，是随着健康观念及医学模式的转变及现代护理理念的产生而逐渐产生和发展起来的。

五、礼仪的原则与作用

（一）礼仪的原则

1. 遵守的原则　在社会交往过程中，任何人无论其身份高低、财富多少，都应当自觉自愿地遵守礼仪规则，以礼仪去规范自己在交际活动中的言行举止，任何人都有自觉遵守礼仪、应用礼仪的义务；否则，交际就难以成功，就会受到公众的指责。这种要求参与者自觉自愿以礼仪去规范自己交往言行的现象就是遵守的原则。

2. 自律的原则　礼仪规范由“对待他人的做法”和“对待自己的要求”两部分组成，其中最重要的就是对自我的要求，即运用礼仪中需要重视自我要求、自我约束、自我控制、自我检点、自我对照和自我反省。对待个人的要求是礼仪的基础和出发点。如果不能律己，只会律人，不讲慎独与克己，遵守礼仪就无从谈起。只有每个人都按照要求严格规范自己的言行，人与人之间的交往才会和谐顺利。正如古人所云 “己所不欲，勿施于人”，就是自律的原则。

3. 敬人的原则　在礼仪的两大构成部分中，有关对待他人的做法这一部分，比对待个人的要求更为重要，实际上是礼仪的重点和核心。对待他人的做法是指在人际活动中的互相谦让、互相尊敬、友好相待、和睦相处。要把对交往对象的尊重、尊敬和友好放在首位，要做到敬人之心常存，不可伤害他人的尊严，更不能侮辱对方的人格。尊敬是相互的，你尊重别人，别人才会尊重你。在德国的公共场合，凡是有门的地方，总会有这样的现象，走在前面的人，进去后总要回头看后面有没有人进门。如果有，走在前面的人就扶着门让后面的人进去；后面的人进去后，也总是要向扶门的人说声谢谢。令人感动的是，所有的人都这样做，而且非常自觉。

4. 宽容的原则　礼仪的基本要求是尊重人，在人际交往活动中要多容忍、体谅他人，应严于律己、宽以待人，不应求全责备、斤斤计较、过分苛求、咄咄逼人。要有容人之短、海纳百川的胸襟与度量，“水至清则无鱼，人至察则无徒”，不必强求他人与自己完全保持一致，给对方以个人行为和自我判断的自由，是尊重对方的一种具体表现。学会虚心地接受别人的批评意见，即使批评错了，也要认真倾听，只要不是出于恶意，就应以宽容大度的姿态对待，有则改之，无则加勉。

5. 平等的原则　平等是建立良好人际关系的前提，礼仪的核心就是要尊重交往对象，以礼相待。因此，对交往对象都应以诚相待、一视同仁，给予同等程度的礼遇，不因年龄、性别、文化、职业、地位、财富、国籍、种族及与自己关系的亲疏远近等而不同，但允许因人而异，根据不同的交往对象，采取不同的方法。

6. 从俗的原则 人际交往中因国情、民俗、文化背景差异存在着“十里不同风、百里不同俗”的现象，礼仪与各民族的风俗习惯、宗教信仰等有很大关系。在交往过程中要求人们尊重对方，入乡随俗，入境问禁，与绝大多数人的习惯做法保持一致；而不能妄自尊大，自以为是或简单否定其他民族和国家的习俗。

7. 真诚的原则 真诚是人与人相处的基本态度，是一个人外在行为与内在道德的统一。在人际交往中运用礼仪时务必待人真诚、言行一致、表里如一，使交往的对方理解和接受你的真诚。不能口是心非、言行不一，更不能阳奉阴违。

8. 适度的原则 为了保证礼仪沟通的实效，应注意掌握技巧，合乎规范，把握分寸，适度得体。既要彬彬有礼，又不能低三下四；既要热情大方，又不能轻浮谄谀；既要诚挚友好，又不能虚伪客套；既要坦率真诚，又不能言过其实；既要优雅得体，又不能夸张造作；既要尊重习俗，又不能粗俗无礼。避免做得过头或做得不到位，以免不能正确地表达自己的自律、敬人之意。

（二）礼仪的作用

在交往活动中，人们能否懂得并熟练运用得体的礼仪，是一个人所受教育程度的体现，是一个人内在素质的表现，也是一个人道德水准高低的标尺。每个人都渴望成功，都期待自己事业有成；那么，必须学好并运用现代礼仪知识，以赢得人们的认可。

1. 提高自身修养 礼仪是一个人思想水平、文化修养、交际能力的外在表现。在人际交往中，礼仪是衡量一个人文明程度的准绳。它不仅反映着一个人的交际技巧和应变能力，而且还反映着一个人的气质风度、阅历见识、道德情操、精神风貌，可以说礼仪就是教养，有教养才能表现文明。学习和运用礼仪，不仅可以提高个人的修养，而且可以提高个人的文明程度。

2. 美化自身、美化生活 礼仪在一个人仪容、表情、举止、服饰、谈吐等方面都有详尽的规范。因此，学习和运用礼仪，将有益于人们更好地设计和维护个人形象，充分地展示个人的良好修养与优雅风度，对自身起着美化的作用。当每一个人都能够重视美化自身、都能够以礼待人时，人和人之间将变得更加和睦，生活将变得更加温馨。这时美化自身会发展为美化生活。

3. 改善人际关系 一个人只要与他人交往就不能不讲礼仪。运用礼仪，不仅可以使个人在交际活动中充满自信、胸有成竹、处事不惊，更能够帮助人们规范彼此的交际行为，更好地向交往对象表达自己的尊重、敬意、友好与友善，增进人与人之间的了解与信任。如果每个人都能够正确地运用礼仪，长此以往，必将促进社会交往的进一步发展，帮助人们更好地取得交际的成功，进而造就和谐、宽松的人际关系。

4. 净化社会风气、创建精神文明 反映个人教养的礼仪，是人类文明的标志之一。一个人、一个单位、一个国家的礼仪水准如何，往往反映着这个人、这个单位、这个国家的文明程度、整体素质及整体教养。礼仪是精神文明建设的重要组成部分，是社会文明程度、道德境界和生活习俗的反映。每个人遵守礼仪，运用礼仪，将有助于社会风气的净化、提升个人乃至全社会的精神品位，从而推进社会主义精神文明的建设。

总之，礼仪是一张交际名片，可以帮助人们规范言谈举止，学会待人接物，塑造良好形象，赢得社会的尊重；礼仪是一张创造幸福生活的通行证，可以帮助人们架设友谊桥梁，通向成功之路。因此，注重礼仪是每个人立足社会、成就事业和打造美好人生的重要条件。

第二节　护理基本礼仪

护理礼仪是护理专业的行为规范。护士除了具备一定的专业知识外，还必须具有良好的礼仪素养。护士良好的职业形象内在修养和精神风貌培养有赖于护理礼仪的学习。注重护理礼仪不仅体现护士个人的整体素质，而且可以增进护患关系，加快患者的康复。护理礼仪是一种专业文化模式，是研究护理工作中交往艺术的学问。护理礼仪除具有一般礼仪的基本特点外，还具有护理专业的文化特性。护理礼仪在适用对象、适用范围上存在显著的专业特征。

一、仪容仪表礼仪

人们常说不可“以貌取人”，但在人际交往中仪容表达出的意义常常可以透视出一个人的内在品质。容貌在很大程度上依赖于遗传因素，但也不完全是先天的，后天的努力、适当的修饰及保养，也有举足轻重的作用。每一个社会人都应该懂得如何修饰自己的仪容，得体、优雅的仪容能够增加人的自信并激发乐观进取的心态。

（一）护士仪容仪表

仪容（grooming），通常指人的外貌或容貌，主要包括头部和面部。仪容礼仪指的是人的外貌或容貌的美化和修饰。在仪表礼仪中，仪容是重要内容。而对于护士来说，仪容礼仪的首要要求是仪容美，包括三个方面的内容。

1. 仪容的自然美　指仪容的先天条件好，天生丽质。一个人的容貌如何，往往与遗传因素有关。尽管以貌取人不合情理，但先天美好的仪容相貌，无疑会令人赏心悦目，感觉愉悦。

2. 仪容的修饰美　指依照规范与个人条件，对仪容进行必要的修饰，扬长避短，设计并塑造出美好的个人形象，使自己在人际交往中显得更加自尊、自爱、自信。

3. 仪容的内在美　指通过后天不断地学习，提高自己的思想道德水准、文化艺术素养，培养出自己优雅的风度、高雅的气质与美好的心灵，使自己秀外慧中，表里如一。

真正意义上的仪容美，应该是三方面的高度统一，忽略其中任何一个方面，都会影响个人的仪容美。护理是一个服务专业，对护士仪容美的要求是自然端庄的面容、整洁简约的发式、恰到好处的修饰化妆及高尚的职业道德情操。这样才能使患者在与护士接触的过程中感受到护士的专业形象之美，从而更好地配合治疗和护理，促进其自身健康。

（二）面部表情

1. 笑容　正面的笑容可以向交往对象表示友善，拉近彼此之间的距离，促进交往的顺利进行，消除隔阂。相反，负面的笑容表达消极的情绪，不利于和谐。社会交往中人们应该正确并恰当地运用笑容，从而达到人际关系的和谐状态。在日常生活中，合乎礼仪的笑容大致可以分为以下几种。

（1）含笑：属于最浅的笑，表现为不露齿，不出声，仅面带笑意。其表示接受对方，待人友善，适用范围较为广泛。

（2）微笑：比含笑更深的笑，表现为嘴角部明显上弯，略呈弧形，不露出牙齿或只露出 6～8 颗牙齿，不发声。其表示自乐、充实、知心会意、友好，适用范围最广。

（3）轻笑：属于比微笑更深的笑，表现为嘴巴微微张开一些，上齿显露在外，不发出声响。其表示欣喜、愉快，多用于会见亲友、向熟人打招呼等情况。

（4）浅笑：属于轻笑的一种特殊情形，表现为笑时抿嘴，下唇大多被含于牙齿之中。其多见于年轻女性表示害羞之时，通常又称为抿笑。

（5）大笑：属于比浅笑更深的笑，表现为两嘴唇张开，弧形较大，上下牙齿大部显露，口中发出“哈哈哈”的笑声。其表现太过张扬，一般不宜在社交场合中使用。

在以上所有的笑容里，微笑最自然、最大方且最为友善，也是礼貌待人的最基本要求。护士在工作时要视环境和对象灵活运用。护士的微笑是心理健康、精神愉快的标志，可以调节情绪，获取信任，消除隔阂，美化人的外在形象，陶冶人的内心世界。在护患交往中，微笑体现了护士对患者的尊重和体谅。一个关心的微笑，会大大缓解患者身心的痛苦；相反，若护士对患者面无表情，冷若冰霜，就会给患者心理上带来更大的压力，甚至产生抵触情绪和行为，延误治疗时机。因此，护士应把职业微笑带给每个患者，带给他们温馨、友善、谦恭、和蔼的美好情感，为患者提供有力的精神支柱。

2. 眼神 也称为目光，指的是人们在进行注视时，眼部所进行的一系列活动，以及在这一过程中所呈现出的神态。在人与人之间进行交流时，眼神的交流总是处于最重要的地位。眼神是最清楚、最正确的信号。交流过程中，双方要不断地应用眼神表达自己的意愿、情感，还要适当观察对方的眼神，探测“虚实”。交流结束时，也要用眼神作一个圆满的结尾。在各种礼仪形式中，眼神运用得当与否，直接影响礼仪的质量。

人们在日常生活中借助于目光所传递的信息，称为眼语。其构成一般包括注视部位、注视时间、注视角度、注视方式及眼神变化五个方面。护士在与患者进行交流时要注意眼语的使用。

（1）注视的部位：注视区的选择视交往对象距离的远近及工作内容而定。

1）当与他人相处时，可以注视对方的双眼，表示自己在全神贯注地倾听对方讲话。

2）问候对方、听取诉说、征求意见、向人道贺或者与人道别时，应注视对方的双眼，但注视时间不宜过长。

3）接待患者或与患者长时间交谈时，可以散点柔视的方式将对方的整个面部作为注视区域。

4）双方距离较远或站立服务时，要以对方的全身为注视点。

在注视对方的时候，不要随意去打量交往对象的头顶、胸部、臀部或大腿等敏感部位，这是失礼的表现。

（2）注视的时间：注视对方时间的长短是十分有讲究的。

1）表示友好：注视对方的时间约占全部相处时间的 1/3。

2）表示重视：注视对方的时间约占全部相处时间的 2/3。

3）表示轻视：注视对方的时间不到全部相处时间的 1/3。

4）表示敌意：注视对方的时间占全部相处时间的 2/3 以上。

5）表示感兴趣：目光始终盯在对方身上，偶尔离开一下或注视对方的时间占全部相处时间的 2/3 以上。

（3）注视的角度：注视别人时，目光的角度，即目光从眼睛里发出的方向，表示与交往对象的亲疏远近。

1）正视：即在注视他人时，与之正面相向，同时还须将上身前部朝向对方。在交谈时，正视别人是做人的一种基本礼貌，主要表示重视对方。

2）平视：即在注视他人时，身体与对方处于同一高度。其表示双方地位平等。在正视他人时，往往要平视对方。其适用于普通场合与身份、地位平等的人进行交往。

3）仰视：即在注视他人时，自身所处的位置低于对方，而需要抬头向上仰望对方。其表示崇敬、敬畏、期待，适用于面对尊长之时。

4）俯视：与仰视相反，自身所处的位置高于对方，表示权威、支配或对他人轻慢、歧视。其一般适用于身居高处之时；也可用于对晚辈表示宽容、怜爱或者对人表示轻蔑、歧视。

（4）注视的方式：在社交场合注视他人有多种方式。

1）直视：即直接注视对方。其表示认真、尊重，适用于各种情况。若全神贯注地注视，则称为凝视，表示专注、恭敬。

2）盯视：即目不转睛地长时间地凝视某人某一部分。其表示出神或挑衅。

3）睨视：即斜着眼睛注视。其表示怀疑、轻视，一般应忌用。

4）扫视：即视线飘浮不定，注视时上下左右反复打量。其表示好奇、吃惊，不可多用，对异性尤其应禁用。

5）眯视：即眯着眼睛注视。其表示惊奇、看不清楚。此种方式不雅观，不宜采用。

6）环视：即有规律地注视不同的人或事物。其表示重视、礼貌、一视同仁。

7）他视：即与对方交谈时不注视对方，眼睛看着别处。其表示害羞、胆怯、心虚、心不在焉。其给人的感觉是不友好、不尊重他人。交谈时应禁用。

8）虚视：即目光不集中，目光不聚焦于某处。其表示失意、胆怯、疑虑等，护士若用这种目光，患者会认为护士无能，产生不安全感。

（5）眼神的变化：眼神是内心情感的流露，是极为丰富微妙的。随着内心情感的变化而变化，护士在工作中，要正确运用眼神，就要做到：一方面努力提高自身的礼仪修养；另一方面，要学会观察别人的眼神，从对方眼神所反映的真实态度中，调整自己的交往方式。

（三）护士工作发式

由于护士职业的需要，对护士的发型、长短，都有明确的规定。除了遵循基本的美发规则外，还应体现护理职业的特点。总体要求是整洁、简练、明快、方便、自然，既方便护士进行各项护理操作，又能体现护士庄重、严谨的风格和朴实高雅的职业精神。

1. 护士戴燕帽的要求　护士佩戴燕帽时，头发前不过眉、侧不过耳、后不过领，短发也不能超过耳下 3cm。如果是长发，须盘起或用发网束于脑后。燕帽要戴正戴稳，前缘距发际 4～5cm，发夹固定于帽后，发夹不得显露于帽的正面，最好用白色或与燕帽同色的发夹（图 9-1，图 9-2）。

2. 护士戴圆帽的要求　在特殊科室，如手术室、传染病房、烧伤病房、ICU 等科室工作的护士，需要戴圆帽，目的是为了无菌技术操作和保护性隔离。因此，头发要全部遮在帽子里，做到不露发际，前不遮眉，后不外露，边缘平整，帽顶饱满，帽缝放在后面。

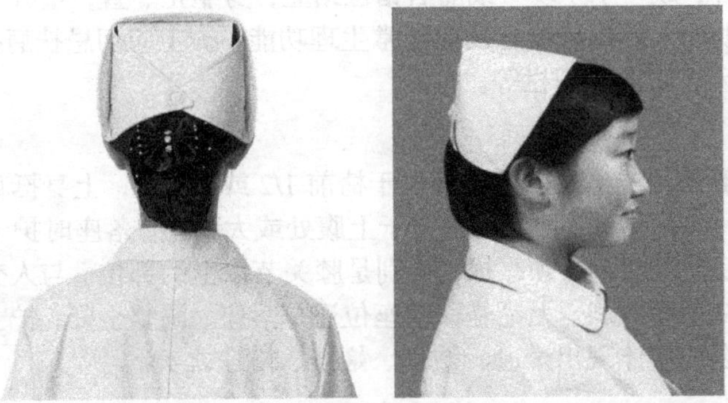

图 9-1　长发盘起戴护士燕帽　　图 9-2　短发戴护士燕帽

（四）服饰礼仪

护士的着装应简洁得体、色彩搭配协调。根据色彩的生理心理效应，目前不少医院在世界各国护士服主色为白色的基础上，根据个别科室患者特点改用彩色：儿科和妇产科改为粉红色，血液中心为淡蓝色，监护室及手术室为叶绿色或草绿色，急诊科为墨绿色等。结合审美和护理操作的需要，护士服有连衣裙装和衣裤分身装，衣领多采用小立领，收腰并配以宽窄合适的腰带，袖口收紧，可表达出护士的整洁、严谨和干练。护士服应保持清洁、平整、合体，袖长至腕部，身长以刚好过膝为宜。腰带应松紧适度，衣领和袖口处的扣子要扣好。工作服内的衣服不可外露，尤其是夏季内穿裙装，应选择白色或浅色，下摆不宜外露。还应注意袖口要高于裙摆，袜色应选择白色或肉色；否则裙、腿、袜成三截，色彩反差太大，给人以不良的视觉反差。为使整体协调，护士下身可穿与工作服同色裤装。工作时护士应穿白色软底鞋，鞋面应保持清洁，切忌光脚穿鞋。护士的燕帽是护士职业的标志和象征，是护士“天使”形象的缩影。戴上它，护士就能感受到一种职业的自豪与责任。我国各医院护士的燕帽在细微处各具特色，帽檐有的呈圆弧形，有的呈直角形，还有的镶嵌标志性的彩色条带。如中日友好医院的护士帽上就镶嵌有深绿色条杠，代表生命和希望。从燕帽上人们还可以读出职务和职称。如燕帽右侧角的斜杠代表职务，一条代表护士长，两条代表科总护士长，三条代表护理部主任等。燕帽应保持整洁而无褶皱，用白色小发夹固定后面，系戴的位置应该高低适中，牢固而不歪斜，反映出护士高雅不落俗的气质。手术室和监护室的护士应佩戴圆帽，把头发全部罩住，可防止头皮屑和头发落入无菌区而造成污染。

（五）其他饰物

护士工作时不能戴手镯、戒指、耳环、项链等饰品，因为这些东西会妨碍操作，且不卫生，还会直接分散患者的注意力，使患者对护士产生不信任感。另外，护士在工作时应保持手的清洁、灵巧和温柔，不能涂红指甲油；也不要涂抹过浓的香水，以免引起患者的反感和过敏反应。

二、护士举止礼仪

护士的举止礼仪是对护理活动中的护士的表情、姿势、动作、形态等的规范和要求，是护理礼仪中的重要组成部分。护士的基本姿势主要是指站姿、坐姿、走姿及手姿，除此之外护士在工作中还应注意持病历夹、端治疗盘等其他的姿势。护士的不同姿势有不同的美学要求，护士在工作中应按照每种姿势的具体要求，身体力行，以塑造完美的护士形象。

（一）站姿

站姿体现的是护士的静态美，是所有姿势中最基础的姿势。站姿的要求是自然挺拔。正确的站姿是挺胸，收腹，头正，颈直，双肩外展，臀部上提，两手在身体两侧自然下垂或轻握手于下腹部，双腿并拢，两脚稍错开，成“丁字步”或前后错位站立，身躯正、直，重心上提。正确的姿势不仅能给人以美感，且有助于人体内脏器官发挥正常生理功能。护士应切忌扶肩搭背、身体晃动、手叉腰肌，或随便倚靠病床、墙壁、门栏等。

（二）坐姿

护士在工作中一般采用浅坐姿，即臀部位于椅前1/2或1/3处，上身挺直，两肩稍后展，两腿并拢后收，肩臂放松，双手自然放松或相握置于上腹处或大腿上。落座时护士应用单手在身后轻抚护士服的裙摆。入座后护士双脚必须靠拢，特别是膝关节以上的部位。与人交谈时，护士应在基本坐姿的基础上身体向交谈者倾斜。无论是移动座位还是落座、调整坐姿，护士都应不慌不忙，悄然无声。同时护士的坐姿还应体现出谦逊、诚恳、娴静、端庄之美。

（三）走姿

与其他姿势不同的是，走姿自始至终都处于动态之中，所体现的是人的动态之美和静神风貌。护士走姿应正确而优美，如风行水上，轻快自如，给人一种干练愉悦的感受，并能节省体力，有助于更好地完成护理工作。在行走时应抬头挺胸、收腹提臀、以胸带步、自然摆臂、步履轻盈、抬足有力、柔步无声、两眼平视、视线放在前方20米远处、目光柔和、面带微笑，而不要懒散拖沓、左顾右盼。穿裙装时，两脚走成一条直线，使裙子下摆与脚的动作显出优美韵律感；穿裤装时，走成两条直线，步幅稍微加大，显得身姿敏捷、充满活力。在响应患者呼唤或抢救患者时，应快步疾走，注意保持上身平稳，步履紧张有序，肌肉放松，舒展自如，略带轻盈，给人以镇静、敏捷、忙而不乱的感觉。

（四）手姿

护士的一举一动都应该传递出美的感觉和信息，在说话时需要辅助一些手势，但要注意手的活动范围：上不过肩，下不过腰际，两侧以双肩为界。在这样一个范围内辅助一定的手势，不但助于理解，而且能体现护士谦逊文雅的举止美。护士在用手势辅助说话时，动作要适度、自然大度，切忌边谈话边用手挖耳朵、抓头皮、捋头发或挖鼻孔等。这样会使患者感到很不安且失去对护士的信任感。

（五）持病历夹

护士在持病历夹时，应用单手握住病历夹的中下1/3交界处，使病历夹贴在腹部外侧，上端向上与水平面成30°角。护士持病历夹侧的肘部稍屈曲成135°角。这时护士应上身挺拔，动静自如，姿态优美。

（六）端治疗盘

护士在端治疗盘时，应双手端着治疗盘的两侧，将治疗盘置于上腹部，双肘屈曲成直角，身体挺直，抬头立颈，走姿轻盈；不可用治疗盘撞门，更不可用脚踹门，应侧身用身体轻轻推门而入。

工作时护士还应注意转身回眸、俯身拾物、推车携物时的动作美，既不能过猛过急，也不能松懈懒散；动作应协调连贯，给人以动态的美感。

三、护士交往礼仪

护士在工作中，经常与来自社会各行各业、不同年龄、不同知识水平的人交往。在交往中护士应根据具体情况，选择合适的交往方式。

（一）称呼礼仪

护士应尊重患者、礼貌待人。护士称呼患者不能以床号、编号替代，可选择年龄称、姓名称、职业称、职务称等。

（二）介绍礼仪

护士在工作中常用的介绍方式有自我介绍、为他人介绍、被他人介绍等。

1. 自我介绍　患者或来访者来门诊或病区，护士首先应作自我介绍。其基本顺序是，先向对方点头示意，得到回应后再向对方介绍自己的姓名、身份，以示欢迎。介绍时应落落大方，口齿伶俐。如果忸怩作态，拖泥带水，则被视为小气。

2. 为他人介绍　护士作为介绍人在介绍他人时，必须了解被介绍双方各自的地位、身份等，遵循受尊重的一方有优先权的原则进行介绍，即先为客人、年长的、职位高的、辈分长的及女士等介绍。介绍时，应先称呼后介绍。介绍时的手势动作应文雅，仪态应端庄，表情应自然。无论介绍哪一位，都应手心朝上，手背朝下，四指并拢，拇指伸开，指向被介绍的一方，并向另一方点头微笑，予以介绍。

3. 被他人介绍　由他人将护士介绍给别人时，如果护士为身份高者或主任等，介绍后，应立即与对方握手，以表示热情、欢迎、很高兴认识等意；如果护士为身份低者或宾客等，当未被介绍给对方时，应耐心等待。当将自己介绍给对方时，应根据对方的身份来做出反应，如果对方主动伸手，护士也应该及时伸手；对方愿意交谈，护士也应该表示高兴交谈。

（三）握手礼仪

1. 握手时伸手的先后次序　一般遵循“尊者决定”的原则，即应由尊者先伸手，位卑者只能在此后予以响应，而决不可贸然抢先伸手，以免造成尴尬局面。具体而言，握手时是由年长者、长辈、老师、女士、已婚者、社交场合先至者、上级、职业身份高者先伸手。若一人需要与多人握手，亦应按由尊而卑的顺序进行。特殊情况下则不同，如接待来访者时，当客人抵达时，应由主人先伸手与客人相握，以表示“欢迎”；客人告辞时应由客人先伸手与主人相握，以表示“再见”。

2. 握手的方式　握手时一般右手单手与人相握，两手应虎口相接，有一定力度，但以对方感觉不痛为适度，时间以一次正常呼吸的时间为宜。握手时不可用力过猛，更不可初次见面长久不松手或稍触即分。亲朋故友见面时为表示深厚情谊，常双手相握，力度可稍大。

3. 握手禁忌　握手时应努力做到合乎规范，避免下列失礼禁忌：用左手与人相握；握手时戴手套、墨镜；握手时另一只手插在衣袋里；握手时面无表情、不置一词或长篇大论等。

四、护士行进礼仪

护士在护理工作中或接待来访者时，应注意行进的礼仪。在礼仪行进中护士应注意“前尊后次，右尊左次，三人行中间为尊”的原则。行进中应与人保持适当距离，相互谦让。

（一）上下楼梯时的礼仪

上下楼梯时，护士应右上右下。若为人带路，护士应走在前头引导，提醒大家留心脚下，必要时进行搀扶。进出电梯时，护士要注意出入顺序，不可争先恐后。进入有人管理的电梯时，护士应主动后进后出；进入无人管理的电梯时，护士应先进后出，控制电梯。

（二）通过走廊时的礼仪

护士通过走廊时，一般应单排，至多两人并排行进，主动走右侧，循序、缓步而行，悄然无声。若在仅容一人通过的走廊上遇到对面来人，护士应面向墙壁，侧身相让，请对方先通过。若对方先这样做了，护士则勿忘向其道谢。

第三节　护士职业礼仪

良好的职业礼仪是护士良好的情操与修养的体现，是护士素质、内涵的外延。护士的职业礼仪行为不仅是一系列对患者表示礼貌尊重的规范要求，更是以人为本、以患者为中心的职业素质的养成，是责任心和专业知识的自然展示。俗话说“三分治疗，七分护理”，在患者的就医过程中，接触最多的就是护士。护士的行为举止直接影响到护患间的合作及患者的康复，因此，护士在工作中要规范行为举止，展示端庄优雅的护士职业美。

一、与患者的交往礼仪

护患关系是存在于护士与患者之间的一种人际关系。如何提高护患之间的沟通效果？掌握交往礼仪是护士必备的基本素质。护士端庄得体的仪容仪表、文明礼貌的言谈举止和优质热情的服务态度，为护患关系的建立和发展提供了良好的基础。为了更好地向患者提供良好的服务，护士有必要在服务过程中积极创造条件，努力提高自身素质，建立和维护良好的护患关系，满足患者的需求，提高护理质量。护士与患者交往的基本要求如下所述。

（一）提高自身修养

工作中护士不仅要学习医学知识，还应不断提高自身修养，努力培养良好的心理素质。护理活动中护士应与患者礼貌交往、以礼相待，言行举止注重细节，充分展示护士良好的职业形象和内在素养，给患者留下美好、深刻的印象。

（二）注重患者心理需求

心理关怀是医疗人文关怀的重要体现。如果不能顺畅、有效地与患者交流，一切诊断、治疗都无法实施。护士在日常工作中应注意把握以下三个方面。

1. 理解与尊重　良好的护患关系来自护患双方的相互尊重，最为重要的是护士对患者的理解和尊重。患者常以自我被尊重的程度判断医疗水平。一句礼貌的称呼、一声温暖的问候、一个亲切的微笑都能帮助患者树立信心、战胜疾病、重塑自我。

2. 交流与沟通　护士要充分理解和同情患者，尽可能地为患者提供良好的诊疗服务，多与患者进行心理交流与疏导，增强患者信心。与患者交流时护士应根据患者知识水平、理解能力、性格特征、心情处境、时间场合等具体情况，选择患者易于接受的语言形式和内容进行交流沟通。

3. 安全与信任　安全是患者最重要的需求。一切诊疗活动都应围绕“以患者为中心”的指导思想，树立全心全意为患者服务的理念。同时在临床护理工作中应体现“安全第一、质量第一、服务第一”。此外，在取得患者信任的基础上，治疗和护理才能得以顺利进行。

4. 树立诚实守信的观念　中国有句古话：“以诚感人者，人亦诚而应。”诚信是人与人之间交往最基本的准则。护士在工作中应为患者提供优质服务，使医疗收费合理透明，并执行“医疗费用一日清单制”。对患者提出的问题，护士应耐心的解释，并让患者真正体会到“清清楚楚看病，明明白白消费”。对于患者的合理要求，护士要尽量满足，并取得患者充分的信任。

知识链接

“保证满意”“顾客永远第一”

一位顾客在沃尔玛店买的一个果汁机，不久出了点小毛病。此顾客拿着机器和付款小票来到沃尔玛的一家连锁店。营业员立刻给此顾客换了一台，还告诉用户：“果汁机又降价了，我们还需要退还给你差价。”沃尔玛服务有三条基本信条：第一是尊重个人原则，努力做到最好；第二是10英尺原则：任何一位职员，在顾客距离你10英尺（3m）以内的时候一定要问候；第三是太阳落山原则：员工或顾客的任何要求必须在太阳落山前得到答复。沃尔玛的服务理念值得借鉴和效仿。

二、与同事的交往礼仪

一名优秀的护士不仅要有过硬的护理技术，良好的沟通协调能力；还应该具有团结协作精神，良好的人际关系。从古至今，在社会活动中，凡成大业者，都善于处理各种人际关系。护士与同事之间要想达到友好、和睦的相处，应遵循相应的礼仪规范。

（一）理解尊重，相互支持

同事之间的友好关系，主要是通过工作关系而形成的。同事之间往来，要以礼相待、文明相处、相互支持、相互尊重。这也是做人的基本道德要求。

（二）团结协作，宽宏大量

在工作中，同事之间要树立团体意识，互相帮助，共同提高，发挥团队精神。同事之间应团结友爱、宽容大度，不钩心斗角、拉帮结派、挑拨离间。护士与同事交往中应处处为别人着想，发扬团结互助的精神，努力构建和谐的工作氛围。如果同事有困难时，应主动询问，力所能及的事应主动尽力帮助。这样有助于增进同事间的感情，使同事间的关系更融洽。

（三）诚实守信，一诺千金

诚信是人与人之间交往必须遵守的规则，是中华民族的传统美德。同事之间不要轻易答应自己没有把握完成的事；而一旦允诺对方，应尽一切努力去做。如果确实因特殊原因，没有帮同事把事情办成，应该诚恳道歉，并解释事情的原委。同事之间的交往应该遵循以诚相待的原则。

（四）公平竞争，共同进步

在工作中，同事之间公平竞争、相互学习、取长补短，不诽谤他人、贬低同事，不相互嫉妒、互相排斥，更不能为某种利益不择手段。对于他人取得的成绩应真诚地予以祝贺。在工作中多竞争，营造你追我赶的良好氛围，共同进步，共同发展。

（五）幽默有度，乐观向上

与人初遇时，幽默是最好的名片；与人有摩擦时，幽默是最灵的润滑剂；与人作别时，幽默是最超然的祝福。在单调的工作中，幽默风趣的语言可为枯燥的工作增添情趣、缓解紧张的工作、提高工作效率，同时还可亲和同事间的关系。思想乐观、积极上进、幽默风趣的人是深受同事、朋友欢迎的人。

三、护际间的礼仪

护际关系，是指护士之间的交往关系。护士工作是整个医疗卫生工作不可缺少的重要组成部分。

临床护理工作复杂而繁重。护士之间需要彼此合作、相互监督、相互支持，共同完成护理工作。在日常工作中处理好护际之间的关系尤为重要。保持良好的护士关系，是提高护理质量的前提。

（一）相互尊重，关心体贴

处理好护士之间的人际关系的首要原则是相互尊重，以诚相待。护士之间朝夕相处形同姐妹，应相互体贴、相互关心、相互帮助。同事间取得的成绩共同分享，遇到困难要主动积极给予帮助。

（二）处理好上下级关系

在日常工作中，护士要端正态度，摆正上下级关系。护士要服从护士长的工作安排。护士要维护领导的尊严，各方面对其表示尊重和支持，维护其权威。护士要工作认真负责，任劳任怨，积极配合护士长工作。护士要为护士长的工作出谋献策，为其分忧，当好参谋。工作中出现错误或失误时，护士要虚心接受批评，正确对待，认真反思。护士与护士长之间应加强沟通与交流，增进感情。护士要树立大局意识，和护士长建立和谐的关系。

（三）互相学习，取长补短

高年资护士工作经验丰富，办事稳重，解决问题能力强；但体力、精力均有所减退。中年护士身强力壮，有丰富的临床经验和充沛的精力。年轻护士思想活跃，精力充沛，求知欲强，有创新精神；但吃苦耐劳的精神不足，遇事好冲动。年轻护士应多向老护士虚心学习、请教，遇事多征求老护士的意见；年资高的护士要关心爱护年轻护士，技术上要"传、帮、带"，并帮助年轻护士各方面的成长。护士之间应相互学习、取长补短、彼此尊重。护士长要充分发挥轴心的作用，协调好下属之间的关系，团结友爱，搞好护理工作。

（四）以身作则，一视同仁

护士长是病区护理管理工作的组织者和指挥者，也是护士间相互关系的协调者，是护士群体关系的核心人物。护士长要有良好的自身素质，要热爱专业、无私奉献，要有宽广的胸怀，还要具有管理艺术。护士长应做到生活中对护士关心照顾，工作中发挥护士的长处和优势，一视同仁，平等对待。护士在工作出现错误时护士长应积极批评指正，但应讲究方式方法，维护护士的自尊心。护士长不要在其他人面前训斥护士，更不能大声斥吼、谩骂。护士长要努力营造良好的工作氛围，使护士之间相互配合、工作主动积极，以提高护理工作效率、保障护理活动的顺利进行。

四、护理工作中礼仪

随着社会经济的发展、医学模式的转变，人民群众对健康的需求日益增加，对护理工作的要求也越来越高。护理的内涵也在不断地变化着。对护士的素质要求已不能仅仅局限在知识和技能上，作为一名当代护士，不但要掌握扎实的理论知识和护理技术，还要学习人文和社会科学知识，以良好的职业道德、高雅的礼仪形象和精湛的护理技术，及时、准确地为护理对象提供全方位的优质服务，从而成为高素质的社会主义精神文明的"健康使者"。

（一）患者入院护理工作礼仪

当病房护士以热情礼貌、善解人意、体贴关怀的言行，热情接待每一位住院患者时，患者会倍感亲切，从而产生良好的印象，会主动配合医护人员的诊治。这有利于融洽护患关系，提高医疗护理质量，有效改变患者对医院的认识和看法。

1. 帮助患者办理住院手续 当患者来到陌生医院住院治疗时，护士应热情地帮助患者和家属到住院处办理住院手续；需要填写或出具的资料护士应详细介绍，帮助患者完成。尽快通知病区做好准备，尽可能消除患者的焦虑、烦躁等情绪，帮助他们树立战胜疾病的信心。

2. 护送患者进入病区 患者办理好住院手续后，根据其实际情况，用平车、轮椅或采取扶助步行等方式，护送患者到病区。护送时护士应主动与患者交谈，详细介绍病区的情况，耐心解答患者或家属提出的疑问。送入病区后，护送人员要与值班护士就患者病情、物品进行交接，要做到耐心细致、有条有理、认真仔细、服务到位，使患者尽快适应病区环境。

（二）进入病区的护理礼仪

1. 新入院患者的接待礼仪

（1）迎接礼仪：当患者来到病区时，护士应放下手中的工作，起身而立，微笑相迎，一边安排患者就座，一边给予亲切问候、进行自我介绍，如说“您好，欢迎您来我科住院，我是护士×××，今天由我接待您，请把病例给我”。在场的其他护士，这时应抬头面视患者，点头微笑，以表示欢迎。

（2）介绍礼仪：责任护士接到通知带患者入病房后，应主动介绍，如说“您好，我是您的责任护士×××，在您住院期间，主要由我来护理您，您有什么需要，请告诉我，我会尽力帮助您”。责任护士将患者引领到床位，应安排患者休息，测量其生命体征，做好记录。责任护士应向患者介绍主管医生、病区环境、呼叫器的使用方法、住院的有关制度等。介绍时责任护士应注意语气和措辞，尽可能用“为了您的健康，请您……谢谢合作”等文明、客气的语句，避免使用“必须……”“不准……”等命令式的语言。这样可使患者在短时间内消除紧张、焦虑的心理，在愉快的心境中接受并主动配合医护工作，尽快适应患者角色，以促进患者早日恢复健康。

2. 患者住院中的护理礼仪　在患者住院接受治疗、护理过程中，护士的言谈举止直接影响着患者的治疗效果，所以要求护士进行护理活动时必须做到：

（1）文明端庄：护士在工作中应动作规范，表情自然大方。站姿端正，行姿轻盈，推车平稳，开、关门轻，进行操作时的动作熟练、轻稳、规范，言谈镇静自如，都会使患者及其家属产生信任、安全的感觉。

（2）语言亲切，关怀备至：患者初次来到病房，感到陌生，适应新的环境还需要一个过程。这时每一个患者都希望得到医护人员的认可、重视和尊重。因此，病区护士的一声问候、一杯温水、一个温柔的微笑，都会很快拉近护患间的距离；也会使患者产生一种亲近、信任和感激之情，并能较快适应新的环境，配合治疗和护理。

（3）敏捷迅速，安全周到：安全准确的服务，无疑会获得患者及家属的信赖与尊重。护士在临床实践中，尤其是遇到患者病情突变时，应思维敏捷，判断准确，动作快、准，处理及时。如遇到大出血、休克等需要抢救的患者时，护士应镇静冷静，迅速处理，忙而不乱；根据病情果断地按抢救程序与医生配合进行抢救；密切观察并做好抢救记录等，对病情做出及时、准确的判断处理，为进一步的治疗赢得时间。

（4）技术娴熟，经验丰富：作为一名合格的护士，要不断地钻研业务，努力学习广博的科学知识，熟练掌握操作技能，掌握现代护理新理论、新技术，更好地为患者服务。

（5）把握原则，满足需求：患者都会有许多不同的需求。在不违反医院规章制度、社会公德，不侵犯他人利益的情况下，护士应尽量给予满足。例如，患者住院后，想要了解自己的病情、治疗情况等，责任护士可给予恰当的解释，尊重患者知情权。

3. 患者出院护理礼仪

（1）出院前的祝词：患者经过积极的治疗和护理要康复出院时，护士应利用患者即将出院的时机，真诚地对患者的康复表示祝贺，如说：“陈先生，祝贺您康复出院！您今天的气色真好，真为您高兴!”护士应感谢患者在住院期间对医院工作的支持和配合，对工作中的不足之处表示歉意，请患者及家属提出宝贵意见。护士应表达对患者一如既往的关怀、随时都会为患者提供力所能及的帮助等之情。

（2）出院时的指导：患者出院时，责任护士应对每位患者做好耐心、细致的出院指导。护士应指导和帮助患者办理出院手续，告知疾病的治疗情况，介绍出院后如何调整心态、如何服药、如何调整饮食和休息及复查时间等，使患者更好地适应出院后的生活。

（3）出院后的送别：当患者办理完出院的所有手续后，责任护士应将患者送到门口车上、电梯口等，再次祝贺患者康复，嘱咐患者多保重身体、一路走好、别忘了吃药等，向患者和家属行握手礼或挥手告别。

知识链接

一位名医与一句话

有一个出生在杭州书香世家的青年，18岁考入上海同济大学医学院，20岁被学校选派德国慕尼黑大学医学院深造，26岁获博士学位后，被留在慕尼黑大学附属医院工作。8个月之后，他做了从医后第一个手术，那是一个小小的阑尾炎手术。可患者在五天后去世了，他心里非常难过。尸体解剖证明，手术没问题，不是他的责任，然而他的导师说道："她是四个孩子的妈妈……"这句话像刀刻一般印在他的脑子里。导师的这句话是真诚真心地对待患者、爱护患者的思想理念。这句话使他一生难忘，深深影响着他日后60多年的外科生涯。他就是我国医学界泰斗级人物——裘法祖院士。他一生获得很多殊荣，但他把"善待患者"看作是比他的任何学术贡献都重要的成就。

要 点 提 示

1. 护士礼仪是一种职业礼仪，是护士在职业活动中所遵循的行为标准，是护士行为、修养、气质等职业素质的综合反映。良好的礼仪可以体现出护士的文化修养、审美情趣及知识涵养，是个人自尊自爱的表现。礼仪的内容包括礼貌、礼节、礼仪、仪表、仪式；礼仪的分类有政务礼仪、商务礼仪、服务礼仪、社交礼仪和国际礼仪五个主要分支。

2. 护理礼仪是一种专业文化模式，是研究护理工作中交往艺术的学问。护理礼仪的内容有仪容仪表礼仪、举止礼仪、交往礼仪、行进礼仪等。

3. 护理礼仪美在临床护理工作中的应用。

思 考 题

1. 什么是礼仪？说出你知道的日常生活中的礼仪。

2. 护士真诚的微笑为什么会影响患者的情绪？在护理工作中护士应该如何正确运用微笑？

3. 护士与患者交往的基本要求有哪些？

（刘 莉 冯香艳）

第十章　护理美学在护理实践中的应用

学习目标

1. 知识与技能：能正确简述护理美学在基础护理、临床护理、社区护理、护理管理、护理人际关系中的审美要求；能结合实例说明护理审美在护理工作中的作用。

2. 过程与方法：通过临床护理实践的各种工作内容，学会感受美、鉴赏美、创造美，用心领悟美的真谛，激发患者美感，从情感上感染患者，使之在美的情境氛围里保持愉悦心情，以便更好地服务于护理实践工作。

3. 情感与态度：能运用本章节知识，结合临床护理实践工作，建立正确的护理价值观和态度。

护理工作是真、善、美的统一，是科学与艺术的有机结合。它作为一项崇高的社会性服务工作，本身就是一种美的创造性劳动。护理工作服务于人生、老、病、死的全过程，涉及千家万户。它对于维护塑造人体美，提高人的素质，促进社会进步起着积极的作用。

我国护理专家王秀瑛前辈曾经说过："护理工作可以发扬女性所有的力和美。"现代护理美学为护理工作提出新的更高的标准与要求，护理工作者必须有美的心灵、美的形象、美的技巧，为提高人类的健康水平而工作。护理人员在护理实施中，既是护理美的欣赏者，更是护理美的追求者和创造者。在护理工作中，护理者作为审美的主体，应将护理美落实到事事处处，自觉促进自身审美能力的提高和审美意识的丰富，为自己的服务对象，积极创造出更加绚丽多彩的护理审美环境，以最大的限度满足广大患者不断增加的护理审美需求，从而促进其病体康复。

第一节　护理美学在基础护理中的应用

基础护理学是研究临床护理的基本理论、基本知识、基本技术和方法的一门学科。它以患者为中心，结合患者生理特点、心理特点和治疗康复的要求，满足患者的基本需要，如饮食护理、病情观察、舒适护理、临终关怀及基本护理技能操作。基础护理是专科护理的基础，是临床各科护理的共性基础，是护理学的一个重要组成部分。

基础护理美学是护理美学的重要组成部分，有其丰富的内容及特殊的要求。它是以马克思主义美学的基本原理为指导，研究基础护理中美学问题与护理人员审美观的科学。它是护理人员必须掌握的基本理论。基础护理的服务对象是人，人具有生物、社会双重属性。因此在基础护理中既要满足患者的生理需要，也要满足患者的心理、社会需要及审美需要。基础护理美学是指在患者从入院到痊愈出院的过程中，护理人员按护理美学的原则和要求为患者做好生活护理和病情观察，使患者在接受治疗和护理的过程中得以安全、舒适，以促进患者身体的健康。

一、护理美学在生活护理中的应用

当人患病之后，生活自理能力下降，而优质的护理服务能够帮助患者满足基本的生活需求。护士通过晨晚间护理、口腔护理、头发护理、皮肤护理、饮食护理和排泄护理等一系列的生活护理，保持患者身体整洁，维持人体美和舒适美。

1. 清洁　可以去除身体的表面污垢，保护皮肤的防御功能，促进血液循环，预防并发症，如防止压疮的产生。从美学角度来分析，清洁还可以改善和保持良好的自我形象，增强自信心，满足自尊需求，使人感觉舒适、安全，满足心理需求。

（1）晨、晚间护理，给患者以舒适美的享受。晨起，护士帮助患者洗漱、梳理、整理等，满足患者的生理需求，可使患者精神愉快，给患者带来美好的一天。晚间，护士帮其洗漱可有效促进睡眠。良好的睡眠可以消除疲劳，促进组织修复。如果入睡难、缺乏睡眠或易醒、做噩梦、睡眠质量差，会使人焦虑、面容憔悴、无精打采。喝杯温牛奶、听听轻音乐、热水泡双脚、舒适的睡眠环境均可促进人的睡眠。护士不可盲目给予安眠类药物，应注意心理沟通，消除患者心理上紧张焦虑因素。夜查房时应做到“四轻”：说话轻、走路轻、操作轻、开关门窗轻。

（2）整洁美观的头发，可以有效维护患者的自我形象，显示出人的自尊和身心健康状态。护士每天为生活不能自理的患者梳头，定期为其洗头，保持患者头发干净整齐，可以保护患者头发，促进患者血液循环，预防感染。同时恢复患者的容貌美，可增加患者的自信心。

（3）压疮的发生，使皮肤局部完整结构美受到破坏，增添了患者疾痛；严重者还可继发感染引起败血症，从而危及人的生命，破坏健康美。压疮常发生于危重患者和长期卧床的患者。加强皮肤护理，是预防压疮的有效疗法。对不能自主活动长期卧床的患者，应定时翻身，进行皮肤按摩和温水擦浴，从而促进血液循环，维护皮肤清洁，保持皮肤整洁美。对容易出现压疮的患者，要密切观察，尤其要做到“六勤”：勤翻身、勤擦洗、勤按摩、勤整理、勤更换、勤观察。对大小便失禁者，注意二便后及时温水清洗臀部，保持皮肤干燥。在预防压疮的护理工作中，护士以辛勤的护理劳动换取患者皮肤的完美和人体和谐美，体现出护士不怕脏、不怕累、不怕苦的美德。

2. 饮食与营养 是维持机体正常发育和各种生理功能、促进组织修复、提高机体免疫力等生命活动的基本条件。人类为了生存与发展、维持生命、保持健康和从事劳动，每天必须通过饮食摄入足够的营养物质。均衡的饮食和营养与人的健康有着密切的联系，合理调配饮食不仅可预防疾病、提高生存质量，还可以辅助治疗某些疾病，如缺铁性贫血、佝偻病等。均衡的饮食和营养可满足人体所需营养，维持和促进机体健康，从而维护人体美。但若调配不当，则适得其反。如营养过剩，不但会导致躯体肥胖，影响人体美；还会加重身体各脏器负荷，宜引发高血压、高血脂、高胆固醇、动脉硬化和冠心病等疾病，影响机体健康的和谐美。营养不良，则机体修复缓慢，甚至会加重病情，使患者陷入“骨瘦如柴”的恶病质状态。因此，护理人员在进行基础护理时，可帮助患者调配饮食，合理配置饮食中营养素的比例，以缓解症状，使人体美的破坏降低到最低点。

3. 安全感 是患者的心理需要。安全感的满足是美感产生的基础。安全的住院环境是患者的基本需要，护理人员要避免撞伤、跌倒、火灾、用错药、院内感染等事故发生，确保患者安全。个体在患病期间，由于环境的变化、舒适度的改变，安全感会明显降低，患者就会产生焦虑、恐惧等有碍健康的不良心理因素。研究表明，合理的色彩环境可使患者身心舒适并具有治疗作用。粉色等暖色调可以减少儿童恐惧感，增加温馨甜蜜的感觉；浅绿色或浅蓝色，给人一种安静、舒适、信任的感觉；橙色能刺激人的食欲。音乐也可以增加患者的安全感。音乐可以陶冶人的情操，通过音乐有助于治疗心理问题。在病室床头设置耳机，根据患者个人喜好选择不同的、宜人的音乐，可减少患者住院的恐惧情绪。同时在护理过程中，护士也应注意自己的一言一行。合理的健康教育、适时的心理疏通、亲切的微笑、和蔼的态度、温柔的眼神、贴切的言语、娴熟的动作无不能化解患者的病痛与恐惧、建立患者对护士的信任、增强患者安全感。安全感的满足也是信任产生的基础，护理人员应设法给以满足。得到患者的信任也是造就一种舒适的护理审美环境的重要内容。

二、护理美学在护理技术操作中的应用

护理技术操作在护理实施过程中展示了科学理论化的应用美，体现了护理人员高尚的职业道德情操，通过准确、严格、细致、娴熟、敏捷、冷静、轻柔、灵巧、有序、规范等形态表现，以达到真、善、美的统一。

护理技术操作是护理人员为服务对象提供护理服务的常用手段。护士观察生命体征要做到真

实、准确，严格执行“三查七对”制度；护理操作严格遵守无菌操作原则，避免院内感染发生；当发现医嘱有错误时，应善意指出，切不可盲目执行；口头医嘱多次核对，事后督促抢救医生及时补开医嘱。这是“真”。护士为患者做生活护理细心、耐心、不怕脏、不怕累，工作中贯彻“以人为本”的科学理念，重视患者心理护理，加强护患沟通，尊重患者的权利，关心体贴患者，耐心指导帮助患者消除紧张、焦虑、心理情绪，使患者配合治疗，以提高疗效。这是“善”。护士动作熟练、敏捷、轻柔，如注射“一针见血”、插管“一次成功”；与医务人员建立良好关系，营造舒适融洽的工作氛围，以提高工作效率；规范护理人员的行为，无菌操作时必须戴口罩，不佩戴饰品、留长指甲等，以保持外观整齐体现形象。这是“美”。

第二节 护理美学在临床护理中的应用

临床护理是指护理人员在临床各科中运用护理程序对护理对象贯彻落实治疗方案、完成各项治疗计划、观察病情发展变化和治疗效果等一系列护理措施，为进一步治疗提供临床资料的护理工作。

一、临床护理共性的审美要求

临床护理涉及的内容很多，包括成人护理、儿科护理、老年护理、急救护理、重症护理等。随着“生物-心理-社会”医学模式的提出、“以人的健康为中心”的现代护理理念的建立和整体护理观的形成，临床护理正发生着日新月异的变化。护理工作内容已从疾病护理向人的健康护理发展，护理服务对象从患者扩展到所有人，护理工作场所从医院走向工厂、学校、社区、家庭。随着临床护理的更新发展，对临床护理也提出了更高要求。因此，护理审美在临床护理中就更为重要了。不论护士服务对象如何发生变化，临床护理中护士应体现的审美都要求包含以下内容。

（一）环境美

病房是患者住院期间最主要的治疗环境。为了使患者从清洁、卫生、优美的环境中得到一种美的熏陶、美的享受，就要求医务工作者尽最大努力为患者创造一个幽静、整洁、舒适的住院环境。在病房中，应保持病室的清洁、整齐，充足的光线，适宜的温湿度，清新的空气，整洁的被褥。这样不仅有助于减轻患者的痛苦和恐惧心理，还可以使患者以一种良好的心境接受医疗和护理。

（二）语言美

语言美是护患之间进行有效沟通的重要手段。一位名医说过：“世界上有两件东西能治病，一是药物，二是语言。”在整体护理工作中，护士要经常与患者进行思想交流，语言美尤为重要。护士不但要有熟练的操作技术，而且应具备广博的学识，要熟悉自己所接触的每一类患者，给予最恰当的语言交流。在实际工作中，护士必须高度重视语言的学习，提高个人修养，善用语言，使患者以最佳的心理状态接受治理与护理。语言美主要体现在护士语言的“柔”“勤”“亲”三个字上。

1. 柔 即语言要柔和。面对患者，一声柔和的问候、一语柔和的答应、一句平和的探询，可刹那间让患者体会到人际关系的平等。俗话说“说话听声，锣鼓听音”。柔和的语言使患者觉得温暖、亲切、舒坦、放心并从中得到安慰与鼓励。

2. 勤 即勤问、勤回答、勤谈心。勤问才能了解病情，问是一种责任，一片关切情。面对患者提出的问题，护士要耐心解答，不要一问三不知、或者说“不知道，去问医生吧”。对于患者提出的问题，如果在自己的知识范围内解答不了，可以通过多种途径找答案，明白后再给患者以满意答复。同时经常与患者谈心，既能了解患者的心理状态，又能拉近与患者之间的距离，密切护患之间的关系。

3. 亲 即亲切。俗话说“良言一句三冬暖，恶语伤人六月寒”。一句亲切的问候、一声亲切的招呼、一句亲善的语言能产生良好的心理安慰效应。要善用多用礼貌用语。如患者入院时护士可以说：“您好！请坐，我来给您做检查。”让患者体会到被尊重的感觉。静脉穿刺失败时，护士可以说：“实在对不起，让您增加痛苦了！”这样可以得到患者的宽容与理解。如果护士说：“您的血管也太不好了！”会引起患者的反感，使患者认为此护士的技术水平不行。患者出院时，护士要详细讲解出院指导，并热情相送，让患者满意而归。所以，语言柔和、亲切诚挚、“请”字当头、“您”字常用，是护士素质和语言素养的具体表现。

（三）心灵美

心灵美是人的内心世界美，是一种精神境界。它就像一面镜子，反映出护士美的心灵。护士在平凡的职业中，要不断升华自己的精神境界。护士学科的创始人南丁格尔十分重视护士的品德教育。她说：“我们要求妇女正直、诚实、庄重，没有这三条，则将一事无成。”这说明一个护士要有心灵美，要有高尚的道德情操，热爱自己的护理工作，无论患者地位高低，都应一视同仁，给予同情和帮助。护士的心灵美是情感美、情操美、宽容美的综合体现。护士每天面对的都是病魔缠身的特殊患者，每天都要本着救死扶伤的天职和对患者的爱护、同情的情感为其护理治疗。护士不仅要关心患者身体上的病痛，还要注意身体疾患引发的各种心理反应。护士与患者接触时间最长，在治疗与护理时，最能发现患者的心理反应，知道他们想什么、担心什么，然后针对原因采取护理措施。有一位剖宫产术后的患者，因家境贫寒，担心会发生昂贵费用，心理负担很重。护士主动耐心地做她的思想工作，向她讲解治病不会花很多的钱，表示如果实在有困难，大家都会帮她。同时，护士从家里为她带来可口的饭菜和小孩用的衣服，帮助她、安慰她，很快消除了患者的心理负担。出院时，患者感动地说：“你们护士的心可真好！”所以说，护士的心灵美是做好临床护理工作的前提。

（四）形象美

护士美的仪表和愉快的面容带给人以亲切、端庄、纯洁、文明的印象，是不开口的自我介绍。护士整洁的外表、优雅的风度、文明的礼节和端庄的举止，常能给人以美的享受。

1. 仪表美 护士的仪表要端庄，服饰要整洁端庄、大方得体。护士的长发不可过肩，帽、袜、鞋都要干净规范。护士不可浓妆艳抹，应淡妆上岗。如果护士衣帽不整进入病房，无形中会给患者造成一种压力，会使患者认为此护士是一个没有素养的护士，会使患者产生心理压力，会让患者担心此护士会给其发错药、打错针。所以，仪表美是一个护士素养的体现。

2. 姿态美 护士在工作中必须注意自己的姿态美。站立：护士身体端正，头微抬，目光平和自信，两肩水平，上身挺直收腹，双手自然下垂在身体两侧或两手交叉轻放小腹处，左右大拇指交叉，其余四指平放，两足靠拢，足尖夹角为 15°～20°。坐：护士上身端正，头微抬，目光平和自信，两肩水平，上身挺直收腹，单手或双手把衣裙下方持平，轻轻坐下。行走：护士走步要敏捷轻盈，显示精力充沛；切忌歪脖，驼背耸肩，两腿叉开或弯曲或随便靠在患者床旁、墙壁等。持治疗盘：护士双手持治疗盘，肘关节靠近躯干成 90°角。持病历卡：护士左手持卡，轻放在左胸前，右手轻托病历卡右下角或自然下垂。操作时，护士动作应协调准确无误，敏捷优美。护士应做到说话轻、走路轻、关门轻、操作轻，给患者一种美的享受；切忌与患者交谈时，两手插兜在病房来回走动、坐时两腿抖动，给患者一种轻浮的感觉。所以，护士得体的举止会给护患关系创造一个良好的开端。

3. 表情美 护士与患者交谈时，要时刻注意自己的情绪与表情。如果护士一脸倦容，或绷着脸，很容易引起误解，也会损害护士形象。所以，护士温和的表情会给患者带来愉快的心情，使患者愿意与此护士交朋友。

（五）内在美

护理人员的内在美主要有职业素质美和业务素质美。

1. 职业素质美　护理人员职业特点要求关注患者的生命质量，维护患者的健康利益，对患者要有高度的同情心和责任感，工作中除了兢兢业业、小心谨慎、吃苦耐劳外，还要善于移情、换位思考，以患者需要为己任，关心、爱护、体贴患者，做到“老吾老以及人之老”，使患者不但感到护理人员的职业素质美、更感到护理人员胜似亲人。

2. 业务素质美　是构成护理美学的重要组成部分。护理工作技术性非常强，护理人员的形象美主要靠精湛的护理技术来打造。护理技术除了先进高效外，还要求及时、准确、安全、可靠、协调性和连续性好。可以说护理人员广域的文化道德素养、丰富的医学知识和精湛的护理技能会使患者在心理上感到满意、产生对护士的信赖并获得安全感，同时也是患者产生美感的牢固基础。

（六）护理人际美

人际关系是人与人之间的关系。护理人员与患者之间形成了护患关系。在交往初始和交往过程中，护理人员应有意识地将护理美学的理论与方法应用于护患关系中，以提高护理质量与护理水平，满足患者的健康需求。在多种护患关系模式中，“共同参与型模式”是一种最佳的护患关系模式。“共同参与型模式”是指共同拥有主动权，即护士有实施护理的权利，患者除有配合护理的权利和义务外，还可参与有关自身疾病的治疗与护理。“共同参与型模式”有利于调动患者的主动性，是一种新型的护患关系。

（七）整体护理美

南丁格尔说“护理工作的对象不是冰冷冷的石块、木片和纸张，而是具有热血和生命的人类”。人的组成各部分是相互影响、相互作用的。生理功能受到影响，心理会产生不良反应；而消极心理反过来会加重病情的恶化。

心理护理是临床护理中一种具体的护理方法，只有运用心理学的理论和方法，致力于研究和解决患者的心理问题，建立良好的人际关系，为患者的身心健康营造和谐的人际氛围，同时与其他护理方法相互依存、相互渗透、融会贯通，才能更充分地展现心理护理促进人类身心健康的独特功能。深入开展心理护理是对现代医学模式的充实和完善，也是防治人类心理疾病不可缺少的一项重要措施。

随着现代社会飞速发展，人类的社会压力不断增大，亚健康人群数量不断攀升，人均健康水平明显下降。大量临床护理实践证实，个体心理状态的优劣对其自身的健康水平具有直接、决定性的作用。通过对患者内心世界的深入了解，给患者以良好的心理支持或必要的心理干预，鼓励他们以积极的态度应对疾病或超越死亡、重建新的生命，以达到整体护理的具体实施。因此，临床护理工作既要解除患者肉体上的病痛，还要帮助患者恢复心理上的健康。倘若没有心理护理，便无法使患者实现真正意义上的身心健康恢复。

一句温情的话语，一个亲切的微笑、镇静的眼神、敏捷的动作、安抚的手势，都可以起到“此时无声胜有声”的作用，都是心理护理的美学体现。临床护理人员既要掌握扎实的护理理论、娴熟的护理操作技术；又要善解人意，了解患者内心变化，化解患者的后顾之忧。

总之，护理人员应充分认识到职业形象美的特殊作用，不断完善自身的审美情感，保持乐观、愉悦、蓬勃向上的精神状态，用自身焕发出的生命活力去唤起患者对未来生活的美好向往，增强其战胜疾病的信心和勇气。

二、特殊患者的临床护理审美要求

护理工作的对象是人，而每个人都有不同的个性。患者因年龄、性别、病种等多种因素的影响，有不同的生理、心理反应和不同的护理审美需求。因此护理人员在不同类的患者的护理中，除要满足他们生理、心理需要外，还应满足各类患者不同的临床护理审美需求。

（一）小儿患者的临床护理审美要求

1. 小儿保健的审美需求 儿童是祖国的花朵，是祖国的未来。儿童的健康成长，关系着千家万户的幸福，更关系着祖国的前途、中华民族的盛衰。儿童健康状况是衡量一个国家经济、医疗卫生水平的重要标志之一。由于患儿具有器官功能发育不成熟、缺乏很强的思维和语言表达能力、疾病变化快等特点，因而决定了美学上的特殊性，具体需求如下。

（1）预防为主：由于小儿时期各器官的发育不够成熟、免疫功能低下、抵抗力不足、易感性强，因而发病率高、起病急、病情变化快。所以，要根据不同年龄段的生理特点及季节变化做好小儿预防保健工作。这对降低儿童的发病率和死亡率、提高生长发育水平、预防疾病的侵袭有着重要的作用。做好儿童常见病、多发病的预防知识及措施的普及工作，定期开展体格检查，对搞好预防接种、切断疾病流行环节、避免和减少疾病的发生、保证儿童健康发展等有着十分重要的意义。

（2）加强体格锻炼：加强儿童体格锻炼，不仅可以促进儿童体格的生长，也可以促进其中枢神经系统的发育，如肢体活动的灵敏，与大脑的分析、综合能力有关；同时，还能促进机体组织器官的发育，提高儿童脑、心脏、呼吸、消化等器官的功能。儿童体育锻炼要注意循序渐进、全面发展，保证身体各部发育均衡，使孩子长得更结实、更健美。

（3）合理营养：儿童生长发育快，代谢旺盛。合理营养可促进儿童体力、智力的全面发展，是人体健美的物质基础。营养不良可引起营养缺乏性疾病（佝偻病、低钙惊厥），不仅影响儿童身体的生长，还会影响智力的发展；营养过剩会引起肥胖症、皮下脂肪积聚，影响儿童的灵活性，损害了儿童的形态美甚至危及心理。

2. 住院患儿的审美需求 按现代生物-心理-社会医学模式的观点，要确保儿童身心的健康发展，就必须对小儿进行整体护理，使其保持最佳状态。

（1）根据年龄和疾病特点，仔细观察病情：儿童期是人的生命发展的重要时期。疾病往往会给机体带来难以估计的损害，使儿童某些系统或器官的结构和功能发育异常，甚至影响其智力发育。患儿年龄越小，疾病特点越不明确，病情变化发展越快，加上小儿不会讲话或不能正确表达，常以哭闹、拒食等行为或表情改变为主要表现。所以，护理人员应注意总结经验，提高自身观察能力，从患儿的哭声、表情、肢体、饮食等方面观察发现患儿的异常表现，全面了解患儿疾病特点、处理要点、护理难点、观察重点、具体护理操作注意事项等，耐心护理，为患儿进行全面的身心护理，充分体现护理工作精细的艺术美。

（2）掌握患儿基本特征，塑造良好个性：由于儿童的神经系统，特别是大脑发育不成熟，其认识能力、思维能力、想象力、判断力、心理状态及情感都不稳定。一般来说，小儿可塑性大，其心理状态由不成熟逐渐到成熟，受到不同年龄、家庭、社会因素（教育、生活方式）及遗传因素的影响。所以，每个儿童的个性、行为、习惯、爱好、心理状态都有差异。护理人员要根据儿童心理特点，与之建立良好的感情基础。这是做好小儿护理工作的前提，也是小儿护理审美的要求。小儿的健康成长，不但需要物质营养，而且需要精神营养，其中爱是最重要的精神营养要素之一。儿科的护士首先要有奉献精神。儿童需要母爱，尤其在患病的时候更需要母亲的关心和照顾。护士要像关心自己的孩子那样关心患儿，以和蔼的态度、亲切的语言、耐心的护理、热情的关怀去主动接触患儿，使患儿感受到一种亲情、温情，感到家庭的温暖并得到慈母般的爱心。

（3）满足患儿审美环境：儿科病房的设计应满足儿童心理要求。例如，病房内应光线充足，空气清新，温湿度适宜，定期消毒；病室及走廊墙壁色彩应适合儿童心理，可以粘贴卡通画、小动物图片，以丰富患儿的生活；工作人员的服装可选择淡粉色面料，突出活泼亲切的特点。病房内的一切设施都应有利于儿童的安全，如病床要设床栏杆，以防坠床；电源安装于小儿不易接触的位置，防止触电；使用热水袋时要套好布袋，温度适合，防止烫伤，并有人看护；加强药品管理，防止误饮误食；病区内设有娱乐室，以丰富患儿生活，减少焦虑。

（4）减少患儿恐惧心理，培养患儿坚强的意志：儿童既有恐惧疼痛的心理，又有强烈的自我表现欲望，希望获得他人赞扬的心理。护士亲切的语言、和蔼的态度、精湛的技艺可减轻患儿疼痛感。护理人员应多用鼓励性语言、表扬性语言激励患儿，同时选择独立性强和自我意识强的患儿起榜样作用，激发同室患儿勇敢精神，磨炼患儿意志。

（二）老年患者的临床护理审美要求

1. 老年患者的审美需求　老年患者机体各功能自然衰退，听力、记忆力、思维能力、动作敏捷度减弱，自理能力下降，且因离开工作岗位或与子女分开居住而产生失落感、孤独感，但自身追求健康长寿、追求高质量的生活要求的欲望却更加强烈。因此，老年患者临床护理审美中应做到：以身心愉悦、需要满足为主要目的。其具体要求如下。

（1）保持精神卫生：中医学认为，调摄精神是老人健美的基础，是防衰延寿之根本。早在2000多年前《黄帝内经》就提出“积精全神”，认为精神为一身之宰，统帅五脏六腑，有神则生，无神则死；神弱者病，守神则健。《黄帝内经》还记载“恬淡虚无，真气从之，精神内守，病安从来”。孙思邈在《备急千金要方》中指出“卫生切要知三戒，大怒大欲并大醉。三者若还有一焉，须防损天真之气……喜怒有常嗔怒少，心诚意正思虑除，顺理修身去烦恼”，将大怒列为首位，可见精神刺激危害之大。

帮助老年人正确对待老年期的种种衰退，使老年人既要有不服老的精神，又要客观地承认老年期的来临，要坦然地接受生命有限的现实，不过分思虑身后之事，不过多干预年轻人的生活，把注意力集中在自己余生的意义上，享受老年生活独特的闲暇与情趣。鼓励老年人保持乐观情绪，使老年人争取做一些力所能及的工作，既发挥了余热，又有益于维护健康。如我国文坛世纪老人冰心，在晚年创造了自己文学生涯的新高潮，尤其是在她85～93岁时，连续发表了《空巢》《万般皆上品》等大量作品。

（2）坚持体育活动：“生命在于运动，运动促进健康”。体育运动能使人头脑清醒、思维敏捷。卢梭曾对朋友说：“散步能促进我的思想。我的身体必须不断运动，脑力才会开动起来。”科学研究证明，锻炼可以促进血液循环和呼吸，给大脑提供足够的氧气和营养物质，充分发挥和提高智力。老年人适宜的活动多种多样，如散步、慢跑、做体操、打太极拳、练气功、拍打肢体、做呼吸体操等。老年人经常、合理地进行一些体育活动，才能做到“流水不腐，户枢不蠹”，达到身心全面的健美。

（3）合理饮食：人体对营养（热量）摄取不足或摄入过多，可造成体内免疫功能障碍而引起感染、衰老或恶性肿瘤等病变，从而缩短人的寿命，特别是心血管和肾脏病变更为严重。所以，饮食质和量的选择是老年健康、延年益寿的重要因素之一。老年人应保持营养平衡，适当限制热量的摄入；保证足够的优质蛋白、低脂肪、低糖、低盐、高维生素食物，适量的含钙、铁食物和适当的纤维食物；遵循“早餐吃好、午餐吃饱、晚餐吃少”，少食多餐的原则；注意饮食卫生，把住病从口入关，不吃烟熏、烧焦、腌制、发霉或过剩的食物，以防止疾病和癌症发生。

（4）定期健康检查：由于老年人在生理上呈现衰退现象，心理和精神方面也容易引起变化。因此，要定期检查身体，以便早期发现问题；建立老年保健卡，记录检查结果，以便日后对照。对一些慢性病患者，应定期随访，及时处理。

2. 老年患者临床护理中的审美要求　由于老年人各个器官组织的逐渐衰变，各脏器功能普遍降低，储备能力、代偿能力差，外界环境适应能力弱，免疫系统功能下降，机体的抗病能力和对疾病的反应也出现不同程度的降低。因此，依据老年疾病的特点，需要及时发现问题，做到早预防、早诊断和早治疗；如果忽略了“三早”，就会出现漏诊或误诊，从而延误治疗，甚至危及生命。

（1）掌握老年疾病的特点，为临床治疗提供有利条件。

1）临床症状不典型：由于老年人中枢神经系统的退行性改变，感觉中枢、体温中枢、呼吸中枢等都受到不同程度的影响，对疾病的临床表现很不典型。因此，在护理老年患者时要善于观察和摸清老人的生活习惯和生活规律，及早发现病情变化，做到早诊断、早治疗。这对老年人疾病的早日康复起着很重要的作用。

2）病程长、康复慢、并发症多且易出现危象：老年人反应迟钝、发病症状不典型，当症状明显时疾病已发展至晚期，常常是多种疾病集于一身，加之体力衰退、康复慢且并发症多，易出现危象。因此，要求护理人员具有高度的责任感、扎实的理论知识和丰富的实践经验，在执行护理操作时严密观察病情，做好耐心细致的解说，掌握护理急救技术，做好各种急救设备、药品的准备工作，紧急情况下沉着冷静、有条不紊地协助医生做好抢救工作。

（2）掌握老年人的心理特点，做好心理护理：许多老年人丧失了体力和健康，失去了工作、配偶和朋友，加之常患多种疾病，既不能照顾自己，又不能自由活动，总是担心自己会成为家庭和社会的累赘，从而出现抑郁、悲观、固执、孤独、失望等不良情绪。因此，老年人除了要面对自己生理方面和周围环境的变化外，还要与内心的不良情绪做斗争。老年人常常回顾、评价自己的一生，对一些没能实现的愿望感到失望和缺憾。护理老年患者时，护士要注意耐心听他们叙说，对他们的成就给予肯定，帮助患者发掘潜能。若发现抑郁、悲观等情绪，护理人员应给予恰当的关心，解除老年患者精神上的负担。护士应与老年人建立良好的护患关系，正确指导老年人进行自我保健，丰富老年人的住院生活，开展各种对老年人身体有意义的体力、智力活动，以延缓老年人衰老过程，增进老年人身心健康。

（3）做好老年人的生活护理：老年人对时间、地点及人的定向力减弱，应帮助他们熟悉环境，为其提供各种生活服务。

1）安全护理：老年人身体功能的衰退，引起耳聋眼花、弯腰驼背、语言行动缓慢。这些影响着老年人的日常生活。一般有两种心理状态能危及老人的安全，一是不服老，二是不愿意麻烦别人。临床护理中护士应做好疏导工作，使其掌握自身的健康和活动能力；熟悉老年人的生活规律和习惯，将工作做在前面，使其生活自如。护士应注意防跌倒、防呛防噎、防坠床，给药时应向老年人讲解清楚，耐心细致地观察药物的作用和副作用。老年人免疫功能低下，对疾病的抵抗力弱，应预防感染上新的疾患。护士应注意保护性医疗，使老年人心理上有安全感，促进其早日康复。

2）饮食护理：营养来源于饮食，为人体生长发育、组织修复和维持生理功能提供必要的营养和热量。营养状况的优劣直接影响人的健康和寿命。但是不同年龄阶段，对营养质和量的需求也不同。随着年龄的增长，身体各器官功能逐渐下降，消化器官也不例外，对食物的消化、营养的吸收功能均减退，从食物中摄入的营养也相应减少。所以要保持老年人身体健康、延年益寿，必须根据老年人的生理和病理特点，给予合理的饮食护理。

3）皮肤护理：皮肤是人体的第一道防线，具有防御保护、感觉表情、调节体温、吸收、分泌、排泄、参与代谢和免疫等十分重要的生理功能，同时又是人体最大的感觉器官和最引人注目的审美器官。它能传递人体美感信息，使人产生审美愉悦。而老年人皮肤由于皮下脂肪、皮脂腺减少、萎缩，使皮肤松弛、弹性差、干燥无光泽；汗腺的减少、萎缩，降低了皮肤的排泄功能和体温调节功能；毛细血管减少，色素沉着，出现老年斑。因此，护理时护士要协助患者保持良好的心情、良好的居住环境；嘱患者定期清洗、按摩皮肤，以促进血液循环，改善新陈代谢，延缓皮肤的老化过程；嘱患者穿质地柔软光滑、吸湿性强、通气性好的纯棉、麻、丝织品。防止卧床老年人发生压疮，是皮肤护理的重点，要常翻身、更换体位减轻局部压力，并配合皮肤按摩，以减轻组织缺血、缺氧、营养障碍等状况。护理人员还应注意保持老年患者皮肤干燥，避免擦伤皮肤，配以合理的营养，以推迟或减慢皮肤的老化过程，保护其皮肤的形式美。

（三）女性患者的临床护理审美要求

女性在生理、心理、病理方面的特殊性，以及在人类发展史中的特殊地位，决定了妇科护理工作的特殊性。女性具有优美的曲线，天生具备爱美之心。但疾病会影响她们的形象，且妇科疾病的病变部位常发生在生殖系统。因此妇科护理的审美要求就在于维护女性的健康美和形体美。在妇产科审美实施中，切实认真地从妇女的青春期、育龄期、围绝经期和老年期四个方面具体实施妇女保健审美的具体要求。

1. 青春期　是女性生殖器官向成熟过渡的时期，是全身各器官迅速发育、性功能逐渐成熟的时期。它的主要标志是月经来潮。青春期的良好保健是妇女毕生健美的基本前提。少女月经初潮常恐惧不安。护士应及时对她们进行生理卫生教育，嘱其要特别注意经期的卫生保健，以防月经不调等疾病的发生。少女经期不得参加剧烈的运动和重体力劳动，忌食生、冷、酸、辣等刺激性较强的食物；保证足够的睡眠和休息；平时注意加强体育锻炼、形体训练，以奠定健美的基础。

2. 育龄期　此期妇女生殖器已发育成熟，要经历结婚、妊娠、分娩、喂养新生儿等生理过程。育龄期约为30年。为保障此期妇女的健康，一定要根据不同的情况开展不同的保健工作。

（1）孕期：护理人员要认真做好产前检查，及早发现内、外、妇科等方面的妊娠禁忌证和胎儿疾病，做到早诊断、早防治。若发现胎儿患有遗传性疾病、先天畸形或发育迟缓等，护士应及时处理。

（2）分娩期：特别是初产妇，一般都有不同程度的紧张、恐惧心理。医护人员应和蔼、体贴、耐心地向患者解释，以安定产妇的情绪，消除恐惧、紧张情绪，促进正常分娩。在医院条件允许下，产妇分娩时可有家属陪同。一方面家属的陪同可减轻产妇的紧张、疼痛；另一方面家属的鼓励可以给予产妇更多爱的力量，有助于分娩和夫妻感情的升华。产房内安静、整洁，接生用具完备、摆放合理是护理审美环境的要求，也是保证正常分娩的必要条件。

（3）产褥期：其保健对女性的健康美的恢复十分重要。其重点在于预防感染、增加营养、合理作息、动静结合。产褥期的妇女应注意个人的清洁卫生，特别是保持外阴清洁，预防感染。提倡母乳喂养，做好乳腺护理和喂乳的指导。积极宣教母乳喂养，母乳不仅含有丰富的易于婴儿吸收的营养及免疫因子，而且经济方便、无污染。婴儿频繁地与母体接触，听到母亲熟悉的心跳，可以增加婴儿的安全感和舒适感并促进宝宝健康快乐地成长。通过婴儿吸吮乳头刺激母体泌乳和子宫收缩，可预防产后出血，加速子宫复旧，降低乳腺癌及卵巢癌的发病率。由此可见，母乳喂养对于维护母亲和婴儿的健康美有重要意义。在母乳喂养时应两侧乳房轮流喂养，以保持乳腺均匀发达，避免因两侧乳房大小不一，影响形体美。一般从产后第二天开始，妇女应适当活动，进行产褥期体操锻炼，以预防子宫脱垂，促进腹壁、盆底肌张力的恢复及形体的恢复，维护女性的形体美。

3. 围绝经期　为妇女卵巢功能逐渐衰退、生殖器官逐渐萎缩的一个过渡时期。围绝经期一般多在45～50岁。这个过程的生理变化主要是卵巢分泌性激素的功能减退，与丘脑下部垂体、肾上腺间的内分泌出现了暂时性失调，使机体出现了一系列症状。更年期保健指导如下所述。

（1）围绝经期生理卫生知识教育：普及围绝经期生理卫生知识很重要，护士应让女性认识到围绝经期是正常的生理过程，出现的症状是暂时现象，经过一段时间即可缓解，以解除其不必要的精神负担。家庭成员亦应配合，帮助妇女保持乐观情绪、起居规律、劳逸结合、经常参加体育锻炼和文体活动。

（2）月经失常的护理：月经失常是更年期常见症状。如果经量增多或经期延长，都必须进行检查，绝不能擅自服用激素等药物。绝经后阴道如有流血或白带增多必须随时诊查。此期应注意外阴清洁，因围绝经期后妇女出现激素水平低落，生殖器逐渐萎缩，黏膜变薄，局部抵抗力降低，容易引起感染。

（3）定期体格检查：围绝经期妇女每年需做一次全身体格检查及妇科检查，因此期肿瘤发病率增加，如能定期检查，可及早发现，采取措施，提高疗效。

4. 老年期　妇女刚绝经时，卵巢尚有一些功能。之后功能完全丧失，此时即进入老年期。一般60岁以上称为老年期。老年妇女保健如下所述。

（1）心理卫生：老年期妇女体力、记忆力等有所减退，但应保持自信、开朗和乐观，根据各人的体力和精力，继续做些力所能及的工作，适当参加社会活动。

（2）合理营养：妇女进入更年期后，新陈代谢改变，体力活动减少，脂肪容易积聚，特别是腹部及臀部，致使妇女开始发胖。妇女一般到60岁以后，体重相对稳定，80岁以后逐渐下降。因此此期妇女应改善饮食结构，制定合理的食谱。老年期妇女的饮食以高蛋白、低脂肪、高维生素为好。

多吃水果蔬菜、少吃含糖食物、减少能量供应、防止体重增加，不仅可减少心血管病的发生，还可保持形体美并延长寿命。

（3）规律生活：老年期妇女生活应有规律，尤需注意劳逸结合。生命在于运动，适当的体力劳动和锻炼，不仅可促进血液循环和呼吸功能，使脑细胞得到充足的氧和营养物质，提高工作效率，还能预防老年期妇女常见的骨质疏松症。但此期妇女应避免过度劳累、快速奔跑，以免加重循环及呼吸系统的负担，导致血压增高，心跳加剧，呼吸急促，甚至诱发心绞痛等。此期妇女不要长时间阅读书、报、手机、电脑，避免视力、脑力过度疲劳，避免出现眩晕眼花等症状。

另外，护士在维护不同时期的女性患者的形体美或功能美的同时，掌握女性患者的心理特点是达到审美目标的关键之一。女性患者在性意识方面有羞怯心理，未婚女青年或少女常表现出腼腆，即使是已婚者，也常出于自尊而羞怯，不愿接受男性医生为其做身体检查，或在诊疗护理过程中暴露隐私部位。此时护士应合理保护患者隐私，维护患者权利。若男医师检查女性患者，至少要有一名女护士陪同，在操作过程中，使用屏风遮挡患者，尽量减少隐私部位的暴露，维护女性尊严。由于受疾病部位和传统思想的影响，当涉及同居、堕胎等隐私时，患者常隐瞒病情、拒绝检查或要求保密。护理人员在对此类患者收集资料时应注意方法，如无碍于护理计划，可不必多问，尽量不涉及患者个人隐私；另外，不可讥讽取笑或对患者草率处理，以免加重病情。女性对疼痛敏感，耐受力、忍受力差，情绪易激动，易哭闹、呻吟。护理人员不能一概以“娇气”定论，应充分理解患者、尊重患者，给予安慰和鼓励。

（四）危重、临终患者的临床护理审美要求

对危重患者和临终患者的护理是基础护理工作中一项重要而又严肃的工作。它体现着护理职业的道德美、技艺美、人体美和人性美。

1. 充分体现护理人员高尚的职业道德美

（1）护理人员应在把握危重患者和临终患者的生理、心理特点及发展不同阶段的基础上，对患者某些失常、情绪变化有真正的理解，以真挚、慈爱、亲切的态度和语言对待他们，满足他们的合理要求，使他们始终得到精神上的安慰；同时尊重患者的权力，如病情治疗的知情权，确保其在生命最后的时刻享受到优良的护理，在极大的安慰中逝去。

（2）护理人员应具有良好的职业道德。部分危重、临终患者会丧失意识，处于昏迷状态。此时护理人员应本着“慎独”、对患者生命负责的态度，严格执行各项治疗、护理措施。

（3）护理人员应以高尚的道德观念和深切的同情心认真做好尸体料理。这不仅是对死者的尊重与负责，也是对死者家属最大的心理安慰。尸体料理时护士应尊重死者生前愿望或家属意见及宗教信仰，并将其遗物妥善保管、交还家属。此外，护士应始终严肃认真，不可嬉笑、任意摆布或乱丢尸体，同时应避免对其他患者的恶性心理刺激，用屏风遮挡或在单间病房进行。

2. 提供安宁、舒适的环境 危重患者、临终患者应安置于单人房间。应保持病室环境整洁、安静、空气新鲜、光线柔和，并摆放患者喜爱的鲜花、植物或亲人照片以增加家庭温馨气氛，播放患者喜爱的音乐以缓解焦虑、恐惧、绝望等情绪。

3. 做好生活护理，维持护理人体美 危重患者、临终患者自我照顾能力降低或消失，并可出现大小便失禁、排汗增多、睡眠障碍、呼气气味异常等表现。应保持皮肤清洁无压疮；做好口腔护理、口腔清洁无并发症；加强睡眠护理，改善睡眠状态，消除疲倦；仪表仪容端庄、整齐、清洁，维持人体美。

4. 开展死亡教育 死亡是人类生命运动的结束。人们热爱生命而害怕死亡，尤其受几千年封建思想的影响，不能正确认识死亡、对待死亡，护士同样如此。危重患者、临终患者的护理，对护理人员既是一种挑战也是一种考验。挑战要求护理人员战胜自我，战胜恐惧死亡的心理；考验是指护理人员应用各种抢救、护理技术，施展自己的才华，护理患者。在护理教育中开展死亡教育，培养学生正确的人生观、死亡观，正确对待死亡，善待生命是非常必要的。

第三节　护理美学在社区康复护理中的应用

社区是人群生活的特定区域，是社会的一个组成单位。社区护理是借助有组织的社会力量，结合公共卫生学和护理学的知识与技能，为社区人群服务，对个人、家庭及社区提供促进健康、预防疾病、早期诊断、早期治疗、限制残障等服务，提高社区群众的整体健康水平。在社区护理中，护士也为维护社会人群的身心整体美进行着不懈的努力。

一、社区康复护理的内容

（一）治疗护理服务

现代护理工作理念已从医院走向家庭。现代护理通过建立社区康复网，为慢性病患者、伤残者的后期康复提供治疗护理服务，真正实现了康复护理从康复中心（或医院）走向家庭。社区护士应把社区康复护理看作是康复中心（或医院）服务的延续，全方位地收集社区康复对象的相关资料，了解患者康复的审美需要，制订具体的康复审美计划，向其家属或亲人传授必要的康复知识，帮助他们恢复和维持健康。如在社区治疗护理服务中，护士主动到慢性病患者家里提供上门服务，在患者家中为其做病情观察、注射、输液、服药等服务，指导其生活护理、饮食护理等。

（二）心理护理服务

社区应设有活动中心，组织开展积极向上的文化活动，促进群众之间的情感交流。一些长期受到病痛折磨的慢性病患者，以及一些突然丧失某种生理功能或被截肢的患者，由于自我形象、生活能力、工作能力等方面均遭到不同程度的损害，心理上承受不了突来的压力，往往表现出情绪不稳定，悲观失望，甚至产生轻生的念头。此时，护士应与患者进行沟通，积极疏导，鼓励患者倾诉内心的压力，安慰患者，消除其不良情绪，做好心理护理，充分调动患者的主观能动性，增强其战胜疾病的信心，提高其社会适应能力。护士应充分利用医疗卫生资源和家庭、社区的人力、物力及财力资源，为服务对象提供各种服务。社区工作人员应协调、开展社区护理与各医疗单位的相互协作，加强交流，提高社区的医疗服务水平，同时提供会诊和转诊的方便，让患者在家门口就可以享受到优质、高效、价廉的护理服务。对待突然发作的危急患者，社区护理工作者应一方面采取有效措施降低疾病对机体的损伤程度，另一方面联系与协调就医医院，使患者能及时得到医疗救治。

（三）个性化护理

在社区护理中，护理对象来自不同的阶层、有着不同的文化背景、宗教信仰、风俗习惯、年龄个性、健康状态等。要使这些千差万别的个体都能得到良好的护理，使他们保持最佳的身心状态，是一项非常艰巨、复杂而富有艺术性的工作。要求护理人员充分了解自己的服务对象，熟悉个体具备的独特性，因人施护，提供适合其个性的护理服务，以达到良好的护理效果。

对于社区中的健康者要注意维护其健康状态，加强健康教育工作，如优生优育、婴幼儿保健、青春期保健、老年常见病及多发病的防治等知识的宣教；对于患病者，要注意将其家庭护理指导与定期随访相结合，通过家人的照顾、定期检查，掌握患者的治疗和护理实施情况并做出及时的调整；对于生活不能自理者，要帮助其满足基本的生理需要，做好生活护理，保持皮肤清洁、床单整洁，合理营养、有效的预防压疮及感染等并发症的产生。

二、社区康复护理的美学需求

社区是人们生活居住的地方。社区护理的审美要求为社区人群建立一个安静、舒适、休闲、舒畅的良好审美环境。社区护理应尽可能地贴近人们的生活，开展医疗知识的普及教育，加强人们的卫生防范意识，提高人们的整体健康水平。

（一）社区审美环境的需求

环境是人们赖以生存的基础，优美舒适的环境对人体健康起着重要的促进作用。社区护士的职责之一是指导、帮助社区人群建立良好的社区环境。

1. 社区自然环境美 社区自然环境由建筑景观、自然景观、人文景观等构成。社区自然环境美首先体现在整体美。小区内建筑布局、风格特色，应协调统一。富含文化底蕴的人文景观的建设，反映出小区人们的思想境界、道德情操和文化修养。小区内应设置休闲娱乐场所，并配备健身器材，以满足人们日常锻炼休闲所需。加强绿化，种植花草，美化、净化环境，保持社区清洁卫生，以达到愉悦身心、防病治病的目的。更重要的一点是加强人们的环保意识，减少环境污染，尤其应加强对社区内水污染、噪声污染和室内外空气污染的监督和处理，以免直接或间接危害到人们的健康。

2. 社区社会环境美 社区是社会的一个缩影。在社区内有家庭、学校、医院、商店等，各种各样的人之间有着错综复杂的人际关系。社区护理人员有责任与社区其他工作者共同建立良好的社区人际环境。如建立和谐的邻里关系、和睦的家庭关系，以营造良好的精神文明氛围。在社区护理过程中，开展心理健康教育，使居民保持一颗真诚、宽容、豁达的心，有助于保持其身心健康，加强居民的情感交流，减少不必要的误会，以建立良好的人际关系。在社区护理过程中，护士应经常与社区人群接触，进行家庭随访、组织社区健康知识讲座等，以增进情感交流；同时，在接触的过程中，应有效地满足社区人群的所需，真正达到传递信息、改善环境、促进健康的目的。总之，护理人员应平等对待社区人群，不可以貌取人、以公谋私、感情用事，要端正态度，从身心各方面了解社区中的人，维护良好的社区社会环境美。

（二）健康知识的需求

社区卫生服务，面对着的是一个相对固定的人群，其中虽然不免有处于各种不同阶段的各种不同疾病的患者，但同时又有大量基本健康或完全健康的人。社区护理工作不仅要立足于当前，而且要着眼于今后相当长的时期，保持人群始终处于最佳的健康状态。这就决定了把社区工作的重点转向预防。健康教育就是预防工作中的一个重要环节。社区护理人员应通过有目的、有计划、有系统的评价，进行社区健康教育工作，把健康知识传授给社区的个人、家庭及人群，以培养居民的自我保健意识和对公众的保健责任感，纠正不良习惯，消除不良因素，逐步建立起符合保健要求的行为和生活习惯，从而达到预防疾病和促进健康的目的。社区护理工作人员应满怀信心、寻求支持、耐心细致地开展健康教育工作，充分利用广播、电视、互联网、录像、幻灯、报纸杂志、宣传栏等大众传播媒介，通过讲授、演讲、座谈、小组讨论、角色扮演、参观等方法向人们传递健康知识，从而改善自身的生活行为，达到从根本维护健康的目的。

（三）择医就护的需求

在寻求医疗护理的过程中，人们往往希望选择自己熟悉的、信得过的医生和护士。患者的信任感和安全感得到满足，就是在医疗护理中反映的一种择优心理。多数人都希望能使这种心理需要得到满足。社区护理人员本身为社区居民所熟悉，加之其高度的责任心、和蔼可亲的态度、精湛的专业技能、恪守信誉的工作作风、待人接物讲究礼貌风度等，更为人们所接受。在社区护理审美中，护士美的形象与善良的心灵融合在一起，可使社区人群获得一种美的享受。如与患儿做游戏、讲故事，应以患儿能接受的方式和他们交流，处处关心体贴，以取得信赖；对待青年人，应针对其心理特点耐心疏导，循循善诱；对待中年人，应尊重他们，帮助他们解除重重顾虑，消除焦虑的情绪；对待老年人，要给予更多的关心、尊重和鼓励，注意充分调动老年人的积极性。通过为社区人群提供个性化的护理服务，满足不同人群的需求，是获得社区人群信任的关键环节。应以此满足社区人群择医就护的需求。

（四）合理饮食的需求

民以食为天。在社区护理中，合理的营养与膳食是维持机体正常代谢、提高机体抵抗力、促进健康、延年益寿的重要条件和维护机体外在形象美的重要措施。社区护士应定期开展饮食健康指导，帮助社区人群合理安排饮食，做到一日三餐、均衡营养，养成良好的饮食习惯；还要注意根据不同疾病进行恰当的饮食指导和护理。例如，一些高血压、心脏病患者，在饮食中强调要低盐、低脂、低胆固醇，少食或禁食动物内脏和脑、鱼子、肥肉、咸蛋、咸肉等，以免加重病情变化；糖尿病患者应少食多餐，合理控制总热量，适量摄入糖、脂肪、蛋白质，补充维生素和纤维素；产褥期的女性饮食应为高蛋白的平衡饮食；肿瘤患者的饮食应供给充足的热能和优质蛋白（牛奶、鱼类等），选用防癌或抗癌的食物；老年人可选择一些易咀嚼、易吞咽、易消化的食品，做到合理搭配、均衡饮食，适当增加大豆、乳类及制品、鱼、虾等优质蛋白的摄入，以增加体内钙质的吸收与储存，延缓骨质疏松的发生。在进食的过程中，食物一定要经过充分的咀嚼，不可狼吞虎咽，以免梗阻窒息；饮用的汤水或茶水，应冷热适宜，温度不可过高，以免烫伤，亦不可过低，使消化道“着凉”；进食时间要合理安排，做到定时定量（必要时酌情调整），以免饮食过度或不足。对由于疾病原因和药物刺激，导致患者食欲受到抑制，拒绝或减少进食者，社区护士要尽量鼓励患者进食，注意饮食的营养搭配及饮食的色、香、味、形的搭配，以刺激患者确保饮食营养的供给。在社区饮食护理中，社区护士必须根据患者的病情特点，结合营养学的知识，科学合理地进行饮食调配护理。这样既增进食欲，又促进消化，供给充足的营养，满足机体的营养需要，维护患者机体的整体美。

第四节　护理美学在护理管理中的应用

护理管理工作是一门艺术性很强的工作，管理者应充分体现审美理想，做到人性化管理。管理应倾注感情，缩小与被管理者的距离，并充分利用管理者个人魅力，取得被管理者信赖、尊重与服从。

护理管理的美学意义在于护理管理是医院工作的重要环节，其管理水平影响着医院护理的管理状况及医疗质量。而护理美学则对发挥护理管理的职能具有显著的协同作用，是促进护理管理绩效提升的重要资源。它的开发与利用，对调动护理人员参与护理管理的潜能意义重大。护理管理从以经验美学管理向着科学美学管理的方向迈进，是与护理事业的发展相适应的，必然推动护理管理学科不断地向纵深发展。

一、护理管理的特点

护理管理是医院管理的一个组成部分。它在医院总系统制约下，使护理系统（包括人才、技术、物资、设备、信息等）得到最佳运转，并通过运用科学的理论和方法，对医院护理工作进行计划、组织、协调和控制，以提高护理质量，更好地为患者服务。其具有以下特点。

（一）护理管理具有系统性

从系统和系统管理的观点来看，护理管理要求把全院护理人员、技术、设备和信息等当作一个大系统对待，进行优化组合，体现出系统大于部分之和的优越性。护理管理还要求把护理人员及患者的心理活动规律和心理状态当成一个系统看待，处理好护患关系、护理人员关系，调动各方面积极性，充分发挥护理员的主观能动性，使之在管理运行中处于最佳状态。

（二）护理管理具有可控性

护理管理中的质量目标管理具有十分重要的地位。它遵循护理质量管理的规律，应用多种科学方法，以保证和提高护理管理的质量。首先应限定以什么质量为标准，然后按照这个标准进行工作，并验定工作是否合乎标准。患者自入院至出院的每个环节都离不开质量的标准要求，如常用护理技术操作的质量标准、病房管理标准、危重患者的护理质量标准等。因此，护理管理目标通过控制质量标准来实现，具有可控性。

（三）护理管理具有理论性

护理管理是一种智力劳动，是有理论指导的组织活动。护理管理需要管理者具备丰富的知识结构、相应的管理能力，如分析判断能力、组织指挥能力、语言表达能力、总结评价能力等。护理部主任、护士长作为基层管理人员必须掌握医学、护理学、管理学的理论知识，同时还要学习人文学科知识，并经常了解国内外医护管理发展动态，熟悉现代管理科学中计划、组织、协调、控制、指挥、决策等理论，并善于将其运用到护理管理中，以提高工作效率。

二、护理管理审美实施的具体内容

（一）护理管理活动的理性美

护理管理活动的理性美主要体现在护理管理者在活动过程中不断进行总结、探索，形成精确的、符合逻辑的、系统的和有创新的护理美学管理理论，体现在护理美学管理实践中运用管理的理论解决问题时所呈现的理论与实践相结合的和谐美、功效美。多年来，护理管理者在美学管理活动中不断实践、不断总结、不断提炼和完善，使护理美学管理的独特理论模式得以形成，用以指导护理美学管理实践，如由医学模式转变而带来的对护理模式的探索，至目前形成的整体美学护理模式，是一种科学的理性美。

（二）护理管理活动的行为美

现代美学护理模式的观点提倡整体美学论原则，即把人疾病的产生、发展、转归看成是生物、心理、社会诸多因素复杂作用的结果。对护理人员来说，实现护理管理中的美学行为就是在为患者提供身心护理与美学护理的同时，融入管理美。因住院患者的生理、心理疾病状况不同，对护理人员行为的需求也不同。例如，老年患者首先希望得到护理人员语言上的关爱与情感上的尊重，十分在意护理人员所给予的各种称谓，所以护理人员在实施管理行为中需避免“老张”“老李”“某床”等称呼；患儿因惧医行为明显，渴望见到微笑的面孔，听到动听的语言，所以护理人员应避免呵斥患儿。护理人员的行为美常在很大程度上引起患者的关注。这种关注不仅仅局限于护士的举止、着装、言语、操作，还包括护患之间内心的交流与护士外在的气质表现。

（三）护理管理活动的环境美

护理美学管理活动总是发生在一定环境中，包括自然环境和人际环境。护理管理者要注意病区环境的布局美、安静美、整洁美和安全美，同时更要注意创造人际环境的和谐美。人际关系的和谐美是体现管理效能的重要指标之一。

病房是患者住院的主要自然环境。为了使患者从清洁卫生、环境优美中得到一种美的熏陶、美的享受，就要求护理工作者尽最大努力为患者创造美的环境。急诊科是医院全天候对外开放窗口，是危重患者最集中、病种最多、抢救和管理任务最繁重的科室，是抢救危重患者的主战场。急诊患者具有急、危、险、重四大特点。急诊护士作为这项工作的主要角色，面对危急、紧张和杂乱的场面，不仅要具有良好的、丰富的理论知识，娴熟的技能；还要有稳定的心理素质，建立和患者、家属之间的人际环境。护理美学管理活动涉及的人际环境较为复杂，有护患关系、医护关系、护护关系、上下关系、护理组织和其他组织之间的关系等。护理美学管理者要积极主动地倡导和营造和谐的人际环境，使人与人之间能够同心同德，让这种医疗环境体现出无限的美感。

（四）护理管理的多样统一美

护理美学管理活动主要依据系统性、统一性原则。在护理管理中，护理人员、护理设备、护理技术、护理时间和护理环境等组成一个大系统，应合理有效地进行优化组合，以最少的人力、物力、时间，实现最大的护理效果。这就呈现出一个系统中的多样统一的美。

第五节　护理美学在护理人际关系中的应用

一位哲人说过“人生的美好是人情的美好，人生的丰富是人际关系的丰富”。现实社会正是这样，每个人都处在错综复杂的人际关系网中，每天都在进行着人际交往。人际交往的好坏，可作为一种心理社会因素直接影响一个人的心理和生理状况，继而影响身心健康。

护理人际关系是以护理工作中的人际关系为研究对象的，主要研究护士与医生、护士与护士、护士与患者、护士与患者家属及其他群体在护理实践中所发生的人际交往关系。在护理实践中，一切护理活动主要发生在护士与患者之间，是护士与患者围绕着医疗护理所进行的直接或间接的物质和精神的交往。这些交往是构成护患关系的基础，也是护患关系的具体表现。护患之间人际关系的好坏不但是护理行为美的体现，同时也影响护士与患者之间的交往结果，影响患者预后。如何增加护患关系中美的因素，使护患双方都在交往中得到美的感受，最终达到提高护理质量、促进患者康复的目的，便是护患关系美学要研究的问题。

一、护患关系中的美学特征

护患关系是一种特殊的职业关系，是护士和患者通过语言、思想、感情、行为等交流，共同创建的一种良好、融洽的人际关系。其目的是利于完成医疗护理任务，帮助患者获得身心康复。由于护患关系的审美标准与个体的主观情感态度、趣味爱好、生活经验、文化素养及当时的条件、心境等因素关系甚密，因此，在实践中如何看待护患关系是一个复杂的问题。普遍认为，护患关系的美就是护患双方关系融洽、感情真挚、行为和谐的一种相互理解、相互合作的联系交往表现，是护患双方在交往中感受到的一种愉快、欢乐、亲密的情感体验，也是他人所能观察到的护患双方相互帮助的高尚情操。

（一）形象性

护患关系的美总是能通过一些形象的、具体的外在形式表现出来，如别人感受，而绝不是虚幻的、抽象的、看不见摸不着的玄学。一般来说，护患关系的外在表现形式包括语言和非语言两大类。语言形式包括护患交往中使用的各种语言。科学、文雅、谦虚、和气、幽默和善良的语言能带来美的感受，而粗鲁、刻薄、冷淡、生硬的语言使人感到沮丧、气恼。非语言形式包括各种非语言动作和行为，如微笑、点头和各种有益的行为。除此之外，护患交往的结果也常常是护患关系美的外在表现，很难想象低质量的护理服务能给人以美感。

（二）感染性

任何美的事物都具有强烈的感染力，护患关系美同样能通过护患双方的情感去相互激励、相互愉悦，并在精神上得到极大的欢乐和满足。护患关系犹如一面镜子，可以使护患双方从中看到自己的形象，看到自己丰富多彩的生活，能激发护士产生一种朝气蓬勃的情绪和作为一个护士的自豪感，从而更加热爱护理工作，全心全意为患者服务；也能帮助患者热爱生活，尊重生命价值，增强战胜疾病的信心。

（三）社会性

美是客观的，也是社会的。护患关系源于护患交往的社会实践，也只有在护理活动实践中才能创造出护患关系美。这充分反映出护患关系对社会实践的依赖。

（四）有序性

护理活动具有较强的科学性和技艺性。其科学性不仅表现在护理技术上，也表现在护理工作的有序性上。无论是基础护理还是专科护理，都有自己所特有的工作程序。井然有序地进行工作，可使庞大繁杂的护理活动显得有条不紊。护患交往的有序性也是艺术表现形式之一。

（五）创造性

护患关系美是一种从无到有、在护士与患者交往中共同创造的美。只有随着交往的步步深入，护患双方准确地扮演着自己的角色，发掘出内心的情感，相互合作，才能创造出美。了解护患关系美具有创造性这一特征，能使护士充分发挥主观能动性，积极地投身于护患交往实践中，创造出更好的美感。

二、护患关系中的美学要求和技巧

护患关系是一种不可随意选择的人际关系，不能像朋友关系那样以悦己者为友。在患者以某种躯体不适或精神障碍求医时，护患关系就建立了。随着时间的推移和不断交往，这种关系可能转化为一种非常密切的关系。但在交往初始和交往过程中，需要护患双方为建立和维持良好的护患关系而遵循一些基本的美学要求。

（一）护患关系中的美学要求

1. 平等待人是建立良好人际关系的前提 在护患交往中常用对等法、谈心法、求同法和交友法来达到平等交往的要求。对等法就是一对一的对应方法。古人云："来而无往非礼也。"护士与患者进行感情交流时，也必须是一报一还地对等进行。谈心法是护患交往的好方法。护患关系虽然不是上下级关系，但由于护士多处于主动地位，患者多处于被动地位，两者地位并不是绝对平等。通过谈心而不是以训话来处理护患关系，容易取得相互尊重、平等待人的效果。求同法是一种通过各种活动，寻求相互认识、相互了解的方法。护士要同患者建立密切和谐的护患关系，途径之一是共同参加各种活动，以增加双方的了解。交友法是指护士对待患者就像对待自己的朋友一样，应真诚、平等，互相关心，互相体谅。

2. 人际交往具有功利性，护患人际交往也有其功利性 这种交往是互利的，可以是物质与物质、精神与精神的互利，也可以是物质与精神、精神与物质的互利。事实上绝对利他或利己的人际交往都是极少的。当一个人无私地把自己的一切奉献给患者、社会的时候，其同时从社会、从别人那里获得了心理满足，这种物质与精神互利的交往也是护患关系的基本要求。过去只片面强调护患关系就是护士大公无私地奉献，而否定护士也要从患者身上获得精神满足。实际上，当一个护士为患者奉献出自己的精力时，也得到了工作报酬（如工资、奖金），以及社会的承认、尊重、自我实现等不同层次的心理需要的满足。因为患者才是护士薪酬的最终支付者，患者从护患关系中获得更多的是护士对他们的照顾、关心、健康及健康的相关知识和帮助。因此，护患关系包含了护患双方的互利交往。护患双方通常采用合作和交往的方法来达到互利交往，并在互利交往中共同获得各自不同的感受，即各得其乐，美在其中。

3. 相互理解是护患人际交往的基本原则 护患双方开始接触时，彼此都陌生，要建立起良好的护患关系必须从相互认识、相互了解、相互理解开始。可以说，护患双方关系与彼此间相互理解的程度成正比，越能相互理解就越能建立美好的护患关系。加强护患双方相互理解的方法，常用的有交流法、置换法和沟通法。从护士方面来看，应多与患者主动进行思想交流，充分向患者介绍与其有关的医学常识和护理计划与措施，不使护理工作神秘化，并提供平等友好、理解信任的行为和态度，以真诚的态度与患者推心置腹，时时处处将自己置换到患者的位置上，从患者的立场出发去认识他们、理解他们；从患者方面来看，应该接受护士的诚意，站在护士的角度上理解护理工作的艰辛，从而沟通双方心灵，达到和谐、优美。

4. 信任是护患双方相互交往的关键 良好的护患关系表现出来的美就是相互信任，失去信任的护患关系绝无美可言。古人说："言必信，行必果。"这实际上也是护患关系中信任要求的基本内容。所谓“言必信”，就是讲真话。护患关系是一种真诚的关系，需要双方讲真话；但与普通人际关系不同的是，凡涉及医疗保护性真话是不能随意告诉患者的，要注意“保护性隐瞒”。因此，护患关系中的真话是一种条件性真话，要求患者毫无保留地将有关疾病的问题告诉护士；并要求护士在绝大多数问题上都应该给患者讲真话，而仅将那些涉及保护性医疗制度的问题对患者保密。这样做不仅不会削弱护士的真诚，反而有利于加强护患间的和谐气氛。所谓“行必果”，是指恪守诺言，这将要求双方必须做到言行一致、表里如一。保持言行一致的方法就是对自己不清楚的事情不要毫无把握地许诺，否则会失信于患者，不利于医患关系的发展，使护患关系蒙受损失。

5. 协同合作是良好护患关系的基础　离开任何一方的支持都不可能建立起和谐美好的护患关系。作为一个护士，应支持患者坦率地发表意见，包括对疾病的认识和对医疗护理工作的感受，无论其意见是否正确；同时还应支持患者参与自己的护理工作。虽然患者多数对护理技术不懂，但对与他们自身有关的护理工作，则能感受到什么最恰当、什么最舒适。因此在这些方面他们最具有发言权。尤其在制订护理计划时更需要患者参与，这样在执行时就能得到患者的积极配合。患者合作的态度不仅能使护理操作顺利进行、圆满完成，更重要的是能缩短患者与护士之间的心理距离，促使护患关系向着和谐美好的方向发展。

（二）护患关系中的美学技巧

1. 赞美患者　在同患者交往的过程中，护士要多对患者的良好行为表示赞赏。这样能帮助护士尽快地与患者建立起良好的关系。特别在交往初期，护士如能及时发现患者的一些友好、合作的行为，并立即肯定地表示出自己的赞赏，就能激发、鼓励和帮助患者建立自尊和自信，给护患关系带来愉快、亲密和合作。对于赞赏方式，护士一般可用非语言形式，如微笑、点头，或用热情帮助患者的行动来传递自己赞赏的信息，也可用美的语言形式表示。所有赞赏都必须做到真诚、明确、具体，这样才能发挥更大的效果。

2. 认真倾听　一个好护士每天要花很多时间与患者进行交流，如何倾听患者谈话是影响护患交往的一项重要技巧。许多患者的谈话往往显得非常冗长、烦琐、杂乱无章，如果护士表示出不耐烦，则会引起患者不满，破坏护患关系美。反之，如果护士具有倾听技巧，一方面表示出愿意倾听患者的谈话，另一方面通过一些有效的应答技巧来引导患者提供更多的有效信息，则会增大护患关系美。如患者向护士谈其疾病的发病过程中，护士要耐心聆听其有用信息部分，在倾听过程中应注意表现出乐观听讲的动作语言，如点头、身体前倾，并发出一些表示注意听的声音，但如果患者谈话跑了题，护士可以提一些顺应性的问题（如“等一等，我没听清，你好像是说……”），帮助患者的谈话归入正题。但当患者的心情十分抑郁时，一般来说，护士最好是（至少在开始阶段）去倾听而不要指导，去顺应而不要控制，去理解而不要影响患者谈话。

3. 主动咨询　在护患交往中，护士常能发现患者的一些行为不符合患者本身的利益，如抽烟、酗酒、糖尿病患者的过食等。如果听之任之会有失护士职业道德；批评患者可能招致反感；直截了当地提出建议，却常收效不佳。如果采用声东击西的方式主动咨询，使患者自己认识到其行为可能对自己不利，就会主动征求护士的意见，并容易接受护士的建议。如对糖尿病患者，护士闭口不谈该患者是否有过食行为，而是主动与其谈论糖尿病的病因与饮食关系、糖尿病的治疗与饮食的关系，以及过去的某个患者不注意饮食带来的恶果。患者在交谈中自己体会到他的过食行为对自己的疾病不利，会主动要求护士针对自己的病情提一些建议。此时，护士再提出积极有效、切实可行的建议的效果比直接提建议好。

案例 10-1：

李某，54 岁，患风湿性心脏病、二尖瓣狭窄 20 余年，一直靠服药控制病情。2 个月前李某因持续快速性心房纤颤、左心衰竭住院治疗 15 天，现病情稳定。医生向患者及其家属介绍了置换人工二尖瓣膜的手术方式，其妻子主张及早接受这种手术，但患者尚在犹豫之中。患者是教师，家庭和睦，经济条件好。但患者近来胃口一直不好，自诉心神不宁、入睡困难、易惊醒，并反复询问医生、护士手术的危险性。患者看上去忧心忡忡，表情紧张、疲倦，经常叹气，说话急促。

护士："您好，李先生，这几天病情已稳定，您觉得好些了吗?"

李先生："好?我这几天好像不是我自己了，我整天都在考虑手术的危险性，这种手术成功的可能性有多大呢?手术之后的情况会比现在好吗?我也许还是不做手术的好吧!我的妻子赞成我做手术，但对手术的结果都说不出个所以然来。哎!我真不知该怎么办才好!"

问题：

1. 根据案例描述，运用护患关系中的美学要求如何对患者进行评估?

2. 结合护患关系中的美学技巧，请评价下列哪位护士与患者交谈更合理。

护士A："医护人员为稳定你的病情已尽了极大努力，你不应该不相信这个医院，这种情绪对你的疾病不利，你应该振作起来。"

护士B："你应该庆幸才是，你毕竟还有接受手术治疗的机会。上次有个患者想手术还不够条件呢!你这种手术在我们医院不是第一次，你的担心是不必要的。"

护士C："这场大病对您来说真是非同小可，您能坚强地挺过来真不容易。现在总算稳定下来了，这为您提供了手术治疗的条件和机会，所以您家里人主张您尽快做手术不是没有道理的。当然，手术比较复杂，我非常理解您的担忧和紧张。但这种手术我们医院已经做过好多例，都很成功。现在病区内就有两位做过手术的患者，与您的病情很相似，我带您去看看，给您介绍他们手术时的一些情况……"

护士D："您应该决定手术才对。这里的医疗技术水平高，一定能治好您的病，您可以放心。"

案例10-1分析讨论：

1. 根据以上李先生的表述，做如下护理评估。

表面想法：李先生认为这项手术风险太大，而他对手术是否成功持怀疑态度，他急切地想了解更多、更具体的关于手术的情况（安全性、效果）。

情感流露：从李先生的语言性及非语言性行为来看，他显得忧心忡忡，十分焦虑、矛盾，为自己不能做出决定而很不满意（好像不是自己了）。

潜在愿望：希望得到同情、安慰和理解，希望自己的家人能表现出更多的关心和重视，以帮助自己做出决定。

2. 评析护士A在回答中过早地做出了主观判断，断定李先生"不应该不相信这个医院"。其实李先生对手术的担忧并不能等同于不相信医院。这种过早的判断，表现出一种不平等的、教训人的态度，更缺乏同情和理解。这种沟通，不仅不能解决患者的问题，而且会给患者造成新的压力。患者会有一种被人误解的委屈感受。护士B在回答中，实际上回避了患者获得信息的要求及得到同情、安慰和理解的愿望，是一种没有针对性的回答。患者甚至还可能产生受到讥讽的感觉，因而产生不信任感。护士C的回答，是一个具有移情性的回答，是完全针对患者的要求、情感需要和潜在愿望所进行的回答，充满了护士对患者的关注、同情和理解，因而可以有效地缓解患者焦虑。护士D的回答，没有满足患者对于信息、情感的需要，也没有满足患者潜在的愿望，只是匆忙地做了一个保证。因为这个保证缺乏必要的说明和依据，因此显得武断和不恰当，并不能解决患者问题。

要点提示

1. 南丁格尔说过："护理工作是一切艺术中最精细的艺术。"临床护理工作既烦琐又精细；既有科学性，又有艺术性。护理人员应充分调动积极性和创造性，挖掘潜力，把护理内容和形式有机结合起来，让护理者和护理工作更美，为患者提供优质的护理服务。

2. 护理美学是一项系统工程。系统化整体护理本身就是集科学、技术美和实践美的综合体。护理美学的原则对护理管理提供指导，为护理管理过程与结果润色和催化。护理管理者需要将美学理念寓于护理管理活动中，使护理管理目标以完满的形式呈现。

3. 重视护理美学在临床实践中的应用，不仅适应现代护理发展的必然趋势，也是医院精神文明建设的一个重要窗口及护理人员素质建设的重要手段。

思 考 题

1. 简述小儿患者、老年患者、女性患者、危重患者的临床护理审美要求。

2. 在临床护理工作中，如何创造护理美？

3. 你在医院门诊见习时，看到了哪些护理美学与礼仪的内容？有何启示与感受，针对不足提出改进意见。

（金晓娜）

参考文献

陈望衡. 2003. 当代美学原理. 北京：人民出版社.

陈望衡. 2014. 美在境界. 武汉：武汉大学出版社.

程辉龙，郑淑贞，兰华，等. 2005. 护理美学. 北京：北京教育出版社.

高澍苹. 2001. 护理美学概论. 北京：科学技术文献出版社.

韩继明. 2006. 护理美学. 北京：清华大学出版社.

黑格尔. 1986. 美学. 朱光潜，译. 2 版. 北京：商务印书馆.

姜小鹰. 2006. 护理美学. 北京：人民卫生出版社.

蒋小剑，彭毅. 2012. 现代护理美学. 湖南：中南大学出版社.

雷鹤，程红缨. 2004. 护理美学. 北京：人民军医出版社.

李小妹. 2012. 护理学导论. 3 版. 北京：人民卫生出版社.

李泽厚. 2009. 美的历程. 北京：生活·读书·新知三联书店.

梁立. 2010. 护士人文修养. 杭州：浙江大学出版社.

林俊华，刘宇. 2012. 护理美学. 北京：中国中医药出版社.

刘宇. 2006. 护理礼仪. 北京：人民卫生出版社.

彭峰. 2015. 美学导论. 上海：复旦大学出版社.

彭富春. 2005. 美学. 武汉：武汉大学出版社.

任小红. 2005. 护理美学. 北京：中国医药科技出版社.

史瑞芬，史宝欣. 2012. 护士人文修养. 北京：人民卫生出版社.

孙宏玉. 2010. 护理美学. 北京：北京大学医学出版社.

王益锵. 2001. 护理美学. 北京：人民卫生出版社.

夏曼. 2014. 护理美学. 长春：吉林大学出版社.

晏庆盛，王志红. 2002. 护士美学修养. 上海. 第二军医大学出版社.

余雨枫. 2016. 护理美学. 北京：中国中医药出版社.

张法，王旭晓. 2005. 美学原理. 北京：中国人民大学出版社.

张培珺. 2000. 现代护理管理学. 北京：北京医科大学出版社.

赵永耀，刘志华. 1999. 医学美学. 南昌：江西高校出版社.

朱光潜. 1979. 西方美学史（上下卷）. 2 版. 北京：人民文学出版社.

朱红. 2004. 护理美学基础. 北京：人民卫生出版社.

朱红. 2006. 实用临床护理美学. 山西：山西科学技术出版社.

宗白华. 1981. 美学散步. 上海：上海人民出版社.